자유,
천형天刑을 다하다

자유, 천형天刑을 다하다

생生, 노동勞動, 무지無智를 넘은 자유를 향하여

장국현 지음

좋은땅

서문

제목 "자유, 천형天刑을 다하다"는 내 평생 숙원에 대한 섣부른 선언이다.

누구나 그렇듯 나도 천형의 삶을 살아왔다. 여기서 말하는 천형이란 생生, 노동勞動, 무지無智. 생이란 천형의 기반구조이고, 노동은 생의 유지를 위한 고역이며, 대부분 사람들은 무지 속에서 불안하고 고통스러운 생을 살아간다. 노동의 천형은 물질적인 것이어서 그나마 다할 수 있지만, 무지는 인식(깨달음) 없이는 헤어날 수 없으며, 생은 사死로서 다할 수밖에 없다.

이 선언을 통해서나마 지난 인생을 정리하고 새로운 여생으로 진입하고자 한다. 천형을 다한 자유의 삶으로.

세 번째로 출간되는 이 책은, 약 5년간 접한 모든 것에 대한 단상을 1권(『신들과 행복을 다투다』), 2권(『철학, 이 삶의 전장에서』)과 마찬가지로 시간 순서대로 기록한 것이다. 주요 주제인 태어남, 죽음, 종교, 사랑, 노동에 대한 단상들은 후반부에 별도로 정리하여 수록했다.

이 글들이, 독자 여러분에게 안락하게 굳어진 생각들이 있다면 "독단의 잠"에서 깨우는 충격이 되었으면 하는 바, 여러분 모두 꿈속에서의 자유가 아닌 깨어난 자유를 누리시기를 소망한다.

인생의 후반부로 갈수록 지독히도 빠르게 가는 시간을 잡을 수는 없지만 그 안에서 내 삶을 함께해 주는 분들께 깊이 감사드리며,

이 책을, 나의 영원한 술친구들인 외삼촌(김상무님), 매부(이봉정, 이명주), 친구(이근호, 임성빈, 황선철, 홍성표)와 동료(김경원, 정경현), 후배(임대식, 유재수, 고영민), 악당(신광일, 김정용), 노가리(진시현, 최연숙), 개나발(김병석, 방성미), 자물쇠(김희정, 이순애)…에게 바친다.

2024. 1월
일산에서

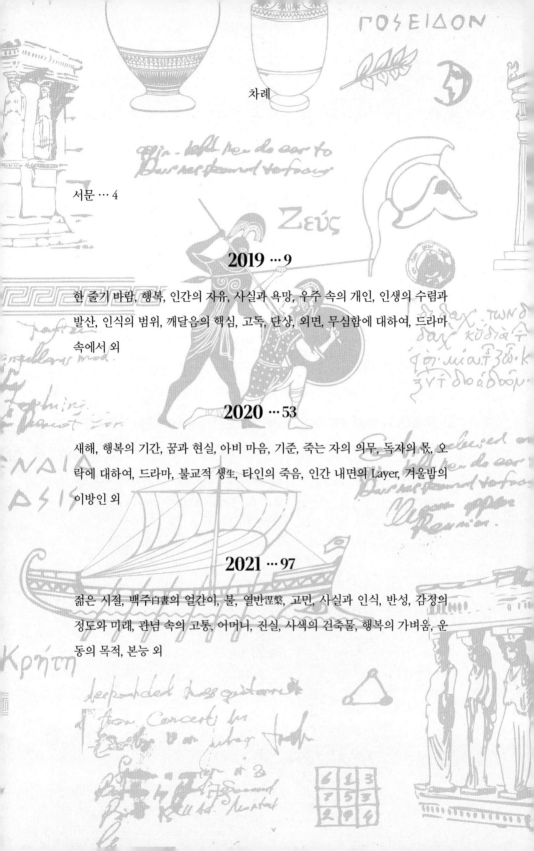

차례

서문 … 4

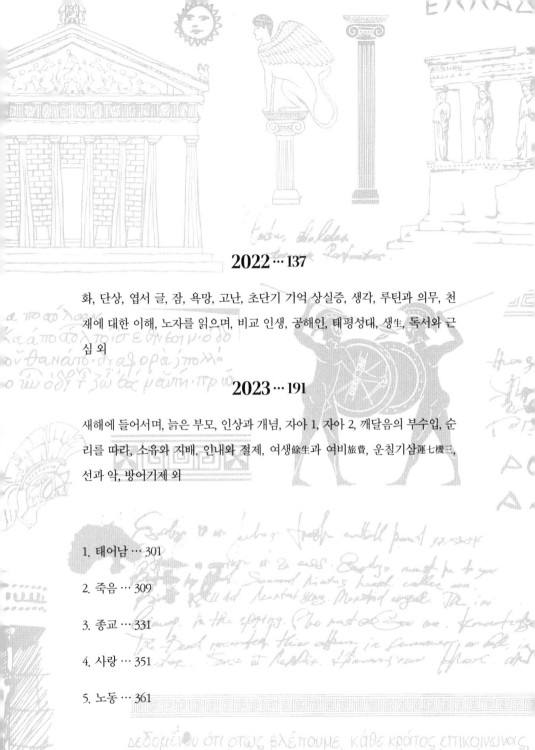

2022 ··· 137

화, 단상, 엽서 글, 잠, 욕망, 고난, 초단기 기억 상실증, 생각, 루틴과 의무, 천재에 대한 이해, 노자를 읽으며, 비교 인생, 공해인, 태평성대, 생生, 독서와 근심 외

2023 ··· 191

새해에 들어서며, 늙은 부모, 인상과 개념, 자아 1, 자아 2, 깨달음의 부수입, 순리를 따라, 소유와 지배, 인내와 절제, 여생餘生과 여비旅費, 운칠기삼運七機三, 선과 악, 방어기제 외

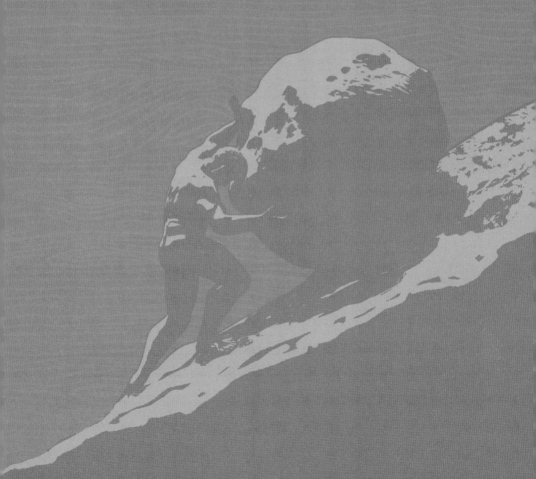

2019

'19. 1. 5.

한 줄기 바람

내 생이 어떻게 끝날 것인지 이제는 알 것 같다. 일정 시간 속에서 나는 어떤 행위를 하고, 그 행위가 의미 있고 필요한 것이기를 바라지만, 의미와 무관하게 배터리가 다하면 시계가 멈추듯 그 시간은 끝날 것이다. 여생은 어떤 대단한 의미도 격정도 없이 일상처럼 그저 담담하게 지나갈 것이며, 한순간 죽음은 다가오고 나는 그를 잠들듯이 맞을 것이다. 나의 왔다 감으로 인해 변한 것은 아무것도 없다. 한 줄기 바람이 지나간 것과 같다.

행복

고통은 확실하지만 행복은 불확실하다. 많은 감정들이 시간이 지난 후에야 선명해지듯, 행복과 불행 또한 실시간으로 다가오지는 않는다. 고통과 불행은 가까운 시간 내에 인식할 수 있지만 행복은 긴 시간 후에 과거형으로 깨닫게 된다. 행복을 현재형으로 인식할 수 있는 자는 지혜로운 자다. 대부분은 과거의 그때 자신이 행복했음을 깨닫는다.

지금 이 순간 존재하는 행복을 인식하기 위해서는 당연의 베일을 거두어 주는(인식할 수 있도록 대비되는 배경이 되는) 고통이나 불행이 필요하다. 우리는 현재 이대로의 행복은 당연한 것으로 여기고 또 다른 것을 찾아 헤매다가 지금보다 못한 상황이 되면 비로소 그때가 행복했음을 깨닫는다.

행복이란 현재를 즐겁게 보내는 것. 육체적 쾌락이든 정신적 쾌락이든 상관없다. 좋은 쾌락은 저절로 유지될 것이고 나쁜 쾌락은 스스로 사라질 것이므로.

바킬리데스는 '가장 행복한 자는 태어나지 않은 자'라고 했지만, 태어난 자로서 가장 행복한 자는 즐거운 시간을 가장 많이 누린 자이다. 부, 권력, 명예를 얻고 지키기 위해 고투하는 자보다는 당일에 만족하고 즐겁게 시간을 보내는 범부가 더 행복한 자다. 짧은 진한 행복보다는 긴 무덤덤한 행복을 누리는 자가 더 행복한 자다.

인간의 자유

인간에게 자유라는 것이 있는가. 인격신의 창조물로서의 인간의 자유는 이미 부여되어 있다. 이 경우의 자유란 신의 의지에 따르지 않는 모든 것으로 범위를 한정 지을 수 있기에 명확하다. 선악과의 사건은 물론이고 부모의 창조물인 자식이 부모의 말을 듣지 않는 것을 봐도 자유를 인정할 수밖에 없다. 신이 인간에게 자유를 부여하지 않았다면 선악과의 사건은 신의 전능함이 거짓임을 증명한다. 자유 없는 인간은 신의 뜻을 거역할 수 없으므로.

한편 자연의 산출물로서의 인간의 자유는 자연의 법칙인 인과의 법칙과 혼재되어 있다. 인간 자유의 한계가 자연의 섭리 안에 있기에, 인간에게는 자유가 있고 자신의 자유를 행사할 수는 있지만, 그 자유 자체가 자연의 섭리를 거스를 수가 없는 것이다.

인간인 나는, 나에게 부여된, 신조차도 막을 수 없는, 자유를 행사하고 있는가. 하잘것없는 구조 속에 순응하며 살고, 그까짓 구조조차 부술 수 없는, 이름뿐인 자유만을 가지고 있는 것은 아닌가.

사실과 욕망

자신의 삶이 고통스러울 때, '삶 자체가 고통이므로 인생을 하나의 단막극이며 유희로 생각하라는 생각'과, '그 고통은 신의 나라를 건설하기 위한 과정이며 오른뺨을 맞거든 왼뺨도 돌려대라는 생각' 가운데 사람들은 어느 것을 선택할까.

죽음을 앞두고 있을 때, '우리는 영원한 생명이며 삶과 죽음은 그 생명의 형태의 변화일 뿐'이라는 생각과, '사후에 너를 영원한 평안의 나라로 데려갈 것'이라는 생각 가운데 사람들은 어느 것을 선택할까.

사실과 욕망 사이에서 사실을 선택하는 사람은 얼마나 될까.

우주 속의 개인

우주의 입장에서의 개인의 삶, 그것은 인간이 생각하는 모든 가치와 의미를 배제한, 본능적인 삶 그 이상도 그 이하도 아니다. 이름 없는 한 인간 개체가 나타났다가 사라지는 것, 이것이 인간의 삶과 죽음의 액면이며 전부다. 우리는 자신과 주변 사람들의 삶과 죽음에 가치와 의의를 부여하고 생사가 마치 큰 차이가 있는 것처럼 여기지만 그것은 자신의 바람일 뿐.

우주 속, 인간이라는 한 종의 보편적 삶과 죽음, 나아가 자신의 삶과 죽음을 아무런 포장 없이 통렬히 통찰하고도 남는 것(생의 의미, 의무, 당위…)이 있다면 우리는 그것을 붙잡고 새로운 한 걸음을 시작해야 한다. 당신은 무엇이 남았는가.

인생의 수렴과 발산

인생을 수렴하는 자, 즉 죽음의 시점을 상정하고 역으로 인생을 설계

하고 바라보는 자와, 인생을 발산하는 자, 즉 막연히 살 것이라고 생각하는 자와의 차이는? 전자의 인생은 죽음이라는 담으로 한정되어지기에 모든 것이 확실하고 예측 가능하다. 따라서 안정된 선택을 하고 유유자적하는 삶을 이어 갈 수 있고 눈부신 현재의 삶을 즐길 수 있다. 후자의 인생은 끝이 없기에 미래를 위한 대비를 하고 현재의 삶을 불확실한 미래에 저당 잡히는 것이다. 그는 죽음 앞에서도 미래를 위해 현재를 소진할 것이다. 누구나 최후의 미래는 죽음인 바, 후자는 죽음을 위해 자신의 삶을 바치는 것이 아닌가.

인식의 범위

인식의 범위가 의지의 영토다. 인식의 범위 안에서만 의지를 조정할 수 있다. 인식의 범위를 넘어서면 의지와 의식은 무장 해제된다. 형이상학적인 면에서든 현실적인 면에서든.

깨달음의 핵심

깨달음 핵심은 밖의 지혜를 새로이 인식하는 것이 아니라 자신의 무지를 인식하는 것. 선은, 악과는 무관한 것이 아니라 바로 악에 대한 인식 자체. 행복은 쾌락이 아니라 고통에 대한 인식에서 연유한다. 깨달음에 필요한 모든 것은 자신 안에 있다. 가만히 자신 속을 들여다보라. 그 안에서 찾아낸 무지가 바로 깨달음이다.

'19. 1. 12.

고독

다수가 모인 연회, 오고 가는 대화에서 느끼는 고독이 상대적 고독이라면, 나 홀로 맞는, 땅거미의 어둠에서 밀려오는 고독은 절대적 고독이다. 상대적 고독이든 절대적 고독이든 신은 나의 이 고독을 해결할 수 있을 것인가. 아니다. 신은 내 감정을 지배할 수 없으리라. 인간이 만든 신이, 인간의 감정을 지배한다면 인간은 신보다 못한 존재일 것이기에.

단상

회의는 확신의 열망을 바탕에 숨기고 있다.

보편적 신은 없다. 단지 각 개인의 신앙에 따라 형성된 신이 있을 뿐이다.

신앙은 원하는 것을 믿는 것, 신앙은 곧 욕망이다.

존재는 인식에서 오지만, 인식이 존재의 필요조건은 아니다.

본능은 닫혀 있고 의식은 열려 있다.

외면

사랑이 부족한 자는 사랑을 원하지 않는 자이다. 지혜가 없는 자는 의식적으로 지혜를 외면하는 자이다. 애써 외면하지만 않는다면 저절로 사랑의 길, 지혜의 길로 들어설 것이지만 스스로 온 힘을 다해 그 길을 피하고 있는 것이다. 그들의 고민과 걱정은 '이제는 죽어야지'라는 노인들의 푸념과 같다.

자유, 천형天刑을 다하다

무심함에 대하여

화장실 문에 걸려 있는 꽃들, 서랍 속에 개어 놓은 옷가지들, 부엌 찬장에 가지런히 놓인 식기들, 거기에 저녁 술상까지, 어느 하나 아내의 손길이 아닌 것이 없다. 아내의 부재를 한 번도 깊이 생각해 보지 않았던 나는, 아내 없이도 잘 살 수 있을까. 두려우면 미리 생각하고 정리해야 한다.

드라마 속에서

전에는 결코 보지 않았던 드라마에 눈물을 흘리며 희비한다. 철학이 메울 수 없는 감정의 간극을 드라마는 여지없이 파고든다. 고대 그리스인들이 당시의 비극을 보고 모순된 인간의 운명에 흘렸을 눈물을 생각해 본다. 고대의 비극이나 현대의 드라마의 주요 소재는 삶과 죽음, 그리고 사랑이다. 그 가운데 가장 모를 것은 사랑. 삶과 죽음은 나의 것이고 내 의지대로 정리하고 실행할 수 있지만 사랑은 2인칭의 상대가 있는 사건이기에. 그래서 사람들은 삶과 죽음보다는 열렬한 사랑, 비극적 사랑에 열광하는 것이리라.

풍류를 아는 한량

여생의 모델은 풍류를 아는 한량, 풍류의 정수(세속을 초탈한 정감, 사물의 분별을 초월한 마음, 자기 멋에 따라 사는 삶)에 정통한 한량.

밤의 정취

낮의 풍경과 대비되는 밤의 정취는 새삼 너무나 다르다. 낮은 모든 것의 밝음과 팽창을 보여 주는데 밤의 수축은 우수를 더한다. 스스로 돌볼 수 없는 우울함. 이 모든 고민과 상념을 아침이 가져가 버릴 것을 안다.

행복의 정도

자연적 결핍(기아, 갈증, 추위 등)의 충족에 따른 행복은 확실하고 달성하기도 어렵지 않다. 그러나 인위적 욕망(명예, 가치 등)은 충족시키기도 어렵고 충족되어도 행복은 확실하지 않다. 따라서 부귀영화의 증가에 따른 행복도의 증가는 점점 기울기가 작아져 나중에는 0에 수렴하는 것이다. 자연적 결핍이 충족된 상태에서 부자와 빈자의 행복도의 차이는 실제로는 크지 않지만, 불필요한 욕망이 그 차이를 크게 만든다.

'19. 1. 19.

자아관과 세계관을 가진 철학

인도의 육파철학, 육사외도, 유부, 경량부, 중관, 유식 등 자아관과 세계관을 가진 철학들은 각각 하나의 사고체계이며 각 사고체계는 부분적인 진리를 담고 있다. 그러나 어느 하나의 철학이 최고의 진리는 아니며 다른 것을 포함하지는 않는다.

사연 없는 인생

중년 이후의 사연 없는 인생, 추억거리 없는 인생은 얼마나 황량하랴. 사연과 추억은 노년으로 갈수록 더 없는 술안주요, 잘 살았건 못 살았건 자신의 인생에 대한 감탄의 재료이다. 하지만 아무리 많은 경험을 해도 그것들을 추억으로 엮을 능력이 없는 자의 삶은 공허하다. 쇼펜하우어의 말처럼, 아름다운 풍경을 노래한 시를 읽으며, 아름다운 풍경을 경험한 것을 부러워할 것이 아니라, 그 풍경을 보고 시로 노래할 수 있는 능력을 부러워해야 한다.

집돌이

의지를 펼 수 있는 곳이 천국이라면 의지를 접어야 하는 곳이 지옥이다. 내 의지가 자유로울 수 있는 최대의 반경은 집이다.

Kidult

어른이 되어서도 어린이 취향을 가진 사람이나, 나이가 들어서도 젊은이의 취향을 가진 사람은 인생의 고뇌를 별로 겪지 않은 사람이다. 고뇌는 모든 유쾌함을 앗아 가며 모든 것에서 멀어지게 만든다.

안타까운 죽음에 대하여

왜 타인의 안타까운 죽음에 가슴이 미어지는가. 인간의 본능이리라. 내 생을 지속하고자 하는 본능을 타인에게도 투영하는 것이다. 삶에서 죽음으로의 이행이라는 변화에 대한 거부감. 현 상태의 유지를 원하는 본능. 죽은 자, 떠난 자는 슬프지 않다. 슬픔은 남은 자의 것이다.

무행위의 불안감

아무것도 하지 않고 있으면 불안한 이유는 무엇일까. 항상 무엇인가를 하도록 길들여졌기 때문일 것이다. 무엇인가에 몰입하여 아무 생각 없이 살아가는 것이 더 마음 편한 생활일까. 사고하지 않는, 성찰 없는 인간으로 사는 것이 진정 안락이라면 굳이 인간으로 살아갈 필요가 있을까. 사고하지 않는 다른 종으로 태어나는 것이 좋을 것이다.

무심無心

무심하다는 것은 어떤 대상이나 사건, 상황에 대한 숙고와 깨달음 끝에 오는 것. 숙고할 때나 깨달음의 과정에서는 무심할 수가 없다. 무심은 폭풍우가 지나간 후의 잔잔한 바다, 더 이상 숙고할 것이 없음, 정리된 마음 상태.

'19. 2. 10.

고독과 우수

고독과 우수. 이런 감정이 없는 인생이라면 얼마나 삭막할까. 인생의 의미를 한층 더 깊게 만드는 감정. 괴로우면서도 피하고 싶지 않은 애수 어린 느낌. 이런 때 가끔씩 이성을 제치고 달려가는 감정이 머무는 대상, 옛 연인. 나의 치기 어린 열정과 광포한 에너지를 받아 준 그 사람에게 감사할 뿐이다.

행운

행운은 풍선을 타고 올라가는 것. 풍선은 언젠가는 터진다. 알라딘의 램프가 있어도 결코 문지르지 않으리라.

명예

명예는 정신적 재물, 재물을 멀리하는 현자도 명예를 거부하지는 않는다. 그러나 명예는 고기 굽는 냄새, 고기를 구워 먹었으면 그뿐, 냄새를 남겨서야 되겠는가.

"속세를 떠나며 명예를 남겨 두는 것은 고기 냄새를 남긴 것과 같아서 파리 떼가 다시 모여드는 것과 같다."

– 김대현(술몽쇄언)

'19. 2. 17.

동정의 이면

사람들은 곤궁한 처지의 타인에게 충고를 하거나 동정의 말을 하기를 원한다. 그러한 처지의 타인이 오히려 자신의 처지를 즐거워하거나 자랑스러워하면 눈살을 찌푸린다. 한 예로 실직한 지인을 만나면 위로와 격려를 해 주려고 하고 지인도 의기소침하거나 순순히 자신의 말을 경청하리라 생각한다. 그러나 지인이 자신의 상태를 불감청不敢請 고소원固所願이라고 당당하게 말하면 오히려 기분이 상한다. 상대보다 우위를 점하려는 인간의 본능 때문이다.

행복의 불안

평안한 행복의 시간이 지나갈수록 불안이 커지는 것은 왜인가. 행복은 불행의 씨앗이고 행복은 불행을 품고 있음을 알기에, 언젠가는 또 다른 운명에 의해 어떤 불행으로 대체될 것을 알기에.

상대의 부재

상대가 필요할수록 그의 부재가 마음 아프다. 상대의 부재가 담담할수록 나에게 그의 역할은 중요하지 않은 것이다. 젊은 부부 사이의 관계와 늙은 부모와 자식 사이의 관계가 대표적인 예이다. 인정하기 싫은 진실이다.

생명과 혼돈

생명은 혼돈 속에 왔다가 혼돈 속에 가는 것. 섭리의 배려인가.

고뇌와 말수

고뇌와 말수는 반비례한다. 고뇌는 외부와의 장막을 치게 하고 내부로 침잠하게 한다. 말수가 많은 자는 그만큼 고뇌가 없는 것이다. 아무 생각 없이 사는 무지한(無知漢)일 수도 있고 진정 행복한 자일 수도 있다.

진리의 다양성

동일한 공간을 서로 다른 물체가 점유할 수 없다는 공간상의 진리를, 과거에는 선, 정의 같은 관념적 대상에도 적용하려 했다. 유일하고 배타적인 진리만을 원했고, 진리는 그래야 한다고 믿었다. 이제 와 보니 진리는 유일한 것이 아니었다. 사람 수만큼이나 많은, 서로 다른, 때로는 상충되는 진리가 있다. 너의 진리가 나의 진리와 정반대일지라도 진리가 아니라고 할 수는 없다.

'19. 2. 23.

대자연의 숭고함과 일상의 사소함

이 밤의 저 은하수! 그 벅참 앞에 한낮의 햇볕을 피해 걸었던 것이 무슨 의미랴.

'19. 3. 9.

사람들에 대한 이해

예전에는 사람들이 스포츠나 놀이에 빠지는 것에 대해 비판적으로 생각했다. 자신이 만들어 놓은 것에 열광하는 것이 의아했다. 이제는 알겠다. 삶의 괴로움과 권태를 벗어날 돌파구와 위안으로써 그러한 것들이 필요했고 그래서 그것들을 만들어 놓고 열광할 수밖에 없다는 것을. 마치 신과 종교를 어떤 필요와 목적에서 만들어 놓고 숭배하듯이. 인간의 그러한 행위는 비판할 것이 아니라 안쓰러운 마음으로 인정해야 하는 것임을 뒤늦게 깨닫는다. 종교에 깊이 몰입하는 사람들을 이해해 주어야 하는 것도. 신앙은 신이 '있음'이 아니라 신을 '갈구함'이니.

단상

오래 쓴 가면은 결국 (실제) 얼굴이 된다.

사람들이 진실을 말하는 것이 반드시 양심에 따른 것은 아니다.

자부심은 고차원적인 허영심이며 타인의 시선에 대한 반사이다.

천재

사람들은 자신의 무능함을 인정하지 않기 위해 자신보다 우수한 인물을 천재라고 추앙한다. 천재는 특별한 은총을 입고 태어났으므로 자신과는 별개의 부류라고 생각함으로써 스스로를 위안한다.

'19. 3. 16.

이제야

이제야 알았다. 세월에 따라 몸은 늙어도 마음은 늙지 않는다는 것을. 이성은 굳어져도 감정은 굳어지지 않음을.

즐거움에 대한 욕망

왜 즐거운 시간을 보내려 애쓰는가. 즐거움을 찾아 헤맬수록 권태에 빠져드는 것을 모르는가. 중요한 것은 즐거움이 아니라 무고통이라는 것을 알면서도. 요즘 시간들 자체가 평생을 그토록 원하던 것 아닌가.

시간 바꾸기

남아 있는 시간을 내 마음대로 전후를 바꾸어 사용할 수 있다면 어떨까. 즉 10년을 살 수 있다고 할 때, 그 10년을 시간 순서대로 살지 않고 5년 후의 1개월을 미리 살고 나서 지금의 1개월을 나중에 살 수 있다면⋯ 단 운명은 바뀌지 않는다는 가정하에.

새벽 불면

새벽 불면을 왜 걱정하는가. 잠이 안 오면, 깨어 다른 일을 하다가 졸리면 다시 자면 되는 것을. 마치 출근이라도 해야 하는 것처럼 걱정할 이유가 무엇인가. 잠이 안 오면 일어나고 잠이 오면 자면 되는데.

'19. 3. 24.

행복한 삶

행복한 삶이란 물질적 결핍 없는 상태에서 정신적으로 즐겁게 사는 삶. 현대 사회에서 물질적 결핍을 면하기는 어렵지 않으나 정신적 즐거움을 유지하기는 어렵다. 결국 행복의 관건은 정신적 쾌락의 유지다. 정신적 즐거움을 주는 활동들을 찾아 실행하는 것이 현명하다. 독서, 사색, 걷기, 음주, 탁구⋯ 또 무엇이 있을까.

지혜로운 삶

시공간상으로 무한한 세계, 유한한 나. 현 존재로서 무한 시간 존재하는 나를 원하지만 그것은 불가능할뿐더러 무한 존재함 자체가 재앙이라는 것을 인식하고 있는 나. 자신의 한계를 인식하고 그 한계 내에서 최선의 삶을 살아가는 것이 지혜로운 삶.

'19. 3. 30.

타인의 삶

인간은 두 눈을 멀쩡히 뜨고도 자신이 행복의 길이라고 확신하는 길보다는 사회가 행복이라고 말하는, 타인이 원하는 길로 들어선다. 자신은 사회와 타인의 노예인 것이다. 진정 자신의 신념대로 삶을 사는 자는 극소수다. 왜 자신의 삶이 아닌 타인의 삶을 사는 걸까.

'19. 4. 6.

고통

모든 고통은 살기 위한 고통이다. 죽기 위한 고통은 없다. 고통은 살려는 자의 것이다. 죽으려는 자에게 고통은 없다. 모든 고통은 존재의 고통, 생의 의지의 고통이다.

외적 통찰과 내적 통찰

현자에게는 궁정에서 보는 석양의 아름다움이나 감옥에서 보는 석양의 아름다움이나 같다고 쇼펜하우어는 말했으나, 20대에 보는 석양과 60대에 보는 석양의 아름다움도 같을까? 현자라면 공간의 차이에 따른 감정의 차이는 극복할 수 있을 것이지만, 수십 년의 시간에 따른 감정

의 차이는 어쩔 수 없지 않을까? 시간에 따라 변하지 않는 것은 아무것
도 없다. 운명이라 해도.

'19. 4. 14.

나이 듦과 생각

중년을 넘어 노년으로 갈수록 돈이나 권력 등 현실적 대상에 대한 생
각의 정리는 잘 되어 타인에게 자신의 생각을 강요하지만, 행복, 선, 정
의, 죽음 등 형이상학적 대상에 대한 생각은 희미해져 가는 것 같다. 형
이상학적 대상에 대해서는 이미 잘 알고 있는 것, 또는 별것 아닌 것으
로 치부해 버리는 경향이 있다. 사실은 잘 모르기에, 또는 여생을 살아
가는데 중요하지 않다고 믿기에, 깊이 생각하고 싶지 않은 것이리라. 그
것들에 대한 정리 없이는 여생을 평안하게 살 수 없음을 모르는 채로.

삶의 숙제

인간으로 살아가면서 누구나 해야 하는 삶의 숙제가 두 가지 있다.
하나는 자신과 가족의 생계를 위한 물리적인 숙제, 즉 먹고살 수 있는
환경을 만들어야 하는 숙제이다. 또 하나는 정신적인 숙제, 즉 나는 누
구이고 세계는 무엇인가, 삶의 의미는 무엇인가, 어떻게 살아야 하는가
등 철학적 의문에 대해 스스로 답을 정리해야 하는 숙제이다. 과연 나
는 삶의 숙제를 다 했는가.

자아, 삶과 죽음, 삶의 의미 등에 대한 정리가 되지 않았던 시절에는
무언가 조급하고 분주했다. 흐르는 시간을 좀 더 의미 있게 살아야 한
다는 강박이 있었다. 그러나 어느 정도 정리가 끝난 지금의 시간들은

여유롭다. 남은 시간들에 의미를 부여하며 의미 있게 살려고 하기보다는 즐기면서 시간을 보내고자 한다. 방학 숙제를 일찌감치 다하고 남은 방학 기간을 신나게 노는 아이처럼. 아무리 풍요로운 삶을 산다고 해도 삶의 숙제를 다하지 못한 자의 마음은, 방학 숙제를 하지 않은 채 개학을 앞둔 아이의 마음 아닐까.

무엇을 하는 것도 가능하고, 무엇을 해도 좋은 삶은 귀하고 드문 삶이다.

'19. 4. 21.

나

나는 어디서 와서 어디로 가는가.

무에서 와서 무로 돌아간다. - 의식의 측면

나는 영원한 우주의 영, 오고 감은 없다. - 정신적 측면

나는 우주의 일원, 우주의 원소로서 상존한다. - 물질적 측면

'19. 5. 4.

정신적 유쾌함을 위한 것

정신적 유쾌함을 위해 필요한 것 중 하나는, 자아가 두리번거리지 않도록 유쾌한 인간관계와 즐거움을 줄 수 있는 대상들을 넓혀 가는 것이며 또 하나는, 자신 속에서 길을 잃지 않도록 꾸준히 성찰하는 것이다.

베다, 우파니샤드, 바가바드기타에 대한 정리

베다는 BC 1000년경에 형성된 브라만교의 경전.

BC 600년경 브라만교에 반발하여 육사외도(자이니즘, 도덕부정론,

칠요소설, 결정론, 회의론, 유물론)와 불교 출현.

불교와 육사외도의 세력 확장에 반발하여 BC 500 - BC 100년경 브라만교의 자체 개혁을 통해 육파철학(상까, 요가, 와이세이까, 니야야, 미망사, 베단따) 형성.

우파니샤드는 육파철학 중 베단따의 경전.

베단따와 기존 민중 신앙이 결합하여 BC 200년경 힌두교 형성.

바가바드기타는 힌두교의 경전.

'19. 5. 5.

허영과 오만

허영과 오만 중 하나의 삶을 선택하라면 나는 오만을 선택하겠다. 텅 비어 있는 허영보다는 지나치게 차 있는 오만을.

행복의 인식

고통은 저절로 인식되지만 행복을 인식하기는 쉽지 않다. 특히 젊은 시절, 행복을 인식하기에는 너무 많은 격정이 눈앞을 가로막고 있었다. 그 시절을 다 보낸 중년 이후에야 비로소 행복을 인식할 수 있었고 이를 위해서 삶에 대한 성찰이 먼저 필요했다.

깨달음의 정도

자신의 깨달음의 정도는 스스로 인식한다. 그 또한 깨달음의 일부이다. 어느 수준에서 만족할 것인가는 자신의 결정이다.

성실과 병

성실하지 않은 생활에 병이 따라오지만, 술에 성실한 나는 병에 시달릴 것 같다. 어쩌랴, 이대로 가는 것이 두렵지 않은 것을.

무의식과 죽음

많은 사람들은 죽음을 두려워하면서도 무의식중에 죽음을 원한다. 잠들기 전, 잠에 빠지기까지의 불편함이 생략되길 바라고, 꿈 없는 죽음 같은 잠을 위해 프로포폴 주사를 맞는다. 그들이 원하는 것은 다름 아닌 죽음인 것이다. 회사에 나가길 싫어하면서도 회사에 못 나가게 될까 전전긍긍하듯, 삶에서 벗어나길 바라면서도 죽음을 두려워하는 아이러니.

'19. 5. 12.

주변의 삶

언제까지 음식물을 입속으로 나르기만 하는 숟가락의 삶을 살 것인가. 언제까지 부처의 마부로만 살 것인가. 이제는 음식물의 풍미를 즐기고, 이제는 부처가 되어야 하지 않겠는가.

호칭

"철수야!"와 "아들!"이라고 부르는 것에 대한 단상. 일부 부모들은 자신의 남자아이를 "아들!"이라고 부른다. 그 내면에는 남존 사상, 자랑스러움, 듬직함 등이 내재할 것이다. 그러나 아이의 입장에서는 자신의 고유성(identity)의 혼란이 올 수도 있다. 나는 철수로서의 나가 아니라 많은 "아들" 중의 하나인 나일 뿐이라고 생각할 우려가 있다. 자신의 단

독성이 사라진, 그저 남자아이 중의 하나일 뿐인….

감정적으로는 "아들!"이라고 부르는 부모의 내면에 있는 으스대려는 마음이 눈에 들어와 가소로움과 함께 연민이 느껴진다. 저 부모의 허영을 충족시키는 남자아이가 얼마나 드문지를 알기에. 대부분의 그 허영이 실망과 회한으로 변하리라는 것도.

노인

노년으로 갈수록 나만 있고 타인은 없다. 예전과 달리 요즘은 노인이 존경할 대상이 아니라 눈살을 찌푸리게 하는 대상이 되어 버렸다. 고령화에 따라 노인들이 많아졌기 때문인가, 예전 대비 인격 수준이 떨어졌기 때문인가. 아무튼 예전에는 점잖은 노인분들이 많았는데 요즘은 이기적이고 시끄럽고 무례한 노인이 많이 보인다. 그래서 술집에 가면 노인들이 모여 있는 자리를 되도록 피한다. 거의 100%, 고래고래 소리치기 때문이다. 청력 저하에 따른 현상이라고 이해하더라도 불쾌감마저 억누를 수는 없다. 술집 주인 입장에서도 마찬가지일 것이다. 점차 노인들은 많아지는데 노인들을 반기는 곳은 적어진다. 누구의 탓일까.

수명 연장

자유로운 시간을 얻음으로써 수명을 연장했다. 진정한 수명의 길이는 자유로운 삶을 산 기간이기 때문이다. 자유로운 1년은 부자유한 100년보다 소중하다.

극한의 삶의 유지

누군가, "에베레스트를 정복한 사람, 남극이나 북극을 정복한 사람"

에게 당시의 치열한 삶을 계속 유지하지 않고 평범하게 산다고 비난한다면, 그는 제정신 있는 자인가. 깨달음 또한 마찬가지. 깨달음을 얻기 위해 정진했던 치열한 삶을 깨달음 이후에도 지속적으로 유지할 수는 없는 법. 그러나 정점을 경험한 삶은 같아 보여도 다르다.

사상의 평가

한 인간의 성격 또는 인간성과 그의 사상을 연관시켜 평가하는 것은 옳지 않다. 사실이 곧 당위가 아니고, 당위가 곧 사실은 아닌 것처럼, 그의 생활 방식이나 태도로서 그의 사상을 평가할 수는 없다.

'19. 6. 2.

기우 - 한국에서

결혼식장에 앉을 자리 없을까 걱정하는 것.
결혼식에 못 가고 축의금만 보내서 미안해하는 것.

책 출간 이유

내가 책을 출간하는 이유는 내 자식이나 손자, 또는 그 후손이, 아버지 또는 할아버지가 어떤 생각을 하고 살았는지 나중에라도 알 수 있게 하기 위해서다. 나는 때때로 돌아가신 아버지와, 기억을 통해서나마 철학 얘기를 나누며 한 잔 하고 싶었고, 더 가끔씩 할아버지(할머니)와 대화를 하고 싶었다. 그러나 나는 50년 이상을 같이 살았던 아버지가 어떤 분인지는 어렴풋이 알지만 그분이 무슨 생각을 했고 어떤 사상을 갖고 사셨는지는 잘 모른다. 하물며 내가 세 살 때 돌아가신 할아버지에 대해서야…. 나를 기억하는 자가 사라짐과 동시에 나는 영원히 사라진다. 단, 글로써 나를 남길 때, 그 글을 읽는 자의 마음속에 나는 살아 있다. 타인까지는 아니라도, 최소한 내 후손들에게 글로써 나를 남긴다면 나와 같은 후손이 자신의 선조에 대해, 선조의 생각이나 사상에 대해 알고 싶거나 선조와 대화하고 싶을 때, 나처럼 안타깝지는 않으리라.

내가 책을 출간하는 또 하나의 이유는 내가 사귀어 왔던 사람들과, 내 주변의 사람들과의 우의를 돈독히 하고 더 즐거운 만남을 유지하기 위해서다. 만나면 유쾌하기는 해도, 대화는 겉도는 이야기에 한정되고, 결코 스스로를 보여 주려 하지 않는 만남의 한계를 넘어, 진실한 대화를 나누기 위해서다. 대화의 내용이, 내 밖의 사건이나 사물, 연예인이나 스포츠 등 사실의 나열과 그에 대한 가십이 아니라, 책의 내용처럼 대상들에 대한 내 안의 생각들일 때, 우리는 서로를 더욱 잘 알고 친밀해질 것이다.

지고(至高)의 행복

나는 지고의 행복을 찾았는가. 그것이 완전한 평정이라면 아직 행복에 도달하지 못했다. 그것이 행복에 대한 참 인식이라면, 찾았다. 사람들이 행복하지 못한 중요한 이유는 대부분 자신들이 행복함에도 불구하고 그 행복을 부정하는 데 있다. 본인이 아니라고 우기는 것을 어쩌랴. 자신의 행복을 인식 못 하는 무지에서 벗어나려 하지 않는 것을.

'19. 6. 8.

내 안의 나

"내 안엔 내가 너무도 많아"라는 가사처럼 나를 들여다보면 상반된 내가 존재한다. 욕망하는 나, 분노하는 나, 초월한 나… 상황에 따라 다른 내가 표출된다. 그렇기에 어느 순간의 인간의 한 면만을 보고 판단하기보다는, 한 인간의 성격과 인격 수준은 일관성이 있는 것이 아니라 오히려 다양하다는 것을 항상 인식해야 한다. 더욱이 그마저 변한다는 사실도.

자유

신의 형벌에서 해방된 지 6개월, 자유가 주어졌음에도 무엇인가를 해야 한다는 노예 시절의 관념에 사로잡혀, 자유를 누리기보다는 불안과 강박에 사로잡혀 있었다. 자유를 얻었으나 그 자유에 다시 속박되었다.

'19. 6. 22.

끝없는 욕망

가진 것도 다 못 쓰고 죽을 나이에 재물을 향한 끝없는 욕망, 그것은 시들어 버린 나이에 이성을 향한 욕망과 같다. 본능인가, 무지인가. 돈이란 본래, 아름다운 이성처럼 바라만 보아도 좋은 것인가.

나와 타인

오른팔이 아프면 쉬게 하고 왼팔로 오른팔의 역할을 한다. 내 몸의 어느 한 부분이 고통 속에 있으면 다른 모든 부분이 그 역할을 대신한다. 너무나 당연하고 자연스러운 일이다. 그러나 대부분, 타인의 고통에 대해서는 외면한 채, 나와는 상관없는 그의 고통이니 당연히 그가 겪어야 한다고 생각한다. 나와 타인 사이에는 무한한 심연이 가로놓여 있다고 생각하는 것이다. 우리 각자는 한 뿌리를 모체로 하는 나무의 가지들임을 인식하지 못한다. 세상은 그렇게 돌아간다.

철학과 위로

철학은 위로하지 않는다. 사실을 말할 뿐이다. 위로를 받으려면 문학이나 종교를 찾으라.

나는 철학 하는 자로서 스스로도 원했던 거짓 내세(극락, 천국…)보다는, 원하지는 않았지만 사실(나는 영원한 우주의 구성원)을 선택할 수밖에 없었다.

7월의 하늘

여름 한낮, 인적 없어 적막한 호수공원.

비질 자국 선명한 푸른 하늘엔 뭉게구름만.

비질한 바람은 간 곳 없고 하늘은 수채화처럼 움직임 없는데

생을 휘몰아친 연(緣)은 어디 가고 껍데기만 덩그러니 남아 멍해 있는가.

부끄러운 일

인격이나 성품, 능력 등 내적 역량이 아니라, 나이, 돈, 권력 등 외적 조건으로 인해 타인들에게 존경받는다는 것은 부끄러운 일이다. 아부에 기뻐하는 허영이다.

생의 연장에 대하여

오늘 암 선고를 받고 3개월의 생이 남았다고 하자. 항암치료를 하면 1년을 살 수 있다면 어떤 선택을 할 것인가. 55년 이상을 살아온 마당에

남은 기간이 3개월이든 1년이든 그 어떤 새로운 경험을 기대할 것인가. 생의 연장이 무슨 의미가 있는가. 나는 고통스러운 생의 연장보다는 치료 없는 3개월의 생을 선택할 것이다. 죽음을 선취한 자에게 지금의 죽음이나 3개월 후의 죽음이나, 1년 후의 죽음이나 다를 바 없다.

'19. 7. 13.

몸의 기능

젊은 몸에서는 기능은 당연하고 외적인 아름다움이 중요하지만 늙은 몸에서는 아름답지 않아도 기능이 중요하다.

혼술 - 알중(알코올 중독)의 경지

혼술을 꺼리는 이유는 맑은 정신 상태에 있기 때문이다. '굳이 혼자서 궁상맞게 술을 마셔야 하나'라는 생각 때문이기도 하고, 그렇게 술 마시는 과정이 엄청 외롭게 생각되기 때문이기도 하다.

그러나 이런 생각을 극복하고 혼술을 시작하여 일단 취기가 올라오면 - 소주 2/3병 - 혼자든 함께든 전혀 상관없다. 오히려 혼자 상념에 빠지는 것이 덜 번거롭다. 혼술은 취함의 문턱치만 넘기면 최고의 주법. 나 홀로 취함의 경지, 이태백의 산중대작(山中對酌)도 부럽지 않다.

취기가 올라 얼근해지면 대화의 상대가 나타난다. 태백은 달과 자신의 그림자를 벗 삼아 독작했지만 내 경우는 또 다른 내가 독작의 벗이다. 나와 또 다른 내가 주거니 받거니 하며 결국 취하고 마는 것이다.

'19. 7. 14.

인생의 귀천

기본적인 경제적 문제가 해결된 상태에서의 인생의 귀천은 정신적 추구에 따라 결정된다. 경제력 있는 자들이 정신적 추구를 하는 경우가 많은 것을 보면, 결국 현실을 선점한 자가 형이상학도 선점하는 것이다. 세상도, 형이상학도 생각하는 자의 것이다. 생각 없는 자는 생각하는 자의 노예로서 일생을 살 수밖에 없다. 이 또한 생각 있는 자의 견해이며, 생각 없는 자는 자신이 노예의 삶을 사는 것도 모른다.

행위와 생각

행위에 대해 어릴 적에는 선악을 따지고, 청년 시절에는 옳고 그름을 따지지만 중년 이후에는 자신에게 이로운가, 해로운가를 따진다.

'19. 8. 4.

깨어 있는 죽음

깨어 있는 죽음을 맞이하고 싶은가? 확률은 1% 미만. 맑은 정신일 때 스스로 생을 거두라.

이해와 오해

A : 그는 나에게 예화를 들어가며 어설픈 설명을 했지만 나는 그가 예화로 설명하는 내용의 전말을 이미 심도 있게 알고 있었다.

B: 나는 그에게 내가 말하는 내용을 제대로 이해하길 바라서 예화까지 들어가며 성심껏 설명했지만 그는 이해하는 척할 따름이었다.

대화 상대

대화의 상대가 깊고 광활한 정신의 소유자임을 느낄 수 있어, 시원한 자유로움을 주는 사람이 있다. 같은 대화를 하더라도 자신의 성격, 아집에 갇혀 있거나 얄팍한 지식에 함몰되어 답답함을 느끼게 하는 사람도 있다. 물론 전자는 드물다. 전자는 자신의 견해를 말하고 사색의 결과나 형이상학이 대화의 주요 소재이지만, 후자의 대화 소재는 끝없이 자신 밖의 주변만을 맴돌며 공지된 사실, 타인의 견해만을 읊을 뿐이다.

생의 비애와 소중함

날로 거세지는 8월 초의 폭염을 피해 이른 아침 길을 걷다 보면 어느새 햇빛은 짧아지고 있다. 여름은 밖으로는 위세를 더해 가지만 안으로는 수명을 다하고 있는 것이다. 짧아지는 햇빛, 막바지로 향하는 무더위, 여름이 다함을 기뻐해야 하는가. 내 남은 인생에서 가장 화려한 여름날이 가고 있는데…. 더불어 가장 빛나는 한 해도 갈 것이고. 남은 생 중에 어느 해가 올해보다 찬란할 것이냐! 나이는 들어가고 오감은 시들고 있는데. 그러나 어쩌랴, 가는 세월은 결국 아무것도 남겨 놓지 않는 것을. 순간순간을 느끼며 사는 것이 최선인 것을. 여생에서 가장 빛나는 이 순간을 살고 있음을 인정해야 한다. 또한 내일이 주어진다 해도 오늘보다는 생생하지 못한 하루를 살게 될 것도.

'19. 8. 17.

자연과 인간

과거 수 천년 전 인간의 번식이 제한되고 인간의 문명이 형성되기 전까지는, 인간 존재는 자연이 행한 실수에 그쳤다. 그 후, 인간의 대량 번식과 문화의 발전에 따라 인간은 자연의 실수를 넘어 자연에 대한 재앙이 되어 가고 있다. 이를 막기 위해 할 수 있는 것은 무엇인가.

- 평화적으로 인간 개체 수 줄이기. 자녀를 1명 이하로 갖기(무자녀주의), 불필요한 연명 대신 죽음의 활성화 문화 형성.
- 문명 발전의 부작용인 혼족 증가 현상 또한 자연의 입장에서는 긍정적이다.

단상

"무자식 상팔자"를 알면서도 자식을 낳는 이유.

- 그 의미를 깊이 인식했을 때는 이미 자식 때문에 자유를 제한당하거나 고통받고 있음. 그 의미를 선취하는 자는 드물다.

자연 속에 인공물이 있으면 자연보다는 인공물이 먼저 눈에 띄는 이유.

- 나무와 풀 같은 자연물에 대한 이름은 모르지만 인공물의 이름은 알기 때문. 식물학자였다면 자연의 나무와 꽃의 이름과 함께 자연물이 먼저 인식되었을 것이다.

내일 하루밖에 못 살지라도 반복되는 과거의 30년을 살지 않으리라.

- 지나온 자신의 과거가 다시 겪을 만큼 아름답거나 즐겁지 않음. 반복하고 싶지 않음.
- 인생의 중년을 지난 사람들이면 과거의 삶을 반복하고 싶은 사람이 얼마나 될까.

지천명 이후에 면피성 겸손을 떠는 자(죽는소리하는 자)는 소인배요

자유, 천형天刑을 다하다

가여운 인간이다.

- 나이가 들어서도 자신의 궁핍함과 어려움을 토로하는 자는 겸손을 가장하여 이익을 얻거나 자신의 소유물을 베풀지 않으려는 자다. 의연하지 못하다. 그러한 겸손보다는 오히려 과장함이 낫다.

이륙하는 비행기를 바라보며

이륙하는 비행기를 바라볼 때 마음속에 일어나는 감정과 생각… 자유, 여행, 설렘. 이 모든 것은 초심자의 것이다. 비행이든 여행이든 많은 경험이 있는 자는 그러한 감정과 생각이 그때뿐임을 안다. 실제로 비행기를 탔을 때와 여행의 불편함을 기억하고 있기에.

"우리가 남이가"에 대한 생각

그것은 인간 사회 유지를 위한 필요악이나 "우리"를 제외한 모든 것 배제함으로써 결국 그 사회를 파괴하게 되는 생각이다. 전시와 같은 위급한 상황에서는 필요한 개념이지만 평시에는 없어져야 할 개념이다.

'19. 8. 24.

생명

모든 생명의 발생과 성장은 거칠고 힘이 넘친다. 과격하고 전투적이다. 근처의 오이, 고추, 호박, 가지 등을 재배하는 채소밭을 가 보라. 인간의 발생과 성장도 그와 다르지 않다.

인간의 마음

불가능할 때는 애절하였으나 가능할 때는 무덤덤한 것(대상). 하고 싶지만 할 수 없어 못했고, 할 수 있게 되니 하고 싶지 않아져서 안 하는 것. 결국은 하지 못하는 것. 그것은 당초 불필요한 것이었다.

쾌락

깨달음을 원하는 사람은 많지 않다. 대다수는 즐거움 곧 쾌락을 원한다. 평생을 쾌락의 바다에 떠다니며 산다고 한들, 자신이 누구이며 세계는 무엇이고 자신과 세계의 관계를 모른다면, 세계 속에서 자신의 좌표를 잃었다면, 그의 쾌락은 뼈다귀를 열심히 핥고 있는 개의 쾌락과 무엇이 다를 것인가.

쾌락과 행복

쾌락은 물리적, 감각적, 대중적인 면이 강하고 행복은 정신적, 사고적인 면이 강하다. 행복은 숙고한 결과 행복으로 인정된 쾌락이다. 쾌락은 현재의 결과만을 받아들인 것이지만 행복은 현재의 결과와, 그 결과를 있게 한 원인과, 미래에의 영향까지도 숙고한 결과를 받아들인 것이다.

'19. 9. 1.

인간의 욕망

산해진미를 원하던 허기도 밥 한 공기면 해소되고, 더운 여름 수평선이 보이지 않는 바다를 원하던 욕망도 한 뼘 계곡 물 한 자락이면 족한, 이런 육체적 욕망은 해소할 수 있기에, 그 이상 증가하지 않기에 그나마 낫다. 금전, 권력, 명예에 대한 욕망은 충족되어도 해소되지 않고 오히려 더 증가한다. 이러한 욕망 중 과연 인간이 생존하기 위해 필요한

자유, 천형天刑을 다하다

것들은 무엇이며 얼마큼인가.

소명의식

누군가에게 부여받은 소명의식은 노예의식이며, 그것을 부여한 자가 신이든 인간이든 그러한 소명의식을 가진 자는 부여한 자의 노예다. 그러나 자연과 섭리를 깨닫고 스스로 정한 소명의식이라면 그 의식은 자유로운 의식이며 그는 자유인이다.

부재의 존재

부모님, 배우자… 보이지 않아야 존재로서 각인되는 대상들. 내 무지의 각성제들.

아는 자의 슬픔

비극적 운명을 아는 자의 슬픔과 모르는 자의 즐거움.

자신의 죽음을 예견한 어머니의 눈물 어린 작은 부탁을, 핑계를 대며 거부하는 자식, 그 자식을 바라보는 어머니의 마음.

권력과 태도

자신의 권력 증감에 따른 태도 변화. 현자라면 그 무상함을 알고 있기에 오히려 더욱 겸손하거나 태도의 변화는 없으리라. 나와 주변인들은 과연 어떤지 돌아보면 흥미로울 것이다.

초가을 매미 소리

초가을 매미 소리를 들으며 추선(秋扇)을 생각하다.

내 인생도 그와 같음을 생각하다.

"식어 버린 라면 국물 같은 인생"

- 김소연

'19. 9. 8.

의연함의 한계

까닭 모르게 체온이 2~3도 정도 오르니 인식과 의지의 한계를 느꼈다. 하물며 죽음 앞에서는 어떨 것인가. 죽음에 대한 의사결정과 실행은 맨 정신에, 건강할 때 해야 한다. 아직 멀었거니 생각하다가는 원하는 죽음을 맞지 못할 것이다.

음식 문답

손님 : 음식 냄새가 먹음직스럽게 보여요. 구수한 향기가 근사하게 들리는데 무슨 요리하세요?

주인 : 달라는 것보다 더하네!

병(病)과 술(酒) - 알코올 중독자의 변

병이 시작될 때는 술을 마시건 안 마시건 병은 커 간다. 생명의 시작처럼. 병이 나아갈 때는 술을 마시건 안 마시건 병은 사라진다. 생명의 사멸과 같이. 병과 술의 상관관계는 크지 않다.

자유, 천형天刑을 다하다

'19. 9. 14.

종교 철학

모든 종교는 Minority를 위한 철학. 어느 시대나 새로운 종교의 성장 동력이나 종교 변혁의 주체는 Minority였고 그들의 힘(진보, 혁신)을 지지하는 철학적 기반이 종교의 교리다. 우리는 Majority가 변혁의 주체라고 생각하지만 세상을 움직이는 힘의 발단은 Minority에 있다.

배우자에 대한 마음

사람들은, 50대 이전에는 배우자가 기쁨을 주는 사람이기를 바라지만 50대 이후에는 배우자로 인해 고통을 받지 않기를 바랄 뿐이다.

연휴에 대한 생각

직장을 다닐 때는 연휴의 마지막 날이 오면 아쉽고, 휴일이 하루라도 더 있기를 원했지만 지금은 연휴가 어서 끝나길 바란다. 사람들로 인한 북적거림이 사라진 평일의 조용한 여유로움이 기다려진다.

행복한 모습

밤 아홉 시 반의 일산 공원. 지나가는 사람들의 표정은 밝고 행복하다. 나는 오랜 정진 끝에 그나마 조그만 평정을 얻었는데 저들은 어찌하여 저토록 행복한 모습일까.

입추(立秋)

청명한 하늘, 은쟁반같이 고요한 호수, 팔에 돋는 소름으로 가을은 시작되었다.

'19. 9. 15.

이데아

어떤 물체의 이데아가 별도로 존재하고 그 이데아의 현현이 물체가 아니라, 이데아는 물체들에서 유추된 개념일 뿐이다.

꿈을 꾸는 삶, 성찰하는 삶

공원 벤치에 앉아 어디론가 바삐 가는 사람들, 달리는 자동차들을 바라보노라면 대상의 노예로 쫓기는 것 같아 안쓰럽다. 바쁘다는 것, 해야 할 일이 많다는 것은 어찌 보면 불쌍한 삶이다. 결국은 인생을 자신이 아니라 대상에 소비하는 것이다. 관조하지 못한 시간은 내 시간이 아니니.

일에 쫓겨, 상황에 쫓겨, 감정에 쫓겨 사는 바쁜 삶은 꿈속의 삶이다. 자신이 어떻게 살고 있는지, 자신의 삶이 얼마나 남았는지, 남은 삶을 어떻게 살아야 할지에 대한 성찰과 관조 없이 사는 삶은, 삶이 아니라 꿈이다. 언제까지 꿈만 꾸다 갈 것인가. 죽을 때에 깨어난들 무슨 소용 있으랴.

2019년 9월 15일 일요일, 오늘 하루도 이렇게 가고 있다. 내 생 약 29,000일 중에 하루가. 행복한 운명이라면 이제 약 9,000일 남았다.

> "나는 죽음을 맞을 때, 내가 산 삶이 참 삶이 아니었다는 것을 깨닫는 슬픔을 경험하고 싶지 않았다."
>
> – 소로우(월든)

자유, 천형天刑을 다하다

'19. 9. 21.

언어

언어는 분별의 원천. 언어는 상징이다.

언어가 없어도 감정은 존재하나 사고는 존재할 수 없다.

일상의 관조

타인의 주장이나 책에 대한 평을 할 때, 자신의 의견과 배치되는 것에 대한 감정적 표현을 하는 자는 하수다. 타인의 주장이 자신의 의견과 다를지라도, 있을 수 있는 많은 주장 가운데 하나로서 인정하는 자, 타인의 책 중에 좋은 글이나 생각은 인정하고 자신의 생각과 다른 부분에 대해서는 저자의 생각의 옳고 그름 차원의 분별을 넘어선 자는 고수다. 일상생활에서도 관조는 필요하다.

'19. 10. 5.

사색은 삶을 위한 것

삶과 죽음에 대한 사색이 깊어 가고 정리를 더할수록 섭취하는 건강 보조제가 늘어나는 까닭은 무엇인가. 결국 모든 사색과 정리는 죽음을 위한 것이 아니라 삶을 위한 것이기 때문이리라.

인생이란

쇼펜하우어는 "인생은 고통과 권태 사이를 왕복하는 시계 추와 같다."라고 했지만 비껴 보면 인생은 공허와 맹목 사이를 오가는 진자가 아니던가.

중년의 사랑

누구에겐가 그리움의 편지를 쓰고 있는 자는 행복한 자다. 나이를 먹을수록 사랑에 대한 감정은 더욱 선명하게 인식되지만 그만큼 마모되어 표현되고 만다. 청춘의 사랑과 달리 중년 이후의 사랑은 끝이 보이기 때문에 불행하다고 했던가. 그럼에도 누구에게나 사랑은 생의 불꽃.

삶과 죽음

삶은 형이하학적 대상이고 죽음은 형이상학적 대상이다. 삶은 인식(지각)할 수 있지만 죽음은 사색(추리)할 수 있을 뿐이다.

사랑과 미움

현자는 그 누구도 미워하지 않고 그 누구도 사랑하지 않는다. 누군가를 미워한다는 것은 그와 동등한 레벨(수준)에 처해 있다는 것이며, 누군가를 사랑한다는 것은 그 외 나머지를 사랑하지 않는 것(편애)이기 때문이다.

'19. 10. 13.

외로움

외로움은 고급 감정이다. 외로움은 대상의 부재에 대한 감정이다. 외로움은 정적이 아닌 동적인 감정이며 많은 조건을 필요로 하는 감정이다. 따라서 외로움은 아무 때나 아무에게나 일어나지 않는다. 외로움은 평안과 어느 정도의 자기 성찰을 전제조건으로 한다. 존재의 외로움은 관조를 필요로 하며 이성에 대한 외로움은 사랑의 경험을 필요로 한다. 외로움은 인생의 슬픈 감정인 동시에 결코 기분 나쁘지 않은 쌉싸

자유, 천형天刑을 다하다

름한 맛의 감정이다. 외롭고 싶다고 외로워지지 않는, 의지와 무관한 감정이다.

외로움을 포함한 과거의 사랑의 감정들은 이제는 아무리 애써도 재현되지 않는다. 그 감정들조차 세월 따라 가 버린 것인가. 외로움을 느낄 수 없는 시간 위에 서 있다는 사실이 못 견디게 외롭다. 결코 불러올 수 없는 외로움의 대상들이기에, 벗어날 수 없는 외로움의 감옥에 갇힐 수밖에 없는 것이다.

좋아하는 노래

이쯔와 마유미의 「고히비또요(연인이여)」와, 임희숙의 「내 하나의 사람은 가고」를 들었다.

전자는 세련된 멜로디와 애잔한 가사가 돋보이는 곡이다. 세월에 마모된 이쯔와 마유미지만 노래하는 그녀는 여전히 매력 있었다. 연인의 이별의 말을 망각하고 싶어 하는, 그 이별의 말이 농담이었다고 말해 주기를 간절히 바라는 여인. 나는 그렇게 간절한 사랑의 기억이 있는지.

후자는 죽은 연인에 대한 그리움과 남겨진 자신의 서러움을 담은 노래다. 가수의 두터운 성량과 무거운 노랫말이 나를 꼼짝 못 하도록 휘감는다. 사랑하는 사람을 먼저 보내면 내 마음은 어떨까. 지금 상상으로 느끼는 그 무거움을 실제로 느낄까. 나는 과연 사랑을 할 수 있는 자인가.

일상 중독

중독이란 아무 생각 없이 몰입하는 것, 즉 사고 없는 시간을 보내는 것. 편안한, 즐거운, 그러나 생각 없이 반복되는 일상(오전 호수공원 걷기 2시간, 모친과의 점심 1시간, 오후 탁구 운동 3시간, 저녁 연회 3시간)을 보내고 있는 이 상황을 어떻게 생각해야 하는가. 이렇게 생각 없이 자연스럽게 보내는 시간이 다 가고, 그런 세월이 지나면 나는 후회하지 않을 것인가. 나는 하고 싶은 것을 하고 있는가, 일상에 중독되어 있는가. 혹시 권태를 피하기 위해 중독을 선택한 것은 아닌가. 권태와 중독 모두 사고하지 않는다는 점에서 참으로 살아 있는 상태는 아니다. 생각 없는 평안한 삶은 꿈 없는 깊은 잠, 곧 죽음 같은 삶이다.

이 안락한 일상의 삶을 최고의 쾌락으로 인식하고 지속해야 하는가, 생각 없는 중독의 삶으로 인식하고 벗어나야 하는가.

'19. 10. 20.

단상

살아 있는 시간은 자신을 관조(성찰)하는 시간. 자신을 관조하지 못하는 시간은 살아 있는 시간이 아니다.

적의는 두려움의 표시.

젊은 날의 유성 같은 사랑.

관계의 한계

부모 자식 간, 부부간, 친구 간의 관계… 서로가 서로를 채워 주고 나눌 수 있는 한계가 있다. 각각의 관계는 한계 지어진 역할만을 할 수 있을 뿐이다. 그 한계를 넘는 순간 실망을 주고받을 수밖에 없다. 그 관계의 역할 이상을 하지도 바라지도 않음이 지혜다.

자유, 천형天刑을 다하다

'19. 11. 2.

시간의 소비

나에게 남아 있는 유한한 시간을 잘 소비하고 있는가. 그저 반복되는 무가치한 일에 소비하고 있지는 않는지. 남은 인생에서 가치 있는 것은 무엇인가. 심신의 평안, 삶의 쾌락, 섭리의 통찰, 관조의 유지. 요즘은 앞의 두 가지 측면에서는 잘하고 있다고 생각되지만 뒤의 두 가지 측면에서는 다소 정체되어 있다. 그래서 만족스럽지 않고 다소 불안하다. 이런 식으로 인생이 다 가는 것은 아닌가 하고.

과거의 내가 그토록 바라던 하루, 누군가 그토록 원하던 한 시간, 나는 행운과 노력 덕에 지금 그 하루와 그 한 시간 속에 있다. 이 시간들을 무의미하게, 무미하게 점유만 할 것인가. 이 시간들을 어떻게 사용해야 하는가.

그 무엇도 할 수 있는 시간과 자유가 있었음에도 아무것도 하지 않았음을, 죽음 앞에서 후회하게 되지나 않을까 두려운 요즘, 가장 가치 있고 의미 있는 일(시간)은 무엇인가.

독서? 교양/지식의 증대를 위한 독서나 깨달음 없는 독서는 무의미하다.

운동? 건강 유지를 위한 최소한으로 족하다.

쾌락 추구? 굳이 욕망하는 쾌락은 없다. 한 잔 술 외에는.

사회봉사? 내가 봉사를 통해 어떤 가치를 느낄지 다소 의문이다.

종교? 종교의 무의미함은 이미 수차에 걸쳐 정리되었다.

경제 활동? 더 이상 금전을 위해 시간과 자유를 팔고 싶지 않다.

글쓰기! 글은 아무 때나 써지지 않는다. 저절로 써지지 않는다.

결국 글쓰기를 위한 독서와 사고, 건강 유지를 위한 운동. 이것이 현 상태에서 나에게 의미 있고 가치 있는 일이다.

부분과 전체

고뇌와 성찰, 번뇌와 보리, 윤회와 해탈, 무지와 깨달음, 삶과 죽음, 나와 세계, 파도와 바다, 부분과 전체.

과잉과 무

너무 많은 것은 없는 것과 같다. 육개장에 파가 너무 많으면 건져 낸다. TV 영화 채널이 너무 많고 다양하여 TV 영화를 보지 않는다. 남아 도는 시간에는 아무것도 하지 않는다.

우울과 고독

나이 들수록, 자유로워질수록, 고독과 우울의 이유가 형이하학적인 것에서 형이상학적인 것으로, 현상적인 것에서 관념적인 것으로 바뀐다. 한 예로, 젊은 시절에는 고독과 우울의 이유가 이성(異性)이라는 존재였지만 그 후 직장 생활이라는 부자유로 대치되고 앞의 두 가지 이유가 해소된 지금은 속절없이 가는 시간, 무상한 세월이 그 이유가 된다. 언젠가 나의 현존하는 모든 것을 앗아 갈 사건을 맞이해야 함에 따른 우울과 고독.

'19. 11. 10.

단상

누울 곳이 있는 한 불행하다고 생각하지 말자.

여생을 즐기다. 천명을 즐기다.

삶은 깨닫기 전에는 짐이지만 깨달은 후에는 덤이다.

늙기는 쉽고 배우기(성찰, 깨닫기)는 어렵다.

땅 위의 풀 한 포기가 봄볕의 뜻을 어찌 헤아리리요.

철학책

자신의 철학을 책으로 엮어 낸다는 것은 거미가 허공을 향해 거미줄을 뿜어내는 것과 같다. 거미는 순수하게 자신의 몸에서 만들어 낸 거미줄을 뿜어낸다. 또한 뿜어낸 거미줄이 어떤 물체에 닿을지, 닿지 않을지 불확실하다.

철학책의 재료는 마련되어 있지 않다. 깊이 사유함으로써 자신의 생각을 퍼 올리고 그것을 재료로 삼는 것이다. 또한 자신의 책을 독자가 읽을지, 자신의 생각을 독자가 이해할지 어떨지 알 수 없다.

한 시대에 철학책의 독자는 많지 않다. 평범한 인식 능력으로는 접근할 수 없기 때문이다. 다수의 사람들이 즐겨 읽는 책은 한때를 풍미할 뿐 곧 사라지고 만다. 그러나 좋은 철학책(사상)은 비록 동시대의 독자는 미미해도 시대를 관통하여 살아남는다.

한편, 앞선 철학자의 사상을 정리, 또는 해설한 책은 자신의 철학책이 아니라 철학교과서일 뿐이다. 또한 역사책이나 다른 해설서들은 이미 대부분의 글 재료를 확보하고 자신의 의견을 첨부해서 책을 출간하는 것인 바, 철학책은 다른 책에 비해 훨씬 많은 정신적, 육체적 노고가 소요되는 것이다.

행복한 자에게 필요한 것

행복한 자에게 필요한 것은 더 큰 행복이 아니라 고통이다.

행복은 양의 미분값이라는 기존의 이론(행복은 지속적으로 증가해야 행복을 느낄 수 있다. 증가 없는 행복은 느낄 수 없다.)은 보완되어야 한다. 중간중간 고통이 수반된다면 더 큰 행복 없이도 행복을 유지할 수 있다. 간헐적 고통에 따른 행복의 유지.

'19. 11. 24.

현대인이 원하는 삶과 죽음

그것은 따뜻한 햇살에 새소리와 함께 일어나는 아침 같은 삶, TV를 보면서 비몽사몽간에 스르르 눈 감는 잠 같은 죽음. 그러나 삶의 무게는 천근만근이며 죽음의 과정은 지루하고 고통스러운 현실. 희망과 현실의 심연을 어떻게 메울 것인가.

'19. 12. 1.

무뚝뚝함

무뚝뚝함은 감정 결핍이다. 실제로 무뚝뚝한 자는 자신에 대한 감정도 부족할뿐더러 타인의 감정도 이해하지 못하는 정신적 장애가 있는 자이다. 반면 무뚝뚝한 척하는 자는 자신의 감정을 드러내지 않을 뿐이다.

대화에서

대화에서, 내용(수준, 재치, 교감…)에서 밀리는 것은 열받는 일이지

자유, 천형天刑을 다하다

만, 형식(자기 말만 하는, Too much talk…)에서 밀리는 것은 부끄러운
일이다.

행복

자신의 의지를 펴지는 못해도 타인의 의지에 속박되어 살지 않음이
행복의 기본 조건. 외부의 영향 없이 나의 생활을 영위하는 것을 오랜
세월 동안, 얼마나 고대했던가.

12월의 새벽 6시, 밖은 캄캄하다. 예년이었으면 벌써 집을 나서야 할
시간. 이제는 그때, 새벽 기상의 고통과 걸을 때의 추위를 생각하며 오
히려 안온함을 느낀다. 그때와 비교하면 지금은 얼마나 편안한 상태인
가. 이것이 행복이라면 이 행복은 추운 새벽길을 걸었던 고통이 준 것
이리라. 그 고통을 몰랐으면 이 행복도 인식하지 못했을 테니.

삶의 고통 속에 사는 자는 생의 유한함을 생각할 겨를이 없고, 행복에
취한 자는 그 기쁨에 죽음을 미처 생각하지 못한다. 행복과 고통을 벗
어난 자만이 생의 유한함을 생각하며 아쉬워하는 것이다.

'19. 12. 8.

우주 속의 나

우리가 그토록 집착하고 떠나기 싫어하는 이 세상은, 지구라고 명명
되는 하나의 별. 이 지구는 또한 무수히 많은 별들 중 하나에 불과하다.

시간과 3차원 공간으로 현상되는 이 우주조차도 무한한 차원의 세계
들 중에 하나일 것이다. 상상조차 할 수 없는 외연의 우주 너머, 이러한
세계 구도 속에 있는 한 생명체로서 나는 무엇이길래 오고 감을 두려워
한단 말인가. 이 무한 차원의 우주 공간 속에서, 무한한 영겁의 시간 속

에서, 나의 왔다 감은 무슨 의미일 것인가.

자신이 부딪히는, 자신이 경험한 시공간만을 세계 전체로 알고, 그 세계를 벗어나는 죽음을 그토록 두려워하는 자는, 현재의 배역이 오로지 자신 전체라고 여기고 괴로워하는 자와 다를 바 없다. 이 무한 차원의 무한 세계를 통찰하고 현생에서 어쩔 수 없이 주어진 자신의 배역을 관조하는 자가 참나가 아닐까. 생사는 찰나의 한 점에서 발생하는 것임을 인식하고, 육체와 영혼이라는 형식이 아니라, 형용할 수 없는 어떤 것으로 존재하는 것이 참나일 것이다.

자유, 천형天刑을 다하다

2020

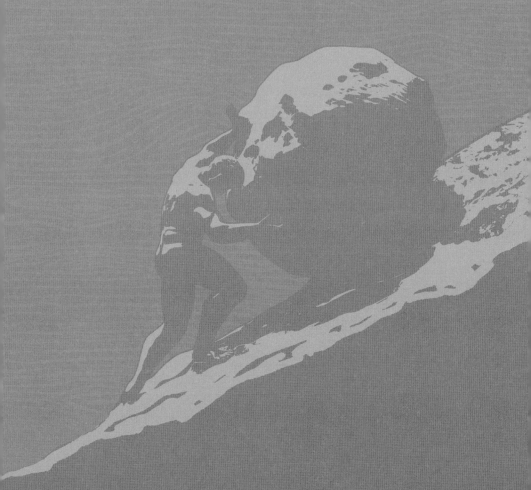

새해

새해를 맞았다. 송년의 아쉬움보다 신년의 희망이 컸던 시절은 가고 이제는 한 살 더 먹었음을, 삶이 한 해 줄었음을 생각했다.

행복의 기간

직장 시절, 연휴의 마지막 날 저녁 간절히 원한 것은 내일 단 하루의 휴가였지만 지금은 연휴 이후에도 계속되는 휴일들. 그러나 기쁘지 않다. 당연의 베일에 가려져 있기에.

- 행복의 기간은 고통의 기억을 지속하는 기간만큼이다.

꿈과 현실

상황 : 대입 시험일의 지각, 지각임을 알지만 시험장으로 가는 것을 방해하는 일련의 사건들, 결국 재수를 해야 하는 상황, 그러나 입학을 하든 재수를 하든, 이미 행복한 삶을 살고 있는 자신에게는 큰 차이 없음을 인식함 - 여기까지 꿈.

이 모든 것이 꿈임을 인식하며 꿈에서 깨어남. - 현실로 돌아옴.

죽음 이후는 현실과는 비교할 수 없는 평안의 상태임을 인식할 때, 현실에서의 모든 삶의 내용이, 그에 따른 희로애락이, 죽음 이후에는 별 차이 없는, 별 의미 없는 것이었음을 깨달음. - 현실은 현실이라는 또 하나의 꿈이었음을 깨달음.

해설 1 : 현실에서의 나는 대입 시험과 상관없이 이미 행복하게 살고 있는데 꿈속의 나는 대입시험에 목메며 희로애락 한다. 꿈에서 깨어나며 이 모든 것이 현실과는 무관한 꿈임을 인식한다. 또한 현실에서의 모든 사건과 그에 따른 희로애락이, 현실에서 깨어날 때에는, 그 모든 것이 현실이라는 꿈이었음을 깨닫는다.

해설 2 : 현실의 내가 꿈속의 대입 시험이라는 사건과 무관하게 이미 행복하다는 것과 그 사실을 이미 꿈속에서 인식했다는 것. 이와 같이 죽음 이후의 나는, '현실이라는 꿈'속에서 일어난 모든 것과 무관하게 평안하다는 것, 그 사실을 죽음 이전에 인식했다는 것.

'20. 1. 11.

아비 마음

모자라게만 보여 안쓰러운 딸아이, 아비의 걱정을 아는지 모르는지. 자식에 대한 불안한 마음이 모든 부모의 마음인가. 부모에게 믿음을 주는 자식은 얼마나 될 것인가. 모든 것은 정도의 차이, 이 세상 저편에도 나 같은 마음의 부모가 어딘가엔 있겠지.

기준

이 세상 모든 지혜의 준거는 인생이 유한하다는 것, 죽음은 절멸이 아니라 변화라는 것. 밥 먹고 운동하는 것이 육체의 유지를 위한 것이라면 얼마나 허망한 것이랴. 하루를 살더라도 정신의 진보를 위해 밥 먹고 운동할 것. 내일 죽더라도 오늘은 원하는 대로 살 것.

죽는 자의 의무

산 자에 대한 죽는 자의 의무 - 삶과 죽음에 대한 심원한 이해와 통찰, 죽음에 대한 두려움 없는 용기를 보여 주는 품위 있는 죽음의 연기(演技).

독자의 몫

저자는 독자에게 빛 전체를 던진다. 어떤 독자는 빛의 모든 스펙트럼을 포함한 빛 전체를 인식하고, 어떤 독자는 나아가 빛 이전의 어둠까지도 생각하여 빛의 가치까지 통찰하는 반면, 어떤 독자는 빛의 스펙트럼의 일부만을 인식한다. 결국 독자의 몫이다.

오락에 대하여

오락(게임, 영화, 스포츠 등)은 몰입하게 한다. 몰입하는 그 시간 동안 쾌감을 느끼는 반면, 생각하지 않는다. 그것이 끝나면 시간은 훌쩍 지나가 있다. 그 시간을 무사고無思考의 쾌락과 교환한 것이다. 같은 시간 동안 독서, 운동, 사유 등을 하는 것과 비교할 때 어느 것이 더 가치가 있을까. 후자를 주로 하고 전자는 휴식 차원에서 가끔씩 하는 것이 현명하리라.

드라마

술에 취하고 환상적인 드라마에 한 번 더 취하다. 느끼는 감동은 커다란 규모의 연극이나 영화를 본 것과 비슷하다. 고대 그리스인이 비극을 본 느낌도 이와 같았으리라. 하룻밤에 큰 노력과 비용 없이 이런 느낌을 경험할 수 있다는 것이 사뭇 신기하다. 즐거운 사실은, 내일도 여유

자유, 천형天刑을 다하다

있는 시간을 보낼 수 있고, 원한다면 이런 경험을 또 할 수 있다는 것. 더욱 기분 좋은 것은 안락한 내일 아침을 맞으리라는 99.9%의 확신.

불교적 생生

불교적 생. 두려워해야 할 것은 죽음이 아니라 생이다. 평안으로서의 죽음이 아니라 살아 내야 할 고통으로서의 생.

타인의 죽음

타인의 죽음은 물론이고 친한 친구의 죽음조차도 하늘의 별 만큼이나 멀다. 그의 죽음 옆에서 나는 일상을 잘 살아가고 있다. 그의 죽음은 나와는 큰 상관없기 때문일까. 그가 없어도 살아가는 데 큰 지장 없는, 나에게 절실하게 필요한 존재가 아니기 때문일까.

'20. 1. 19.

인간 내면의 Layer

1. 본능의 Layer - 식욕, 성욕 등 본능적 사고와 행위를 하는 층
2. 사회적 Layer - 사회적 삶을 살아가는 데 필요한 정치, 경제, 사회, 문화 등에 대한 사고와 행위를 하는 층
3. 형이상학의 Layer - 철학, 삶, 죽음, 섭리 등에 대한 성찰과 행위를 하는 층

인간은 기본적으로 세 가지 Layer에서 서로 상이한 사고와 행동을 한다. 한 인간을 판단할 때 한 Layer의 모습을 보고 다른 Layer의 사고와 행동을 판단하거나 비난해서는 안 된다. 같은 인간이라고 각 Layer

의 사고와 행위는 일관되지 않기 때문이다. 한 예로 제1 Layer의 행위가 나쁘다고 해서 제3 Layer의 그의 사상이나 철학이 나쁘다고 판단해서는 안 된다. 각 Layer의 사고와 행위가 일관성 있는 자는 거의 없으며 이것이 바로 인간의 속성이다.

'20. 2. 2.

겨울밤의 이방인

겨울밤, 버스를 타고 낯선 고장, 낯선 풍경 속을 지나는 마음. 어두운 거리, 멀리서 반짝이는 아스라한 불빛, 불안, 처량, 외로움… 이방인의 마음.

삶의 주인

직장 생활 등 내가 받아들일 수밖에 없는 상황 속에서의 나는, '그것을 어떻게 수용해야 하는가'만을 생각하면 되었다. 그러나 이제는 내 삶을 수용하는 것이 아니라 내가 창조해 나가야 하는 상황이 되었다. 드디어 내가 내 삶의 주인이 된 것이다. 과거의 나는 싫은 일을 해야 할 걱정 외에는 고민이 없었지만, 지금은 막막함 속에서 내일을 맞아야 하는 두려움이 앞선다. 어떻게 해야 생을 가치 있게 꾸려 갈 것인가 하는 고민과 두려움.

삶의 의미, 행복, 종의 번식

본능적(동물적) 삶의 의미와 정신적 삶의 의미는 상충되는 것 같다. 본능적 삶 측면에서, 자신의 행복과 가치는 자신의 유전자를 넘겨줄 후손이 없다면 무의미하고 허무한 것이다. 최대의 삶의 의미는 자신의 후손 즉 종의 유지와 번식을 위해 거름이 되는, 희생하는 것이다. 반면 정신적 삶의 의미는 자신의 행복과 안녕이다. 이 우주는 나로 인해 존재하며 내가 사라지면 아무런 의미가 없는 것이다. 하물며 종의 유지와 번식쯤이야! 후손은 없어도 상관없다. 오히려 후손은 나를 희생하도록 강제하는 장애물일 수 있다.

'20. 2. 8.

독서

뛰어난 저자가 잘 소화시킨 철학책의 한 문단을 읽으면 두뇌는 곧 숨이 막힌다. 곧 휘발될 것 같은 희미한 이해와, 알듯 모를듯한 의문이 꼬리를 물고 두뇌를 압박하기 때문이다. 결국은 이해와 정리를 위해 문단의 처음부터 한 줄씩 천천히 다시 읽게 된다. 이런 독서에 익숙하지 않은 사람은 처음 한두 페이지를 읽다가 책을 덮어 버리고는 자신의 분노를 책과 저자에게 돌린다. 그에게 책이란 저절로 자신을 이해시켜야 하는 대상이다. 그는 책을, 아무런 노력 없이 멍하게 보기만 해도 저절로 이해되는 TV 드라마와 동일시한다. 그럼에도 불구하고 그는 자신이 세상의 표준이고, 자신의 생각만이 옳다고 굳게 믿고 있는 것이다. 이런 사람이 너무 많다. 자신의 액면을 돌아보지 못하고, 바로 보지 못하는 사람들.

양육

자식을 키운다는 것은 타인을 성심誠心으로 후원하는 것과 같다. 깊은 속마음 한번 교감하지 못한 채. 더욱이 자기 안에 갇혀 있는 자식을 바라보는 마음은 더욱 안쓰러울 것이다. 나는 언제나 내 부모의 마음이 될 수 있을까. 지금 이런 생각을 하는 나 자신도 내 자식의 부모의 입장일 뿐, 내 부모의 마음은 헤아리지 못하고 있는 것. 아무리 똑똑한 자식도 부모의 마음을 헤아리지 못하는 것이 섭리이리라.

'20. 2. 9.

바쁨과 지루함

인식과 통찰 측면에서는 모든 바쁨보다는 모든 지루함이 낫다. 비본질적인 것에 대한 몰입보다는 권태가 낫다. 내 나이의 삶에서 가장 중요한 것은 무엇일까.

'20. 2. 15.

권력

범인이 권력을 바라는 것은 자신의 욕망을 실현하기 위해서지만, 올바른 자라면 실제로는 욕망보다는 의무를 수행해야 하는 경우가 대부분일 것이다. 오죽하면 왕보다는 촌의 농부가 되길 바랐겠는가. 그런 면에서는 더 필요한 것 없는 안온한 삶이 권력의 삶보다 낫다.

부부와 자식

홀로 계신 어머니를 위한 자식의 백 마디가 돌아가신 아버지의 한마디만 하겠는가. 위로 흐르는 사랑이, 부부간의 사랑이나 아래로 흐르는 사랑에 비교가 되겠는가.

생의 덧없음에 대하여

차라리 생과 사에 대한 개념 없이 살아가는 존재였더라면 이런 고뇌는 없었으리라. 발달된 의식으로 인해 인간은 다른 종에 비해 차원 높은 행복을 경험하지만, 심연의 고뇌와 슬픔 또한 겪을 수밖에 없다. 결국은 무로 화하는 생의 덧없음과 비극. 그러나 이러한 고통은 오직 정신적인 것이다. 어쩔 수 없이 느껴야 하는 육체적인 고통 같은 필수적인 것은 아니다.

이 점에서 인간은 자신의 삶을 선택해야 한다. 정신적인 행복도 고통도 없는 삶을 추구할 것인지, 정신적인 희로애락과 함께하는 삶을 추구할 것인지. 전자는 평정의 삶이지만 일반적인 삶은 아니며, 후자는 보통 사람들의 삶이지만 작은 행복과 큰 고통 속의 삶이다. 전자의 평정을 유지하면서 후자의 희로애락과 생의 덧없음조차도 즐기며 살 수 있다면 얼마나 좋으랴.

'20. 2. 23.

부러운 자

잠자리에 누워 잠이 오지 않아도 걱정 없는 자. 잠이 오건 말건, 내일의 의무가 없는 자. 부러워했던 자, 행복한 자.

삶의 의미

삶의 의미를 정신적 즐거움이라고 정의해 보자. 요즘 내 삶의 의미는 무엇인가. 독서와 사색, 한가한 공원 산책, 아무 일 없이 흘러가는 평안한 시간, 의무 없는 생활. 이런 삶은 의미 있는가, 정신적으로 즐거운가. 대비되는 배경이 없으니 역시 판단할 수 없다. 지속되는 즐거움의 배경으로는 즐거움을 느낄 수 없듯.

'20. 3. 1.

황혼을 맞는 마음

직장에서는 해 저무는 황혼을 바라보며, 힘들었던 하루 혹은 지루했던 의무의 시간이 거의 다 가고 있음에, 안도감과 홀가분함을 느꼈었다. 그러나 지금, 하루를 혼자 보내며 맞는 황혼은 적이 우울하다. 이룬 것 없이 속절없이 하루를 보냈다는 마음에. 내 여생의 최고의 하루가 무심히 가고 만다는 생각에.

해야 할 일이나 사람들과의 만남에 둘러싸여 바쁘게 보내는 시간 속에 있을 때에는, 지금처럼 홀로 한가하지만 그렇기에 상념 많은, 이런 시간을 미치도록 원했었다. 분명 지금은 지난 시간보다는 더 좋은 자유로운 상황 속에서 보내는 평안의 시간이지만 가끔씩 지난 시간이 오히려 그리운 것은 어떤 이유일까.

문제는 과거를 그리워한다는 것이 아니라 현재의 평안과 행복을 생생하게 느끼지 못한다는 것. 그 생생함은 도대체 어디에 있는 것인가. 그 답을 알고 있음에도 스스로 반문한다. 그 생생함을 찾아 다시 또 부자유한 의무의 삶을 시작해야 할까. 그것이 경제활동이든 봉사활동이든. 많은 사람들은 그런 길을 가지만 나는 다른 길을 가고 싶다. 탐구의 길을.

행복과 평정

원하는 것보다 이미 더 많은 것을 가진 자, 가진 것보다 욕망이 적은 자, 죽음을 초월한 자, 이런 자는 행복할까. 행복하다는 것은 좋은 감정이 일어나는 것인데 아직도 좋은 감정을 원한다는 것은 평정을 추구하는 자로서 바람직한가.

자유, 천형天刑을 다하다

관조하는 삶

하루를 바쁘게 사는 자는 생의 불안이나 고뇌를 느낄 새가 없다. 오직 생을 관조할 여유를 가진 자만이 생의 무상과 한계를 사유할 수 있다. 이것은 누구에게나 공평한 행복을 주려는 섭리의 배려일 수도 있다. 나는 하루를 허겁지겁 살더라도 생을 관조할 수 있었으면 한다. 불필요한 고통이 따른다 해도.

단상

대다수의 인간에게 있어서 욕망은 만족을 압도한다.

"자아실현형 인간은 인맥이 넓지 않고 극소수의 사람들과 깊은 관계를 유지한다."

– 매슬로

"저급한 인격일수록 사교적이다."

– 쇼펜하우어

삶의 의미를 생각하는 자는 관조의 여유가 있는 자이며 이미 행운을 얻은 자이다.

한 사람의 종교는 그의 인생관이다.

"성공해야 행복한 것이 아니고 행복하면 성공한 것이다."

– 김성주

필연 안의 자유

인간은 필연의 인생을 자유롭게 살아간다. 나도 필연의 바다를 자유롭게 헤엄치고 있다.

철학

철학은 도구다. 머릿속에 통제할 수 없이 떠오르는 생각들을 건져 내어 정리할 수 있는 도구.

신앙의 대상

믿음 또는 신앙의 대상은 태생적으로 근거를 가지고 있지 않다. 근거가 있는, 증명될 수 있는 대상이라면 믿음이나 신앙이라고 표현하지 않을 것이다. 믿음, 신앙의 대상은 신앙(믿고 싶은 욕망)이 지어낸 환상이다.

자유 vs 급여

과거의 직장 생활보다 지금의 자유로운 생활이 더 의미 있는 점은 무엇인가. 한마디로, 직장 생활은 자유를 팔아 급여를 얻었다면 지금은 급여 대신 자유를 얻는다. 여생이라는 유한한 시간을 직시할 때, 어느 정도의 생활이 가능하다면 자유가 더 의미 있음은 당연하다. 그러나 지금 그 자유 속에서의 하루하루가 급여 이상의 의미 있는 하루인가. 나는 스스로 어떤 대답을 해야 하는가. 어디에, 무엇에 의미를 부여해야 하는가. 아니면 특별한 일이 없어도, 아무것도 이루지 않아도, 의지의 구속 없는 자유로운 생활 자체에 의미를 두어야 하는가.

혹시 나는 기존의 습관 또는 구조에 얽매여 누릴 수 있는 자유를 포기하고 있는 것은 아닌가. 자유의 제한자는 외부 상황이 아니라 나 자신이다. 최후의 가장 강력한 제한자인 시간이 나를 허용하고 있는 지금, 나는 무슨 생각으로 무엇 때문에 자유를 향해 날지 못하고 있는가. 날 수 있는 모든 조건 속에 있으면서도.

'20. 3. 15.

내 나이

내 나이를 어떻게 생각하고 받아들여야 하는가. 삶보다는 죽음이 훨씬 가까운 나이. 지금 죽는다 해도 그다지 슬퍼하지 않을 나이. 여생은 무엇을 하며, 어떻게 살아야 지혜로운 것인가. 나는 무슨 흔적을 남길 것인가. 아무 흔적 없이 다녀가는 것이 인생이라면 흔적을 남기려는 마음조차 쓸데없는 욕망일까.

대다수는 삶을 걱정한다. 죽음을 걱정하는 자는 드물다. 머릿속에는 삶이 있을 뿐 죽음은 없다. 사람들에게 삶이란 무엇일까. 삶에 대한 긴 통찰일까, 눈앞의 문제에 대한 걱정일까. 후자라 한들 뭐라 할 것인가. 나 또한 그런 한 인간이기에.

지각 vs 성찰

지식 vs 지혜.

부자 vs 성자.

2차원적 삶 vs 3차원적 삶.

공간화된 시간 vs 변화의 지속으로서의 시간.

'20. 3. 21.

음식과 향료

음식이 형이하학이라면 형이상학은 향신료. 위기 상황에 생존을 위해서라면 향신료 없는 음식도 먹을 수 있지만, 평시에 생존할 음식을 확보한 자라면 당연히 향신료를 찾을 것인데, 여전히 향신료 없는 음식을 먹는 자는… 연민할 수밖에.

몰입과 관조

관조자의 입장에서는, 무엇엔가 심취하거나 몰입한 자를 볼 때 부러움과 연민이라는 양가의 감정을 갖게 된다. 무엇엔가 몰입한 자의 열정과 몰입에의 즐거움이 부러운 반면, 몰입하는 자가 몰입의 이유를 모를 때, 그리고 몰입 자체와 그 결과의 무상함에, 관조자는 연민하는 것이다.

'20. 3. 28.

서재에서

서재의 수천 권의 책들, 살아가기 위한 것들이다. 산 자를 위한 것이다. 죽은 자를 위한 책은 없다.

죽음은 늘 삶 뒤편에 처박혀 숨죽이고 있다가 돌연히 엄습한다.

어떤 대상에 대해 글을 쓴다는 것은 그 대상을 관조하는 것이다.

옛 책을 읽으며

1980년대에 사서 소설만 대충 읽고 방치했던 창작과 비평 영인본, 요

자유, 천형天刑을 다하다

즘 다시 대략 훑어보고 있다. 그 시절로 세월을 돌이켜 가는 것은 그다지 즐겁지 않은 설렘이지만 그것을 통해 전해지는 스산함은 무슨 연유인가. 젊은 시절에는 남은 세월에 대한 불안함에 전전긍긍했다. 이제는 황혼에 서서 그 시절을 생각하며 지나간 세월에 대한 서운함에 한숨 쉰다. 그토록 불안하게 살지 않아도 되었을 내 반생이 안타깝다. 생의 불확실함에 대한 불안은 계절의 변화처럼 당연한 것임을 그 시절의 나는 왜 몰랐던가.

'20. 4. 4.

고급 감정

기쁨, 환희보다는, 비록 원하지는 않지만 슬픔, 고독이 고급 감정이다. 전자는 자신을 돌아보게 하지 않지만 후자는 성찰하게 한다. 내면을 돌아보게 하는 감정, 그것이 자신을 위한 고급 감정이다.

꿈꾸는 법

억지로라도 상상을 한다. 상상하지 않으면 꿈꿀 수 없다. 스스로 주도적으로 행동한다. 의지대로 되지 않아도 힘들어하지 않는다. 꿈이니까.

주식

인간이 접하면 빨려들 수밖에 없다고 하는 세 가지, 마약, 도박, 섹스. 가까이할수록 중독 가능성도 크다. 허가받은 도박이라고 하는 주식에 동학 개미로서 투자해 보니 앞의 말이 실감 난다. 나는 왜 주식을 하는가. 언제 그만둘 것인가.

철학과 문학

죽음 앞에서, 슬픔 앞에서 철학의 위로는 너무 짧은 반면 문학의 위로는 충분히 길다. 위로받기를 원하는 현대인은 당연히 철학보다는 문학에 가까이 간다. 어쩌랴, 본디 철학은 감정이 없는 것을. 문학이 그 감정의 심연을 메워 주기를 기대할밖에.

'20. 4. 26.

행복의 두 원천

하나는 절대 행복. 범아일여의 깨달음을 통한 죽음의 극복.

다른 하나는 삶 안에서의 행복. 범인의 행복, 걱정 없는 만족과 평안. 그러나 절대 행복이 없다면 이것은 불완전하고 불안한 행복이다.

행복의 척도

돈이 물질적 행복의 척도라면 가장 가난한 자가 잠재적 행복이 가장 크다. 깨달음이 정신적 행복의 척도라면 가장 무지한 자가 잠재적 행복이 가장 크다. 그러나 전자의 경우 돈을 번다는 조건이 상정되어야 하고, 후자의 경우 정진을 통한 정신의 진보가 전제되어야 한다. 그렇지 않다면 그들은 당연히 가장 불행한 존재로 남을 것이다.

'20. 5. 2.

자존감

자존감이란 자신이 남들보다 낫거나 못하지 않다는 감정이 아니라 '나는 남들과 비교할 수 없는 존재'라는 인식에서 오는 감정이다. 타인과의 경쟁을 넘어, 모든 것을 초월한, 나만의 세계, 나만의 전문 분야가 있음에 대한 자부심이다. 이러한 타인과 구별되는 자기 세계가 없는 자의 자존감은, 타인과의 비교 속에 침몰되기 쉬운 불안정한 감정이다.

감각과 사유

감각(경험)의 대상은 귀하지 않은 저렴한 것으로, 감각은 예민하지 않고 투박하게. 그러한 흔한 대상에 대한 평범한 감각을 뛰어난 오성의 힘을 통해 고급 사유물로 산출하는 능력을 갖기를. 흔하고 평범한 것을 보고 듣고 맛보고 접할지라도 그것들을 깊은 사유를 통해 자신의 사상이나 삶의 기준으로 만들어 낼 수 있기를.

삶에 대한 간절함

삶에 대한 간절함은 현실적으로는 죽음과 사투한 경험이나, 시한부의 삶의 상황에 있고, 관념적으로는 유한한 자신의 삶을 어떻게 살아야 하는가에 대한 깊은 고민 속에도 있다.

자유

나는 지금 과연 자유로운가. 반복되는 일상, 같은 경험의 연속. 이런 생활은 자유로운 생활인가. 단지 내가 하고 싶은 것을 할 수 있다는 것이 자유인가. 늘 반복되는 생활 속에 갇혀 있다는 것은 그런 생활이 비록 자신이 원하는 것일지라도 자유롭다고 할 수 있을까. 나는, 내가 인식하지 못하는 어떤 힘의 영향하에 있어서 자유롭지 않음에도, 자유롭다고 생각하는 것이 아닐까. 그 자유라는 것이 스스로 가두어 놓은 울타리 안에서의 자유가 아닐까. 나의 자유는 나 스스로 설치한 가상 안에서의 환상이 아닐까….

'20. 5. 3.

내가 사랑하는 것

나는 그를 사랑하고 또는 미워한다고 확신하지만, 정작 내가 사랑하고 미워하는 것은 그에 대한 나의 생각이다. 나는 나를 사랑하고 나를 미워할 뿐이다.

'20. 5. 9.

글

자신의 글은 자신과 세계에 대한 인식이며, 세상과 현실에 대한 마찰음이며, 존재의 증거이기도 하다. 만일 내가 재력 있는 환경에서 자라고 지금도 그러하다면, 그 재력을 유지하느라 여념이 없어, 존재의 흔적을 남기지 못했으리라. 반대로, 너무 궁핍했다면 하루하루 살기에 바빠서, 생각하며 글을 쓰기는 더욱 어려웠으리라.

자유에 대한 생각

자유가 부족하면 현실적 자유, 기본적 자유에 대한 생각을 한다. 어느 정도의 적당한 자유가 있다면 당연의 베일에 싸여 자유에 대한 깊은 생각을 하지 않는다. 자유가 넘쳐 권태에 이르면 내면이 얕은 자는 외부의 소일거리를 찾아 헤매지만, 내면의 세계가 있는 자는 자신의 세계로 침잠하며, 사고 능력이 있는 자는 '자유의 본질'이나, '현 상태의 자유가 진정한 자유인가, 또 다른 형태의 구속인가'를 생각한다.

행복의 역할

지금의 이 행복한 시간이, 이후에 닥칠 고통 앞에 괴로움의 배경이 되

자유, 천형天刑을 다하다

어, 고통을 배가하는 원인이 되어서는 안 된다. 고통을 견딜 수 있는 위안이 되어야 한다. 할 수만 있다면 이 행복을 기억하고 마음속에 저축하자. 고통스러울 때 되새기며 위안 받을 수 있도록.

'20. 5. 10.

갇힌 삶

나는 갇혀 살았다. 지금까지 배워 온 학문에, 몸에 밴 합리와 효율에. 그것대로 산다면 편하게, 물질적 풍요 속에 살 수는 있겠지만 원숭이의 삶을 벗어날 수는 없으리라. 실로 인간다운 것은 무엇인가. 최소한 욕망의 도가니에서 서로 싸우고 죽이는 것은 아니리라. 그것은 인간의 욕망을 넘어선, 권력의 추구를 넘어선, 풍류의 세계를 추구하는 것.

직장

나에게 직장은 불편한 옷이었기에 회사를 그만둔다는 것은 그 옷을 벗어던지는 것이었다. 추운 날씨 때문에 어쩔 수 없이 입고 있을 수밖에 없었던 옷. 어쩌면 직장은 나뿐만 아니라 모든 이에게 불편한 옷이리라. 삶과 본능과 욕망의 노예로서 살아가는 한 어쩔 수 없이 참고 입어야 하는.

평안과 행복

많은 것을 알아 버려, 해 아래 새로운 것이 없고, 칠정은 무지의 호들갑임을 인식한 자의 평안. 모든 것이 새로운 어린이의 즐거움, 또는 새로운 경험에 감탄하는 범인의 행복. 이 둘의 비교는 가능할까, 비교할 수 있는 범주 안에 있는 것일까.

주연(酒宴) - 술꾼의 감사

대연大宴, 소연小宴, 가연家宴… 매일 밤의 주연. 밖에서의 대연, 소연은 말할 것도 없고 조촐한 가연에서조차 취해 쓰러져도, 다음 날 아침이면, 새롭게 정리된 깨끗하고 단정한 세계가 내 앞에 펼쳐져 있다. 취중의 어둠과 나락의 시간을 뚫고 다시 올 것 같지 않던 새 빛이.

새벽 붉은 노을 속에 떠오르는 해처럼 진하게 솟는 기쁨, 그것은 죽을 것 같았던 지난밤의 혼란과 격정을 물리치고 이 아침 내가 다시 부활했다는 것, 원한다면 오늘 밤 또 연회를 할 수 있다는 것, 주연을 하지 못하게 하는 별 사정이 없다는 것.

하루도 빠짐없이 술 마시고 쓰러져도, 깨어나면 오감이 살아 있음이 얼마나 감사한가. 멀지 않아 나에게 해가 뜨지 않거나, 해가 떠도 오감이 살아 있지 않을 날이 반드시 올 것을 안다. 그럼에도 술꾼의 또 하나의 감사는 내일 그날이 온다 해도, 오늘 저녁 또 한 잔 할 수 있다는 것.

천형(天刑)

인간의 두 가지 천형, 노동과 무지(無知).

다행히 여생이 어느 정도 남아 있는 때에 노동의 형을 벗어났다. 무지의 형은 벗어났을까? 아니라면 얼마나 더 형을 살아야 할까.

스토아의 금욕주의와 에피쿠로스의 쾌락주의의 이면

스토아의 금욕주의 : 우리는 온통 쾌락에 둘러싸여 있으니 쾌락을 자제하는 삶을 살라.

에피쿠로스의 쾌락주의 : 세상은 고통의 바다이니 최소한의 (허기,

갈증, 추위를 면하는) 쾌락을 추구하라.

'20. 6. 6.

가능성 안에서

가능성 안에서는, 도전보다 포기에 더 깊은 고뇌와 더 많은 에너지가 필요하다. 가능성 안에서 도전할 수밖에 없는 젊은 시절의 삶이 힘든 이유다.

철학적인 삶

철학 한다는 것은 가장 현실적인 삶을 사는 것이다. 철학의 목적은 현실적으로 가장 좋은(good) 삶을 가장 지혜롭게(wisely) 잘(well) 사는 것.

'20. 6. 14.

현실

삶의 유일한 장은 현실, 대체 불가하다. 우리가 추구하는 진실, 정의, 신앙, 철학, 이데올로기 등 모든 형이상학은 현실을 항해하는 삶의 조력물이다. 도를 찾아 산으로 간 자도, 불성을 찾아 속세를 떠난 자도 자신의 현실을 잘 살아 보려는 것이다. 범인의 현실은 세간에 있고 그들의 현실은 세간에 없기에.

연회에서

흥취는 식욕이 남아 있는 한. 배부르면 만사는 끝, 괴로움과 후회만이 밀려온다. 현명한 술꾼은 결코 배를 다 채우지 않는다.

변하는 시공간

시간과 함께 공간도 변한다. 흐르는 시간이라는 표현보다는 흐르는 시공간이라는 표현이 더 정확하다. 시간은 흘러도 나와 사물은 그대로라는 생각은 옳지 않다. 모든 것은 찰나멸, 시공간까지도.

욕망과 능력

욕망을 버리라 함은, 욕망은 끝이 없기에 결코 충족시킬 수 없으며, 그러한 욕망 추구 과정에서 고통이 따르기 때문이다. 그러나 A를 할 수 있는 능력을 가진 자와 A에 대해 욕망이 없는 자 중에 어느 쪽을 추구할 것인가.

잃어버린 생각

방금 생각 하나를 놓쳤다. 다시 떠오르지 않는다. 결코 생각날 것 같지 않다. 안타깝다.

'20. 6. 21.

어린아이

이 세계는 저 어린아이가 없으면 무의미한 세계가 아닌가.

여행

남들에게는 나의 여행이 그저 흔한 일상일 것인데, 나에게는 감정이 실려 있는 에피소드임은 당연한 것. 시간이 지나면 그들처럼 이 여행이 나에게도 흔한 일상으로 남을 것이다.

자유, 천형天刑을 다하다

현대 도시인

　평화로운 현대 도시인의 삶이란 쇼윈도에 설치되어 있는 생기 없고 표면적인 것일 뿐, 본래 인간의 생활 모습과는 동떨어진 것이 아닐까. 그저 안락할 뿐, 사육되는 삶. 이러한 삶 속에서는 인간의 참 모습은 가려지고 포장된 모습밖에 보이지 않는다. 전쟁, 파괴, 약탈 등 인간의 악한 본성, 역설적인 숭고한 인간애 등 인간 내면에 감추어진 본성은 어디서 분출구를 찾고 있을까.

계절의 변화

　만개한 연꽃을 보며 계절의 변화를 생각한다. 사계절이 한 번 바뀌면 내 인생의 나사못도 죽음을 향해 한 바퀴 돌았음을 안다. 더 이상 회전할 수 없는 시간이 곧 올 것도. 현 자아의 상존을 원하는 자에게 계절의 변화는 허무로 다가오지만, 자아의 시원을 아는 자는 계절의 변화와 하나가 된다. '자아'와 '계절의 변화'라는 주와 객이 아니라 그의 자아는 이미 계절의 변화에 녹아들었다.

　섭리(불성, 도…)를 인식한 자이든 아니든 누구나 섭리 안에 있다. 그는 곧 섭리다, 자신이 스스로 섭리가 아니라고 기어코 부정하지 않는다면. 그러나 대부분은 부정한다.

인간 사이의 거리

　에른스트 헤켈이 "평범한 인간과 우월한 인간 사이의 거리는 평범한 인간과 원숭이 사이보다 훨씬 멀다."라고 말한 것처럼, 인간은 천차만별의 삶을 산다. 본능에 따라 동물처럼 사는 인간, 본능을 겨우 벗어나 현실에 얽매여 사는 인간, 현상 세계를 넘어 초월적 존재로 사는 인간

등. 각각은 자신의 인식 능력에 따라 평생을 동물, 인간, 신으로서 살아가는 것이다. 아, 얼마나 엄청난 일인가.

'20. 7. 4.

철학에 대한 회의

철학은 문학의 범주를 벗어날 수 없는 것인가. 철학은 진정 진리를 탐구하는 것일까. 진리를 창작하는 것이 아닐까. 어떤 철학에 의해 탐구된 진리는 진정 보편적 진리일까. 단지 상당한 개연성을 갖춘 상상의 구조물에 불과한 것 아닐까.

노랫소리

노랫소리는 작아도 좋다. 내가 좋아하는 노래라면. 그 작은 소리는 이미 마음에서 어마어마하게 증폭되어 몸이 떨린다.

'20. 7. 11.

청송의 밤

새로운 경험과 고요함의 정취에 반했던 청송 한옥 독채에서의 밤. 그러나 일산 우리 집에서의 편안함이 더 좋다.

나

'나', 특히 사고하는 '나'는, 주변의 안정과 여러 조건들의 충족에서만 존재하는 것이 아닐까. 암흑의 황량한 벌판에, 파도 높은 바다에, 엄청난 공포 속에 놓여 있을 때에도 '나'라는 것이 있을까. 결국 '나'는 안락한 환경의 산물 아닌가.

자유, 천형天刑을 다하다

후각과 향기

후각은 마음의 시각, 향기는 추억의 전령.

직장 생활

이제 와 생각하면 소꿉장난 같은 직장 생활이었다. 비단 직장 생활뿐이랴, 돌이켜 보면 삶 자체가 소꿉장난 아니던가. 장난 속에서 자기 역할에 너무 몰입하여 실제인 양 부하 직원과 동료를 진정으로 괴롭히는 자는 얼마나 어처구니없는 자인가. 그 무지한 자는 자신의 업보를 어찌 감당하려는가. 그 업보는 생이 끝나기도 전에, 정확히 말하면 회사를 그만두면 바로 자신에게 돌아오는 것을. 비난과 멸시와 술안주(뒷담화)로….

'20. 7. 19.

나를 이루는 것들

나를 이루는 것들 - 나의 생각, 나의 몸, 내가 사랑한 대상, 의지한 대상, 빚진 대상, 마음을 준 대상… - 가운데 어떤 것이 떠나거나 사라진다는 것은 나의 일부였던 것이 나에게서 떨어져 나가는 것이다. 그것과의 연이 끊어지는 것이다. 내 마음의 일부가 떨어져 나가는 것이며 내 몸의 일부가 잘려 나가는 것이다.

인간의 선함

인간의 선함은 여유에서 온다. - 빵 한 조각밖에 없는 배고픈 자가 그 빵을 양보하는 경우는 드물다.

미화의 이면

노동은 신성하다. - 노동이 얼마나 괴로웠으면 신성하다고까지 미화했을까.

현자의 욕망

현자의 욕망은 끝이 있다. 적당한 수준에 이르면 거기에 만족한다.

'20. 8. 2.

단상

망忘 - 잊다. 과거의 기억뿐만 아니라 과거에 상상했던 것조차.

공空 - 한 치의 허虛도 없이 빽빽하게 들어찬 이 공空의 세계.

여름 - 걸음을 재촉하는 비, 무더위 속의 고요.

삶이 즐거운 이유

삶이 즐거운 이유, 천형天刑(노동과 무지)을 벗어남. 무지로부터의 자유는 노동으로부터의 자유를 포괄한다. 후자는 달성하기 어렵지 않으나 전자가 없다면 소용없다.

지각없는 인식

오늘 집에서의 고독한 술자리의 환희를 타인에게 전달할 수 없다. 그들이 상상할 수 없는 즐거움이기에. 말해도, 상대는 느끼지 못한 채 대략 이해할 뿐.

자유, 천형天刑을 다하다

지각없는 인식. 인식의 아이러니. 지각을 통한 인식이 완전하지만 지각이 불가능하다면 상상을 통한 인식이라도!

'20. 8. 6.

응급실에서

응급실에 온 다수는 생활 속으로 돌아가지만 일부는 돌아가지 못한다. 어, 어, 어, 하다가 장난처럼 그대로 간다. 죽음의 도상에는 커다란 과정이나 계기가 있는 것이 아니다. 물 흘러가듯, 아무것도 아닌 듯, 황망히 그냥 가는 것.

부재(不在)

상대의 부재의 두려움, 본능적 두려움. 유년 시절, 세계 자체였던 어머니의 부재는 지금은 당연히 받아들이겠지만 아내의 부재는 결코 받아들일 수 없을 것이다. 아내의 부재에 따른 자신의 여생이 슬프고 불편하기 때문에. 인간의 감정의 원천은 상대의 상황에 있는 것이 아니라 자신의 안위에 있는 것이다.

조사(早死)

피로(스트레스)를 무릅쓰고 기획이나 작곡 등 머리를 과하게 쓰는 자는 일찍 죽는다. 볏짚을 들고 불 속으로 돌진하는 것.

'20. 8. 9.

섭리와 의지

섭리를 따르는 것이 최고의 덕목이라 할 때, 고통 없는 자살(북유럽에서의 약물에 의한 자살)을 선택하는 것은 섭리에 반하는 것인가.

'20. 8. 16.

추억

추억은 상징물(편지, 사진, 선물…)로 남는다. 상징물 없이, 그 사람의 모습, 목소리, 아쉬운 사연들은 재생되지 않는다. 세월의 한계를 넘지 못하는 사랑은 형이하학이다.

청빈

옛 선비들처럼 청빈을 자랑스러워하며 즐긴다는 것이 현대 자본주의 사회에서 가능한 일일까.

자유롭지만 반복되는 삶

자유로운 삶, 그러나 새로울 것 없는 삶. 새로운 것을 향한 욕망의 부재. 이미 새로운 것에 대한 결과를 알고 있기에 결국 새롭지 않고, 또 새롭지 않기에 욕망하지 않다.

오히려 자유롭지 않고 강제 또는 의무의 삶이 주어진다면 깊은 생각 없이 억지로라도 살아가겠지만, 충분한 자유 아래서 반복되는 삶을 살기에는 더 많은 의욕과 에너지가 필요하다.

자유와 행복

인간이란 음식물 없이 고결한 정신만으로는 살 수 없듯이, 의무와 고통이 없는 완전한 자유만으로는 살 수 없는가. 행복은 고통이라는 배경이 필요조건이듯, 자유는 부자유한 의무라는 배경이 필요조건인가. 자

자유, 천형天刑을 다하다

유로운 상태에서의 행복은 인식되지 못하는가.

'20. 9. 5.

그리움의 모순

노동과 의무는 상념을 앗아 간다. 자유로운 지금, '상념의 시간이 많아 괴로워서 상념이 적었던 옛 노동의 시절'을 그리워하는 것은 타당한 일인가.

연휴 전의 기분 좋은 묘한 설렘, 얼마나 오래전 느낌이던가. 오랜 노동 끝에 얻은 '그런 느낌을 초월한 생활'에서 그 느낌이 그립다고 다시 과거로 돌아갈 수는 없는 일.

감옥

하고 싶어도 강제에 의해 못하는 곳이 감옥이라면, 할 수 있지만 스스로 못하는 곳도 감옥이다. 창밖에서 들이치는 바람만이 자유로움을 일깨워 준다.

감각

감각은 색, 성, 향, 미, 촉 순으로 나에게로 가까이 온다. 색은 가장 먼 감각이고 촉은 가장 가까운 감각이다. 감각의 대상이 멀거나 가깝다는 것이 아니라 감각의 결과가 더 멀게 느껴지거나 더 밀접하다는 것. 색을 촉으로 감각할 수 있다면 얼마나 좋을까.

원했던 자유

여유로운 또는 여분의 시간이, 어떤 소모적인 행위로 채워지는 것이 내가 원하던 자유로운 생활인가. 원하는 생산적인 것을 내 의지대로 하기 위해 자유를 갈구했다. 자유로운 독서, 사유, 운동 등을 통해 진보하고 고양되기를 원했다. 지금 나는 무엇을 하고 어떻게 시간을 보내고 있는가. 코로나라는 외부 환경에 얽매여 스스로 나태하지는 않은가. 무엇을 할 것인가.

풍경

"우리의 행복한 모습은 풍경의 일부가 되고"

− 페르난두 페소아, 『불안의 책』

그 풍경은 우리의 행복의 일부가 된다.

바라보기

완전한 관조는 자신의 삶 밖에서 타인의 시선으로 자신의 삶을 바라보는 것. 우리가 할 수 있는 관조는 "삶의 베란다"에서 배역 아닌 배우로서 자신의 삶을 바라보는 것. 이도 저도 아닌 삶에 취한 자는 자신의 배역에 갇힌 자다.

상대성 원리

특수 상대성 원리(서로에 대하여 움직이고 있는 관찰자에게는 거리와 시간도 달라진다. 등속운동에는 동일 물리법칙이 적용된다. 빛의 속도는 동일하다.)가 사실인 것처럼 각자의 삶에 따라 금전의 가치와 행복의 정도도 다르다. 빠른 속도로 이동할수록 시간은 천천히 가고 길이

자유, 천형天刑을 다하다

는 줄어들듯이, 욕망을 줄일수록 동일 금전에 대한 가치가 커지고 동일한 상황에 대한 행복도도 커질 것이다.

현재

인간은 당면한 문제에 영향을 주고받으며 살아갈 뿐, 미래의 문제에 영향받지는 않는다. 확정되지 않은 사건에 대한 걱정보다는, 확실히 예정된 사건에 대한 대비만이 필요하다. 미래에 결정된 것은 아무것도 없다. 예정은 결정이 아니듯.

'20. 9. 13.

단상

스스로 할 수 있는 자유 vs. 타인을 시켜야 하는 자유.
왕의 자유는 나의 자유보다 못하다.

무딘 자일수록 행복하고 민감한 자일수록 불행하다.
인생은 기쁨보다는 슬픔과 고통이 많기에.

진실 + 철학 + 신앙 + 정의 + … + … < 현실

느낌은 기억되지 않는다. 그 시간과 장소, 그 상황에서만 느껴지는 것이다.

운명의 거대한 행진 = 섭리의 가벼운 발걸음

생각 없는 삶

생각 없이 산다는 것은 풍요롭게 산다 해도 그저 즐기다가, 인생과 현실과 세상에 대한 아무런 **마찰음**도 남기지 못한 채 결국 죽는 것이다.

감각

감각(경험)은 현재형으로 표현될 수 없다. 감각은 과거형이다.

- 감각은 이미 지각을 떠났다.

'20. 9. 20.

안락함을 떨치고

안락함을 떨치고 불편과 불안을 향해. 인간은 자신의 경험을 얘기하기 좋아하고 자신이 이해할 수 있는 대상을 좋아한다. 뉴턴의 물리법칙은 편안하게 생각하면서도 상대성 이론이나 양자역학은 불편하게 생각한다. 인간의 진보는 불편함을 무릅쓴 자들의 열매다.

회의(懷疑)

사랑에 빠져 행복한 자가, 사랑의 감정이 사실은 두뇌의 한 부분의 작용일 뿐이라는 사실을 알 필요가 있을까. 뉴턴의 역학 세계에서 불편 없이 살고 있는 자가, 상대성 이론이라는 고차원의 진실을 알 필요가 있을까. 칠정의 삶을 살다 가면 그만인 범부가 불성이나 브라만, 아뜨만, 도 등을 깨달을 필요가 있을까. 현실을 넘어 사고를 확장시키는 철학적, 종교적, 학문적 행위들은 현실의 복에 겨워서 하는 뜬금없고 불필요한 행위들이 아닐까. 알면 좋지만 몰라도 되는 형이상학적 대상을 추구하는 것은 과연 올바른 삶일까. 가장 소중한 시간의 낭비가 아닐까.

자유, 천형天刑을 다하다

가상 속의 쾌락

영화에 빠지는 것도, 문학 작품을 읽는 것도, 사실은 게임에 빠지는 것처럼 가상 현실 속으로 도피하는 것일 수도 있다. 애절한 영화가 끝나고 현실로 돌아오는 것은 마약에 취했다가 깨어나는 환멸이다. 영화 속 주인공으로서의 나는 사랑과 모험과 권력과 여러 쾌락 속에서 쾌감을 느끼지만, 현실로 돌아온 나는 여러 고민과 의무 속을 헤쳐 나가야 하는 한낱 범인일 뿐. 가상 속의 쾌락은커녕 소극적인 무고통의 현실 속에 있다면 그나마 다행이다.

애잔함

모든 감정의 원천인 생에 대한 애잔함이 없다. 내 의지를 굽혀야 하는 상황은 없기에.

'20. 10. 18.

삶

삶은 운명과의 도박이다. 여생의 삶이 행복할지 불행할지 결코 알 수 없다. 그래서 희망이라는 것을 품고 살지만 그 또한 바람일 뿐이다.

나이 들수록 자신의 세계는 점점 함몰되어 사라진다. 남은 한 조각 세계에서 무슨 뜻을 펼 건가. 노년의 삶은 행보다는 불행이 많은 삶이다. 몸과 마음이 시들어 가기에. 노년의 삶에 집착하는 것은 애써 불행 속에서 고통을 겪으려는 것과 같다.

적당한 시기의 죽음은 행운이다.

젊은 모임

젊은 시절의 모임은 즐겁다. 가능성이 있기에. 남녀를 떠나서 어쩌면 나와 좋은 관계로 발전할 수 있는 가능성. 가능성이 닫혀진 만남은 마음도 닫혀진다. 그저 껍데기로서의 만남일 뿐.

큰 행복, 작은 행복

아르바이트 매장 사장에게 칭찬받았다는 딸아이의 자랑, 자기가 학교 과제를 단시간에 제출했다는 자랑 등을 들을 때의 작은 행복. 예전에는, 학교 공부 1등 했다는, 좋은 대학, 좋은 직장에 들어갔다는 등의 얘기를 들어야 마음이 움직였는데. 큰 성취가 아닌 작은 성취에 기뻐하고 행복해할 수 있음을 예전에는 몰랐었다. 결국은 큰 차이가 없다.

'20.10.18.

제주 올레 19 코스에서

제주 돌담에서 길에 떨어져 나온 돌덩이 하나가 마치 웅크리고 있는 원숭이 같다. 조용한 새벽길을 걸으니 35년 전, 속초 해변에서 태풍 셀마에 밤새 시달리고 아침밥도 거른 채 떠나야 했던 도보 여행 이틀째 아침이 눈에 선하다.

'20.10.26.

제주 올레 21 코스에서

나는 걷지만 자동차를 타고 지나가는 사람들이 부럽지 않다.

가족이건, 돈이건, 명예건 당초에 소유하지 않았다면 애별리고는 없었으리. 본래 아무것도 소유할 수 없고, 소유하지 않았음에도, 소유했

자유, 천형天刑을 다하다

다는 착각 속에 잃는 고통을 느낀다.

'20. 10. 28.

제주 올레 17 코스에서

무아, 연기, 공, 부처. 이러한 것들은 궁극의 진리가 아닌 도구다. 궁극의 진리는 없다. 단지 깨달음을 위한 도구일 뿐. 도구에 매달리는 자는 얼마나 불쌍한가. 부처를 만나면 부처를 죽이라는 말도 그와 같은 맥락이다. 그것을 도구 삼아 깨달음에 이르면 그만인 것.

범인에게 소유의 부족함이 없음은 다행이지만 넘침은 즐거움이다.

세월 가는 것이 눈물 나도록 서러웠던 적이 있는가. 그것은 가장 간절하고 필수적인 감정이건만 다른 무엇에 혼이 팔려 허망하게 살고 있는가.

목적지가 보인다면 아무리 어려워도 도달할 수 있다. 보이지 않는 목적지에 도달하기에는 더 많은 에너지가 필요하다.

'20. 10. 30.

제주 올레 14 코스에서

막걸리 한 잔에 취해 한림 지나 어느 포구에 있는 비단교라는 이름의 다리를 건넌다. 전혀 비단 느낌이 안 나는 다리인데… 아! 의미는 외물에 있는 것이 아님을 나는 또 잊고 있었구나. 다시 보니 그것은 비단교였다.

인생은 현미경으로 보아야 할 때가 있고 망원경을 거꾸로 하여 멀리서 보아야 할 때가 있다. 늘 두 가지를 동시에 보는 자는 드물다.

'20. 10. 31.

제주 올레 13 코스에서

어릴 적 향기의 기억은 무의식 속에 잠겨 있다. 수십 년의 세월 후에도 그 향기가 후각되면 불현듯 떠오르는 어릴 적 추억. 오늘의 이 향기는 어릴 적 맡았던 야생 열매의 향기인데 그 기억은 몽롱하다.

모든 악과 고통, 노동과 불행은 선과 행복을 위한 배경으로서 요구되지만 배경의 역할만큼만 필요하다.

호사

누가 이런 호사를 누릴 것인가. 아내와 딸과의 저녁 반주. 온화한 말들과 기분 좋은 놀림의 대화. 더 이상 아무것도 끼어들지 말기를… 이런 희망조차 덧없음을 잘 알지만.

'20. 11. 8.

여섯 시

여섯 시를 좋아한다. 오전 여섯 시는 삶의 기대와 생동감을 주며 오후 여섯 시는 무상의 쓸쓸함과 소멸의 짙은 고독을 불러온다. 그러나 6시의 희망과 18시의 절망은 본래 내 안에 있던 것. 6시의 햇빛과 18시의 땅거미를 대상으로 삼아 스스로 불러일으킨 것이다. 6시에도 18시에도 똑같이 스며 있는 생의 희망과 절망을 함께 보다. 또한 그 어느 시

자유, 천형天刑을 다하다

각에서도 나는 죽음을 향해 가고 있다는 사실도. 죽음은 외적으로는 절망이지만 내적으로는 희망이라는 것도.

'20. 11. 15.

원하는 시간

죽음을 앞둔 친구에게 남은 생의 기간 동안 더 이상 연명 치료하지 말고 가능한 원하는 시간을 가지라고 권하고 싶었다. 그러나 그는 4차 항암치료를 선택했다.

불현듯 아버지가 돌아가시기 얼마 전 한의원을 가고 싶다는 말씀을 하신 기억이 났다. 그때 나는 보호자로서의 판단만을 했었다. 자의적인 판단이었다.

병원에서 오락가락하는 정신으로 1개월을 더 누워 있는 것이 무슨 의미던가. 단 하루라도 당신이 원하는 것을 해 드렸어야 했다는 반성을 뼈저리게 한다. 산소 공급을 중단할 수 없는 상황이었음이 큰 불효에 대한 그나마 작은 위안일 뿐이다.

본능

인간은 본능(생존과 번식)을 충족시키기 위해 살아가며 일부는 본능을 초월하려 노력하며 살아간다. 아! 본능의 충족은 얼마나 큰 쾌락이던가. 반면 본능을 초월하려면 얼마나 고통스럽던가.

이제 본능은 벗어날 수 없는 감옥도, 초월해야 할 집착도 아니다. 하나의 인과적 행동 패턴으로서, 감정의 원천으로서 적절히 활용해야 할 대상이다. 이제 본능은 적당한 충족을 통해 물리적 쾌락을 주는 도구로서, 적절한 초월을 통해 정신적 진보의 기쁨을 주는 배경이다.

독서와 여행

나에게 독서와 여행은 유사점이 있다. 대부분의 책은 몇 페이지를 읽다 보면 책을 덮고 싶어진다. 여행지에서 하룻밤을 지내고 나면 집으로 돌아가고 싶어지듯이.

웃기는 권력

늙음의 권력 - 나이를 무기 삼아 후안무치의 행위를 하거나 주변에 피해 주는 이상한 행동을 하면서도 부끄러워하지 않음.

젊음의 권력 - 젊음을 내세우며 나이 든 사람을 무시하거나 은밀히 조롱함.

희망

세상을, 상황을, 대상을 너무 정확히 안다는 것도 불행이다. 인간은 사실보다는 희망, 소망, 욕망을 믿고 싶어 한다. 사실에 의해 자신의 진정한 소망이 깨어지는 환멸의 고통은, 깊이 신뢰하고 사랑했던 사람에게 버려졌을 때의 고통과 같을 것이다.

모를수록 꿈은 크다. 헛된 꿈이라도 꿈꾸는 자는 꿈꾸지 않는 자보다 행복하다. 이것은 신앙의 장점이자 철학의 단점이다.

무지의 용기로 모호한 꿈을 꾸던 시절, 세상이 아무리 추워도 마음은 훈훈했다. 불안했지만 가능성에 희망을 두었기에. 하지만 이미 많은 것을 알아 버린 지금, 그때의 훈훈함은 사라진 지 오래다. 지금은 희망 대신 인식에 의지한다. 황량한 세상일지라도 따뜻하게 생각하기보다는 황량함 그대로를 인식하고자 한다. 흔들림 없이.

이상

이상적인 이념이나 사상, 철학은 인간 사회에서 뿌리내리지 못한다. 인간의 본성이 이상적이지 않기 때문이다. 도가의 도 사상은 차치하고라도 공자의 인 사상이나 고대 이오니아의 이소노미아 사상, 근대의 아나키스트 사상도 현실에 적용되지 못한 채 이상으로서만 존재했다.

'이상'과 '현실'이 반대의 의미로 쓰이고, 인간은 '현실' 속에 있고 '이상'은 인간과는 상관없는 멀고 먼 세계의 일인데….

'20. 12. 12.

인생의 멋

인생의 깊은 멋은 삶의 고통을 참고 이기는 것을 넘어 고통의 비웃음(승화)에 있다.

슬픔을 달래다

슬픔을 달래서 슬픔이 작아지거나 사라진다면 그 슬픔은 당초에 슬픔이 아니었다. 많은 슬픔은 달랠 수 있다. 그것들은 본래 진정한 슬픔이 아니었기에.

집안 어른의 치매

평소 다른 사람들보다 영민하고 현명하셔서 집안의 어른 역할을 하셨던 분. 치매는 주변 사람들에게도 걱정을 끼치지만 사실은 본인의 삶이 황폐해지는 것. 치매 이후의 죽음을 택할 것인가, 치매 이전의 죽음을 택할 것인가를 깊이 생각하고 지금이라도 결정하여 공표해야 한다. 죽음이 두려워, 결정의 이행이 두려워, 결정과 공표를 유예해서는 안 된다.

그분도 삶에는 지혜로웠지만 본인의 죽음에 대한 성찰은 없었던 것 같다. 성찰이 있었다면 죽음까지 어떤 상태로 다가가야 하는가를 생각했을 것이고, 그에 따른 대비를 했을 것이다. 자신에 대한 과신과 주변 충고에 대한 불신이 나중에 올 치매를 빨리 초래한 것이다.

그분에게 치매는 운명 같은 것인지도 모른다. 건강에 자신 있을 때는 결코 병원에서 검사를 받지 않으려고 했고 자신이 의지를 펼 수 없을 때에야 남의 힘에 밀려 검사를 받고 결국 치매 판정을 받은 것이다. 운명이란 시간을 되돌린다고 바꿀 수는 없는 것, 시간을 되돌린다고 그분이 치매 검사를 받을까. 정신이 살아 있는 한 자신의 의지를 굽히지 않을 테니까.

치매에 대하여

육체적 치매 - 일반적으로 인식되는 바, 뇌의 이상으로 인한 기억력 저하와 이상 행동으로 표상되는 것. 치매로 인해 무아가 된다는 것은 얼마나 큰 고통인가.

정신적 치매 - 통찰과 관조의 결핍으로 인해 근시안적으로 행동하는 것. 형이상학적 목적이나 이유가 아니라 눈앞의 이익을 위해 행동하는 것.

자신의 삶에 대한 책임

자신의 삶에 책임을 진다는 것은 도덕적인 면이든 육체적인 면이든 이성을 가진 정상인이라면 당연한 것. 하지만 대부분은 결코 책임지려

자유, 천형天刑을 다하다

하지 않는다. 자신의 비도덕적인 행위를 책임지는, 혹은 책임지려는 사람을 얼마나 보았는가. 그렇게 비열하고 구차하게 사느니 차라리 폴리크라테스 콤플렉스(죄책감에 자신을 처벌하고자 하는 심리)를 갖고 사는 것이 훨씬 고결한 삶이다.

한편 자신의 육체를 책임지는 사람은 얼마나 드물던가. 보통은 인간의 연약함을 들먹이며 어쩔 수 없음을 얘기하지만, 그렇게 하려면 자신이 이성을 가진 인간이 아니라 본능에 충실한 동물임을 먼저 자백해야 한다.

'20. 12. 13.

부부 싸움

부부 싸움을 시작하는 순간 서로를 원수처럼 대한다. 오랜 시간 함께해 왔던 즐거움과 행복은 사라지고 분노만이 머리를 뒤덮는다. 결혼 생활은 짧은 고통의 창으로 긴 행복의 시간을 바라보는 것인가.

단상

한눈팔기, 행복의 한 요소

사랑이 뜻대로 되는 것이었다면 행복하지 않은 자가 어디 있으랴.

옛 감정을 다시 불러일으키는 것, 그때 그 감정의 표상은 간절하지만 어렵다.

'20. 12. 19.

안락한 시간의 바다

나만의 거처에서 외부와 연락 없이, 시간의 바다를 쾌락의 뱃전에 기대어 유유히 나아가다. 익숙하고 안락한 시간은 되돌아볼 겨를도 없이 거침없이 빠르게 지나간다. 그것으로 끝이다. 모든 것은 시간에 휩쓸려 아무것도 남겨지지 않는다. 중간중간 브레이크를 걸어 보지만 흐르는 시간의 저항은 만만치 않다. 어쩌다 겨우 시간의 물결을 막아서면, 기억하는 모든 것은 사라져 아무것도 보이지 않는다.

얼마 전까지는 진리를 찾아 직접 헤엄치며 정진했었고 그 시기에는 시간의 지나감이 두렵지 않았다. 지금, 안락한 쾌락 속에 있는데도 시간의 흐름에 대한 마음 한구석의 불안과 불편함은 무엇에서 오는가. 열심히 일만 하던 사람이 노는 것이 불편하듯, 안 쓰고 저축만 하던 사람이 소비하는 것이 불편하듯, 지금의 안락이 불편하다.

이후, 한두 번의 성찰 뒤에는, 결국 나라는 존재도 사라지고 나의 흔적과 나에 대한 세상 누군가의 기억조차 사라져, 현 존재의 소멸과 망각의 영원한 안락에 잠길 것이다.

'20. 12. 26.

삶에 대한 싫증

한두 가지 상황에 대한 권태가 아니라 삶 자체에 싫증이 난다면, 그리하여 삶을 끝내고 싶고, 실제로 삶을 끝냈다면, 그 자는 단순히 복에 겨워 투정하는 자가 아니라 진정 복받은 자이다.

날이 밝으면 습관처럼 삶을 유지하기 위한 행위를 하겠지만 그 행위가 진정 살아야 하겠다는 의지에서 연유한 것일까. 단지 살아 있으니

자유, 천형天刑을 다하다

그냥 살아가는 무의식에서 나온 것이 아닐까. 생각하지 못하는 삶, 무의식의 삶이라면 그의 인식과 행위는 무슨 의미가 있는가. 치매 노인의 삶과 다른 것이 무엇인가. 그런 삶이 죽음과 다른 것은 무엇인가. 단지 살아서 움직인다고? 차라리 죽음이 낫지 않은가.

살아야 할 이유가 없다면 죽는 것이 좋은가. 살 수 있을 때까지 사는 것이 좋은가. 무의미할지라도 단지 현 상태를 유지하는 것이 좋은가. 그렇게 산다는 것은 우주의 자원 낭비가 아닌가. 죽음의 문턱이 높지 않다면 자살은 일상화되리라.

2021

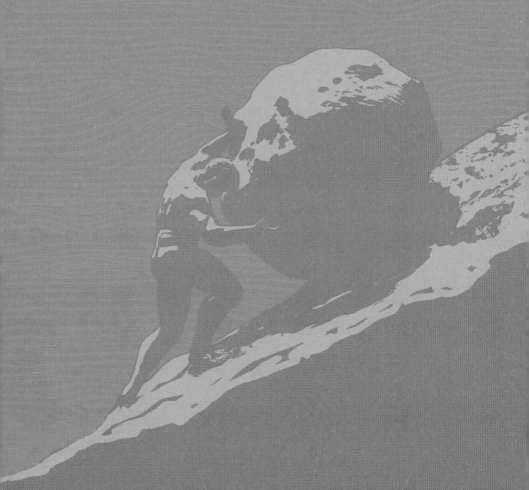

'21. 1. 3.

젊은 시절

젊은 시절, 미래에 대한 답 없는 막연한 고민과, 이상에 다가가기까지의 담보되지 않은 현실을 헤쳐 나가야 하는 불안이 압도했다. 과거의 기억이 더 열악했다면 미래에 대한 불안도 더욱 깊었으리라. 그러한 고민과 불안 속에 수십 년을 더 살아온 지금, 그 원인들은 어느 정도 해소되었지만 평안을 유지하기는 어려운 것, 아직도 사소한 일상사에 새벽잠을 못 이룬다.

어려운 환경에서는 풍요와 행복이었던 것이 안정된 환경에서는 결핍과 권태로 변하는가.

'21. 1. 10.

백주白晝의 얼간이

열심히 벌기만 하고 검소하게 살다가, 모아 놓은 재화를 쓰지도 못하고 죽는 자.

불

불은 탈 것이 있어야 타는 법. 분노 또한 마찬가지. 분노는 스스로를 유지하기 위한 이유를 지속적으로 찾아낸다.

'21. 1. 23.

열반涅槃

어떤 고민도, 고통도, 분노도, 밀려오는 죽음 같은 잠을 막지 못하는. 어떠한 현실의 문제도 나를 붙잡지 못하는. 아, 지금 얼마나 행복한가.

자유, 천형天刑을 다하다

이대로 어둠이 눈을 덮었으면.

고민

수학 문제를 풀기 위해 한참을 고민한 자가 결국은 풀지 못한 문제의 해답을 보았을 때와, 반면 처음부터 해답을 보며 수학 문제를 푸는 자의 마음에는 무엇이 남을까. 고민 없이 답을 얻은 자는 같은 문제가 닥치면 처음부터 다시 고민할 수밖에 없다. 고민 없이 얻은 답은 무용하고 무의미하기 때문이다.

알베르 까뮈의 『시지프의 신화』를 읽는다고 하자. 무심코 읽는 자의 머릿속에는 아무것도 남지 않아도, 생에 대한 고민과 열정을 가지고 읽는 자에게는 깊이 고민했던 문제의 해답을 찾을 수도 있을 것이다. 즉 부조리, 철학적 죽음, 실존적 불안과 자살 등에 대한 깊은 고민과 사유를 할 수 있는 자만이 삶을 실존적으로 당당하게 살아갈 수 있을 것이다.

'21. 2. 6.

사실과 인식

사기인데도 사실로 인식하고 행복해하는 자를 깨워야 하나 말아야 하나. 사실과 인식 가운데 중요한 것은 무엇이고 무엇이 더 자신에게 영향을 주는가. 중요한 것은 사실일지라도 사람들은 인식에 더 영향을 받는다. 그에게는 인식이 사실이다.

'21. 2. 13.

반성

　삶과 죽음 모두를 인식하고 있으면서도 눈앞의 사건에 매달리는 자여. 죽음에 비하면 사소한 것일 수밖에 없는 삶의 고민에 빠진 자여. 죽음을 노래하라. 자신을 고뇌에 빠뜨린 모든 것은 사라질지니. 죽음을 직시하면 해야 할 모든 것이 순서대로 줄을 선다.

　아, 언제까지 일상사에 일희일비하며 아까운 시간과 인생을 허비할 것인가. 별것 아닌 고민과 상념에서 벗어나 순수 쾌락을 취해야 한다. 불을 피울 연료는 있는데 왜 추위에 떨고 있는가. 추위에 떨다가 죽음을 맞이할 것인가. 죽음 앞에 해야 하는 중요한 것들을 다시 줄 세워 보라. 그것들을 순서대로 행하라. 사소한 주변사에 신경을 끄고.
　- "성찰 없는 분주함은 죽음으로의 질주다."

'21. 3. 7.

감정의 정도와 미래

　가족이나 지인의 죽음에 대한 슬픔의 정도, 실연에 대한 아픔의 정도 등 감정의 정도는 자신의 과거가 아니라 자신의 현재와 미래에서 오는 것이다.

관념 속의 고통

　관념 속의 고통과 행복은 경험 속의 고통과 행복보다 훨씬 크고 심하다. 관념의 영향에 비하면 경험에서의 느낌은 오히려 밋밋하다. 두려워했던 미래의 고통들이 현재에서 부딪히면 생각했던 것보다는 심하지 않듯이.

　　　　　　　　　자유, 천형天刑을 다하다

어머니

누구나 그렇듯, 유년 시절의 어머니는 나의 전부였다. 서울로 유학 온 초등학교 5학년, 토요일마다 성북동 85번 버스정류장에서 두어 시간을 기다리다가, 오지 않는 어머니를 뒤로하고 돌아서던 시절의 기억은 아직도 슬픔으로 생생하다.

세월이 흘러 80대 중반이 되어서 나의 보호가 필요한 어머니, 어머니는 나의 일부로 남아 있지만 어머니에게는 내가 전부가 되었는지 모른다. 세월에 따라 역할도 바뀌었고 감정도 변했다. 그러나 변한 것은 부모에 대한 자식의 감정이지, 자식에 대한 부모의 감정은 아닐 것이다.

진실

인간은 본능과 욕망이라는 솔직함과, 도덕과 고상함이라는 위선 사이를 왕복하며 살아간다. 전자는 인간의 진실이지만 그 진실을 감추고 살아가는 것이다.

수백만 원짜리 연회를 즐기지만 지나가는 불쌍한 자에게는 단지 귀찮다는 이유로 적선을 하지 않는 인간. 그러나 두 인간의 상황이 바뀐다 해도 변함은 없으리라. 인간이기에.

'21. 3. 21.

사색의 건축물

여러 가지 사색의 건축물을 여행할 때, 현자는 건물 자체의 구조나 내용에 관심을 갖지만, 사람들은 건물 표면에 칠해진 색깔에 대해 언급한다. 색깔이 투박하다고, 다양하지 않다고. 건물의 구조나 내용에 대해서는 무지하거나 무관심하기에.

행복의 가벼움

행복의 극에서 바라보는 행복의 가벼움. 고통이 없는 행복은 행복이 아니라 권태로 다가오는 것인가. 그리하여 사람들이 긴 고통과 불행, 짧은 행복 속에서도 살아가기 마련인가.

'21. 4. 4.

운동의 목적

생활 체육 수준에서 운동을 할 때 운동의 목적은 건강이지 승리가 아니다. 운동 시합에서 져서 화가 난다면 그 운동을 그만두어야 한다. 그 운동은 스트레스의 원인이 되어 오히려 건강을 해치게 되니.

'21. 4. 12.

본능

나는 『이방인』의 뫼르소를 비난하지 않는다. 반사된 빛에 눈멀어 총을 쏜 뫼르소가 아닌 어머니의 부음을 듣고도 정사를 나눈 뫼르소를. 부모가 죽어도 배고파 밥 먹듯, 이성과 관계하는 것을. 어찌 비난하랴, 윤리 이전의 본능을.

'21. 4. 18.

현 상황

현시점에서 볼 때, 현재의 상황은 언제나 당연하다. 운명이다. 반면 과거와 미래를 포함한 통시적 시각으로 볼 때, 현 상황은 당연하지 않다. 다른 상황이 되었을 수도 있었다. 과거와 미래는 현재를 볼 수 있는 배경이며 숲속에서의 나침반이다. 즉 과거와 미래가 없으면 현재는 파

자유, 천형天刑을 다하다

악되지 않는다.

제법이인諸法而因, 제법이과諸法而果

만물은 만물의 원인이고, 만물은 만물의 결과다.

'21. 4. 25.

여생

나는 삶을 원하는가, 죽음을 원하는가. 삶의 동인은 고통에서 벗어나려는 의지, 더 나은 삶을 위한 욕망. 고통도 없고, 더 나은 삶에 대한 욕망도 없다면.

원했던 모든 것은 이루고 나면 별것 아닌데, 그것을 위해 매진하는 우리는 얼마나 무모하고 바보 같은가. 여생은 깨달은 대로 살 수 있기를.

새로운 숙제

여생을 어떻게 즐겁게 살 것인가. 인생은 종로1가 역에서 지하철을 탔다가 종로3가 역에서 내리는 것. 그 기간이 얼마나 길기에 우리는 지하철 안이 벗어나서는 안 되는 자신의 모든 세계라고 생각하는가. 어찌하여 지하철 밖의 세계는 생각하지 못하는가.

삶을 떠나는 이유

오늘, 삶을 떠나는 이들은 무슨 이유에서 떠나는가. 그 이유를 묻지 말라. 굳이 알고 싶다면 지금 태어나는 이에게 물어보라. 왜 태어났느냐고.

우정에 대한 소회

새삼스레 우정을 얘기하기가 뭐하지만, 동창 아들 결혼식에 온 대학 친구들을 볼 때, 우리의 우정은 이미 석화되었음을 알았다. 그저 얼굴 보고 인사하고 헤어지는. 잠자리 잠시 물가에 앉았다가 지나가듯, 왔다 가려면은 오히려 축의금만 보내는 것이 더 나을 것을.

그래도 몇 년 전 동창 딸 피로연에서 나 홀로 소주 마셨던 때보다는 나았다. 나 같은 놈이 한 명 더 있어서 대낮부터 빗소리가 백색소음으로 젖어 드는 밤늦도록 술 잔 주고받으며 옛 정담을 나눌 수 있었으니.

'21. 5. 8.

허무

(행복, 삶, 죽음, 운명, 자아, 종교 등의) 화두에 대한 (관조, 통찰, 초월의) 깨달음 이후에는 무엇이 남아 있는가. 혹시 허무가 아닌가. 우주의 이치를 깨달았다고 생각하는 것이 사실은 섭리의 한 자락을 우연히 힐끗 본 것에 불과한 것이라면 그 허무는 과장된, 또는 오류의 망상에서 연유한 것이리라. 경험적 대상에 몰입하면 결국 맹목에 빠지듯, 관념적 대상을 향해 생각을 내달리다 보면 공허에 이르는 경우가 있다. 어느 한쪽이 아닌 조화로운 사유가 필요하지만 쉽지는 않다. 생각은 어느덧 양극단으로 치닫고 만다.

그 과장된, 오류의 망상을 벗어나려고 다시 정진한다면 허무는 사라지리라. 아직 깨닫지 못한 것이 많고, 생각할 것이 많이 남아 있으므로. 어쩌면 허무는 더 생각할 것이 없는, 생각이 나아갈 곳이 없는, 끝의 상황에서 피어나는 짙은 안개일 수도 있다.

자유, 천형天刑을 다하다

관념과 이성

불가철학은 본디 경험의 철학인데, 나는 왜 관념으로 치닫고 있는가. 석가는 자신의 철학을 경험 안에 묶어 두려고 많은 노력을 했음에도 후학들은 경험을 벗어나 관념으로 나아간 것을 보면, 본래 인간의 이성은 경험에 머물 수 없는 관념의 덩어리인가.

불가철학에서 말하듯 경험적 인식의 한계가 색성향미촉(전5식)에 있고 일차적인 경험적 인식들이 6, 7, 8식에 의해 관념적 인식으로 나아간다면, 한편 칸트가 말하는 것처럼, 감관을 통한 대상의 경험적 인식이 오성을 통해 개념화, 범주화되고 나아가 이성을 통해 관념화된다면, 결국 인간의 인식이란 경험적 재료를 가공한 관념이 아닌가. 대상을 경험하는 감관들은 그저 대상과 접촉할 뿐, 생각하지 않는다. 생각하고 인식하는 것은 사유의 기능을 가진 두뇌, 즉 오성과 이성이다. 그리하여 지각(직관)과 개념 사이에는 공허와 맹목의 심연이 놓여 있는가.

"지각없는 개념은 공허하며 개념 없는 지각은 맹목이다."

－ 칸트

자유와 당연

지난밤 과음하여, 또는 불면의 새벽에 어쩔 수 없이 일어나 무엇인가 하다가 다시 잠들어 늦게 일어나도, 늦은 아침에 일어난 내 주위는 안정적이다. 나를 압박하는 정신적, 물질적 제약은 없다. 이것이 자유인가, 자유를 느끼는가.

'자유'와 '인식된 자유' 사이에는 작지 않은 간극이 있다. 제약 없는 자유는 인식되지 않는다. 인식되지 않는 자유는 자유가 아니라 당연이다.

나는 당연 속에 살고 있는가, 자유 속에 살고 있는가. 당연을 원하는가, 자유를 원하는가. 제약과 자유는 결국 불이(不二)이던가. 자유를 인식하기 위해, 자유롭기 위해 삶 속에 자발적인 제약을 심어 놓아야 하는가.

치매의 삶

성찰과 관조 없는 삶은 치매의 삶이다. 치매 환자는 자신을 성찰하지 못한다. 자신의 상황을 관조하지 못한다. 나는 하루에 몇 번이나, 몇 분이나 나를 성찰하고 나의 상황을 관조하는가.

'21. 5. 15.

단상

살려는 의지는 고난 속에서 피어난다. 안락의 극은 죽음과 닿아 있다.

현명한 자는 신을 만들어 내고, 우매한 자는 그 신을 숭배한다.

인간 행복의 기원은 생존과 번식인가. 그래서 사람들의 대화에는 소화기(음식)와 생식기(이성, 사랑) 관련 얘기가 주를 이루는가.

두 종류의 인간

즐기려는 자 - "세계여 나에게 오라."
배우려는 자 - "세계여 내가 다가간다."

사교에 대하여

부부간, 형제나 가족 간, 친구나 동료 간 등 모든 사람 간의 사교에 있

자유, 천형天刑을 다하다

어서 하나의 잘못이나 오해는 열 가지의 좋은 점과 친숙했던 관계를 저버리게 한다.

사람들은 오랫동안 힘들게 쌓아 온 관계에 들인 노력과, 그 관계에서 오는 즐거움은 당연시한다. 그러나 상대의 한 번 잘못된 언행으로 인한 분노는 곧잘 절교로 비화한다. 인연의 열 가지 즐거움과 추억을 한 가지의 분노로 뒤덮어 버리는 것이다. 얼마나 어리석은가. 계속될 관계의 이로움을 분노에 휩싸여 날려 버리니. 동물보다도 못한 사려.

현자라면 숙고할 것이다. 현재의 분노를 야기한 상대의 잘못된 언행과, 지난 세월 동안의 사교에서 즐거웠던, 또는 고마웠던 사실들을. 당장은 분노하더라도 절교하지는 않을 것이다. 왜냐하면 인간은 불완전한 존재임을 인식하고 있고, 총량의 호의와 총량의 악의를 저울로 달아 보고 판단해야 함을 알기에.

'21. 5. 30.

당연과 '왜?'

인생에, 나아가 섭리에, 당연은 없다. 당연은 사람들의 착각이다. 당연은 자신을 편안하게 만들려는 무의식의 작용이다. 항상 '왜?'라고 물어보고 의심해야 한다. '왜?'만이 자신을 성찰과 성숙으로 나아가게 하므로.

장례식장에서

장례식장에 모여 있는 신발들은 그 주인을 생각하게 한다. 그들은 누구이며 어떤 생을 살아가고 있을까. 그들이 장례식의 주인공이 될 때, 어떤 신발들이 모여 있을까.

'21. 6. 7.

호수공원에서

여름 문턱의 흐린 월요일 아침, 호수공원의 흔들의자에 기대어 호수 정경을 바라보다. 적막한 고요함 속에 호수의 잔물결만이 풍경화 속이 아님을 알려 준다. 순간, 이 상황이 내가 그토록 꿈꾸었던 한 장면임을 깨닫는다. 이전에는 결코 내 것일 수 없었던 시간에 홀로 여유를 즐기는 이 시공간. 산들바람 귓가를 스치니 이대로 잠들어 깨어나지 않아도 좋겠다.

현실적 해탈

천형(노동과 무지)을 마치면 있는 곳 어디든지 극락, 천국.

사별 시점

눈물조차 나오지 않아 마른 눈으로 서로를 보내야 하는 상황 이전에 이별하기를.

너무 늦어 슬픔의 감정조차 마르기 전에 이별하기를.

'21. 6. 12.

단상

밖 속에 있는 안, 안 속에 있는 밖.

우주 속의 티끌, 티끌 속의 우주.

어제의 오늘, 오늘의 어제.

자유, 천형天刑을 다하다

죽음은 내 뒤에 있는 것이 아니라 내 앞에 있다.

초여름 비 그친 아침, 바람 불면 후드득 빗방울 떨어지는 숲길.

인식의 trigger

같은 음식이라도 배부를 때는 관심 없고 배고플 때 간절한 것처럼, 죽음이 멀리 있을 때는 시큰둥하던 이 세상 풍경이 죽음에 다다른 자에게는 왜 눈부시게 아름다울까. 시장함과 죽음이라는 trigger 없이는 식욕과 세상의 아름다움은 본래 존재할 수 없는 걸까. 그 trigger 없이도 식욕과 아름다움을 인식할 수 있을까. 이 또한 인(因) 없이는 과(果)도 없다는 자연의 섭리인가. 사라져야 비로소 있었음을 알아차리게 되는 것들, 당연시했던 것들….

단상

눈물은 자기 연민, 사랑은 자기 배려.

표현된 감정이 순수한 감정의 표현이 아니라, 이성의 (의도된, 전략적) 표현이라면?

외국 여행에서의 저녁 술자리는 출구 없는 방.

'21. 6. 26.

희미한 에피소드

누구든 자신의 과거를 돌아보면, 한때 고통과 좌절 속을 헤매게 하고 그 때문에 두려움에 떨었던 사건들은 아스라하거나 기억 속에 묻혀 버렸을 것이다. 지금 자신이 겪고 있는 고통과 희열 또한 미래의 어느 시점에서는 '한때 그런 적이 있었지'라는 기억 이상의 의미는 없을 것이다.

우리를 한없는 고통에 괴로워하게 하고 행복 속에 환희하게 만드는 모든 일은 시간의 바람 속에 결국은 아련한 에피소드가 되고 마는데 탄생과 죽음 사이에서 무엇을 기뻐하고 무엇을 슬퍼할 것이냐. 자신의 삶이 현재의 아름다운 풍경이 되고 미래의 아련한 추억이 되기를 바랄지라도.

루바이야트 중에서

"만일, 부활의 날이 있어 나를 만나려면 선술집 문 앞에서 기다려다오."

- 오마르 하이얌

'21. 7. 18.

인생의 의미와 무의미 사이에서

무의미한 것에 의미를 두고 추구하는 것이 인생이던가. 의미 있다고 생각한 모든 것을 깊이 생각해 보라. 결국은 죽음 앞에 무의미하지 않은가. 몸을 전율케 하던 사랑도, 죽을 것만 같던 슬픔도 그 시간을 살아갈 수 있게 하는 환상으로서의 의미일 뿐. 모든 의미는 과거로 흘러가며 무의미로 사라진다.

생의 진실

죽음 앞에 삶의 진실은 왜 이리도 허망한 것인가. 알면서도 삶의 환

자유, 천형天刑을 다하다

상에 속아 주며 사는 것이 인생의 지혜인가.

'21. 7. 25.

행위의 차이

존재하기 위한 행위와 깨달음의 행위의 차이 - 현실과 이상의 심연

유기체

사물은 유기체보다 오래 살아(?)남는다. 유기체로서, 대상을 바라보는 시각과 사유가, 유기체의 유일한 재능이고 가치이리라. 한 사람이 보고 느끼고 서술한 글은 그의 가치이다.

살아 있음

나는 살아 있음을 미안해해야 하는가, 다행스러워해야 하는가, 행복해해야 하는가.

금수저

내가 금수저로 태어났다면 풍요롭게 살았겠지만, 그저 즐기다가 현실과 세상에 대한 아무런 마찰음도 남기지 못한 채 죽었을 것이다.

'21. 8. 3.

슬픔

슬픔은 안락함 속으로 찾아든다. 슬프다는 것은 살만하다는 것이다. 슬픔은 상황을 받아들일 수 있을 때 온다. 슬픔은 의도 없이 폭풍처럼 밀려온다.

삶의 노예

태어난 자는 어쩔 수 없이 삶의 노예다. 삶의 지속이라는 본능과 그것을 위한 욕망 속에서 돌고 도는 쳇바퀴처럼 꼬리를 무는 삶 속에 파묻힌다. 자신에게 주어진 관조 능력을 인식한 몇 사람을 제외하면.

현실

모든 철학, 신앙, 진리, 정의… 등을 다 합해도 현실을 넘어설 수는 없다. 그 모든 것들은 현실의 장식품에 불과하다.

느낌

지나간 느낌은 정확히 기억나지는 않는다. 느낌을 기억하지 못할 때가 많다.

정직한 연기(演技)

연기란 정직하지 않은 것, 정직한 연기는 모순이며 연기가 아니다.

이해와 오해

타인에 대한 나의 이해는, 실은 그에 대한 나의 오해로 이루어진다.

풍경과 현실

멀리서 보는 풍경은 상상 속에 존재하지만 가까이 가서 보는 순간, 풍경은 현실이 되어 버린다.

감각

감각(경험)은 현재형이 일 수 없다. 이미 경험된 감각이 현재형으로 표현되는 것이다.

'21. 8. 7.

빛나는 몸 vs 심오한 예지

한여름, 장마처럼 퍼붓던 매미 울음소리 저물어 가던 날, 집어삼킬 듯 찌던 더위는 주춤하고 어느덧 선선한 바람. 욕망과 고통 속을 헤매던 젊은 날도 그렇게 가고 이제는 생의 늦가을에 다다랐다. 삶의 무더위를 밀어내고 불어오는 시원한 바람을 어떤 마음으로 맞아야 하나.

격정과 번민, 가능성이 사라져 감을 한탄해야 하는가. 아니면 그러한 것들이 사라진 평정의 시간, 그러나 육체적으로는 시들어 가는 세월로 진입함을 기뻐해야 하는가.

예지가 부족하여 혼란스러웠지만 육체는 빛났던 젊음의 시간과, 평정을 얻었지만 몸은 시들어 가는 초로의 시간. 인생은 공평한 듯, 빛나는 몸과 심오한 예지를 함께 주지는 않으니 어쩌랴, 굳이 선택해야 한다면 후자를 택할 수밖에.

알코올 중독

저녁에 넉넉히 이야기 나눌만한 사람과 저녁 약속이 생겨서 즐거운 것이 아니라 술자리 자체가 생겼다는 것이 즐거운 나는, 알코올 중독.

삶의 목표

이 나이에 삶의 목표가 필요할까. 필요하다면 어떤 목표가 좋을까.

하루하루를 즐겁게 산다 해도 그것만으로는 무의미한 인생이 아닐까. 아니면 반복되는 삶일지라도 감사하며 살아야 할까.

목표라고 하면 현재보다 더 나은 정신적 상태, 물질적 환경이 아닌가. 나는 현재보다 나은 어떤 것이 필요한가. 아니라면 지금처럼 살아감이 좋다. 그런데도 반복되는 이 생활이 바람직하거나 완전하다고 생각되지 않는 이유는 무엇인가. 통찰한 자는 곁눈질하지 않는데, 나는 아직도 부족하다. 내 생활에 더 만족하기 위해 필요한 것은 큰 목표의 달성이 아니라 사소한 고통이다.

감수성

사람마다 느끼는 고통의 깊이는 바닥 모를 심연이지만 행복의 차이는 크지 않다. 즉 인간의 고통에 대한 감수성은 무한하지만 행복에 대한 감수성은 얇다. 자연의 배려인가….

'21. 8. 15.

섭리와 감정

섭리(자연의 이치)와 그에 대한 인간의 감정은 동일시되어서는 안 된다. 전자는 사실이고 후자는 인간의 욕망, 판단의 결과이기 때문이다. "인생은 무상無常하다."는 사실이고 "인생은 허무하다."는 인간의 감정, 판단이다. 감정의 표현을 사실로 대체하여 인생은 본래 허무한 것이라고 사실인 양 단정해서는 안 된다. 귀거래사의 요승화이귀진聊乘化以歸盡(얼마 동안 자연의 조화를 따르다가 마침내 돌아가면 되는 것이니)은 사실이고 낙부천명복해의樂夫天命復奚疑(천명을 즐기면 그만이었지 다시 무엇을 의심하랴)는 감정, 판단이다.

자유, 천형天刑을 다하다

생각과 삶

생각은 구만리장천을 날아도 몸은 현실에 묶여 있듯이, 삶은 구만리장천에 있기도 하고 현실에 있기도 하다.

느린 삶

빠름(을 추구하는 것)은 불만의 결과이고 서 느림(을 추구하는 것)은 만족의 결과다. 얼마 남지 않은 인생, 느릿느릿, 비틀비틀, 천천히 보면서, 생각하면서, 느끼면서 사는 것이 초조했던 젊은 시절의 내가 바라던 삶이다.

'21. 8. 28.

인연因緣

인연은 확장해서 생각하면 우연이다. 인연은 필연의 의미가 강하지만 우연에 포함된다. 필연에는 당사자의 욕망이 내포되어 있다. 우연이란 신의 의도마저 벗어난 것. 무차별적인 우연에 무방비로 살 수밖에 없는 것이 인생.

최고의 술안주

죽음은 최고의 술안주, 죽음이 없다면 술맛이 없으리라. 생의 비극적 의미를 생각하며 들이키는 한 잔은 어떤 안주로 마시는 술보다 더 진하다.

술자리

나는 매일, 이태백이나 두보보다 더 행복한 술자리를 즐기고 있다고 생각하지만, 모호한 면이 있다. 그들보다 고통 없는 안락한 환경에서의 술자리가 아닌가 하는. 고통 속에서의 술 한 잔과 안락 속에서의 술 한 잔은 맛의 차원이 다른 것. 그러나 억지로 고통을 만들 수는 없는 노릇, 감지덕지, 허겁지겁 털어 넣을 수밖에.

사고와 존재

"나는 생각한다. 고로 나는 존재한다." 데카르트가 존재에 대한 회의를 거듭한 결과, 적어도 생각하고 있는 동안은 생각의 주체로서 자신은 존재하고 있다고 결론 내리며 한 말이다. 반대로 환원하면, "나는 생각하지 않는다. 고로 나는 존재하지 않는다." 생각(회의) 없는 존재는 없는 것과 같다. 생각 없는 삶은 그림자의 삶이다.

'21. 9. 4.

슬픈 섭리

내리사랑은 자발적이지만 치사랑은 그다지 자발적이지 않다. 부모에게 있어서 자식은 또 하나의 자신이지만, 자식에 있어서 부모는 자신보다는 타인에 가깝다.

내리사랑은 본능이지만 치사랑은 의무다. 자연의 섭리는 때로는 비합리적이다. 저항도 해 보지만 슬프게도 그 섭리를 벗어나지 못한다.

관여반경

관여반경이 넓은 자는 평온할 수 없다. 그러나 사람들은 자신의 능력을 과대평가하여 관여반경을 확대하려 한다. 맹인과 구도자의 평안을 생각하라.

자유, 천형天刑을 다하다

’21. 9. 5.

기쁨과 고난

기쁨은 생을 앞으로 나아가게 하는 돛이며 고난은 생의 균형을 잡아 주는 닻이다.

쾌락과 생존

'쾌락 없는 생존'과 '생존이 보장되지 않는 쾌락' 가운데 선택을 해야 한다면?

쾌락과 생존의 우선순위는?

’21. 9. 18.

변화 속에서

변화의 소용돌이 속에서 현 상태를 벗어나려는 자와 머무르려는 자 가운데 누가 더 수월할까(유리할까). 당연히 벗어나려는 자이건만 왜 대다수는 머무르려 할까.

성숙

나는 나이에 맞게 성숙해 있는가. 저절로 익는 열매는 없다.

’21. 9. 25.

간악한 지혜

어미 염소의 목을 매어 놓고 새끼 염소를 방목하다. 염소들은 어미 염소의 곁을 멀리 떠나지 못한다. 전쟁에서 적의 가족을 볼모로 잡다… 인간 지혜의 간악함.

자신의 이익을 위해 행하는 인간의 반자연적 행위가 어디 이뿐이랴. 부끄러워해야 마땅할 행위가 이익을 위해 버젓이 당당하게 행해지고 있음에 인간인 것이 한탄스럽다.

삶

세상에 대고 불평했다. 내 인생은 즐겁지 않고 왜 이리 괴로우냐고. 바로 들려오는 소리, 뿔난 토끼를 원하라.

삶은 살아 내야 하는 것, 온몸으로 밀고 가야 하는 것. 행복과 쾌락 속에 있다고 생각되는 어떤 삶도 그 이면은 고통인 것.

나약한 인간을 쓰레기처럼 여겼던 니체는 무엇이라고 말할까. 겉으로는 아무렇지도 않은 듯 살지만, 내면에는 전장에 나가는 병사의 두려움을 안고 살아가는 사람들에게.

'21. 9. 26.

장애물

내 삶에 끊임없이 밀려들어 행복을 가로막는 장애물들은, 그것으로 인해 내가 죽거나 좌절하지 않는 한, 곧 행복의 연료, 행복의 기폭제가 아닌가.

너무 귀한 것

귀한 음식을 먹지 않고 숨겨 두듯, 매우 좋은 옷과 장신구를 사용하지 않고 아끼듯, 진정 읽고 싶은 책은 책장에 꽂아 두지만 읽지는 않는다.

자유, 천형天刑을 다하다

나중에 차분한 마음으로 읽으려고. 시간이 지나도 그 책은 읽지 않은 채로 있다.

귀한 것을 아끼는 심정은 소비해 버리기 아까운 행복을 유예하려는 마음일 것이다. 지금도 그렇게 순진하게 사는 면이 있지만, 행복은 아껴 두기보다는 즉시 소비하는 것이 현명하다. 대상에 대한 행복한 마음은 현재에 있는 것이고 시간이 지나면 그 마음도 대상도 변하는 것이기에. 모든 것은 때가 있는 법, 그때를 놓치지 않고 즐기고 행복하길.

추억

잊혀지지 않기를 바라는 아련한 기억은 현실보다 진하다. 아름다운 추억은 애수의 감정으로 덮여 장식되어 있다. 이런 사실을 잘 알고 있지만 진정 아름다웠던 풍경, 사랑했던 추억은 마음속에 간직하고 싶을 뿐, 다시 현실을 확인하고 싶지 않다. 나의 아사꼬… !

'21. 10. 3.

뛰어난 사상

자신의 사상을 글로 표현하여 세상에 내놓는 것은 거미가 허공에 거미줄을 쏘는 것과 같다. 생각이 깊을수록 사상이 뛰어날수록 그것을 이해하는 동시대의 독자는 많지 않다. 긴 세월 지나 뛰어난 독자가 나타날 때 비로소 그 사상은 빛을 발한다.

어느 뛰어난 독자가 있어, 내 글이, 그의 사상의 제국을 구축하는 재료로 쓰일지, 아니면 허공에서 무의미한 메아리로 사라질지 알 수 없다. 나는 할 일을 할 뿐이다.

무와 존재함 사이에서

휘몰아치는 바람. 살아 있음으로 겪어야 하는 고통과 고민, 해결해야 할 난제들. 그럼에도 대부분 죽음이 아닌 삶을 선택하여 살아 있다는 것은, 삶이 행복해서일까, 아니면 삶이라는 관성을 벗어날 용기가 없기 때문일까. 탄생의 순간 삶의 포로가 되어 옴짝달싹할 수 없기 때문인가.

무의 상태에서, 자유의지로 이 세상에 다시 태어날 수 있다면 다시 태어날까, 영원한 무의 상태를 선택할까. 일각의 고민 없이 무의 상태를 선택하겠다. 사소한 고통과 큰 행복 사이를 살아왔다 해도, 삶은 태어나지 않은 무의 상태보다 고통스럽다. 자유의지를 99% 펼 수 있는 신이 된다 해도 무를 선택하겠다. 신적 삶이라 해도 그 삶은 무보다 못하기에.

누구의 의지인지는 몰라도 나는 이미 존재하고 있는바, 무의 상태로 환원하기 위해서는 본능을 거슬러야 하는데, 이미 인연으로 연기된 수많은 관계에 얽매여 있어 쉽지 않다. 남은 생 무의 상태처럼 조용히 살아가기를 바랄 수밖에.

태풍의 눈 속에서

고통과 고민이라는 태풍의 눈 속에 들어온 것 같다. 조금만 생각을 뻗으면 고민거리들이 내게 들러붙을 것이 분명한데, 이상하게 지금은 아무것도 나를 괴롭히지 않는다. 두뇌의 노화인가. 노화라 해도 좋다. 이런 나날을 살 수 있다면.

조금 전 비가 지나간 하늘, 흐리지만 바람이 시원함을 느끼게 할 만큼 세다. 노력해서가 아닌 저절로 찾아온 평안 속에 호수공원 벤치에 앉아 풍경을 응시한다. 평화롭다.

직장 속에 있으면 있는 대로, 벗어나면 벗어난 대로, 크고 작은 고민에 시달리기 마련. 노동에서 벗어나는 물리적 자유를 얻은 지 3년이 가까워 오지만 이런 평안 속의 시간은 별로 없었다. 모든 것이 온전히 나의 시간임에도 불구하고, 스스로가 만들어 놓은 매일의 스케줄을 따라가느라 바쁘다. 나 또한 자뻑의 삶을 살고 있는 것이다.

모처럼 찾아온 평안의 시간, 좀 더 즐기다가 바람이 그치면 일어나리라.

무지의 삶

나이가 들어, 자연 속에 살고 싶으면서도 꿈만 꿀 뿐 평생을 도심 속 문명을 벗어나지 못하는 삶. 그토록 원하던 자유를 얻었으면서도 누리지 못한 채 스스로 분주한 공허한 삶. 중요한 것들을 하느라 소중한 것을 미루다 결국은 하지 못하고 죽는 삶.

'21. 10. 9.

원하는 삶

이미 황제보다 나은 삶을 살고 있으면서도 그것을 깨닫지 못한 채, 자신의 삶이 불행하다고 생각하며 더 나은 삶을 찾아 헤매는 사람이 있다면 무슨 말을 해 주어야 하나. 나는?

치매

치매, 현재만 사는 병. 치매 환자에게 일정 시점 이후의 과거는 없다. 미래도 없다. 현재 눈앞의 대상과 상황을 눈에 비추어 인식할 뿐이다, 눈을 깜빡이면 조금 전의 인식도 지워진다. 과거와 미래가 없다는 것은 조리 있는 생각이 불가능하다는 것.

과거와 미래가 없는, 진정한 현재를 사는 치매 환자는 정상인보다 행복할까? 정상인들은 치매 환자의 행복을, 정확히 알지 못하면서도 일단 부정한다.

우울

이성(의 인식)과 감성의 부조화. 이성은 상황을 이해하는데 감성은 그 상황을 이해하지 못하거나 이해하지 않으려 함. 즉 상황을 받아들일 수 없음.

연민

연민은 대상에 대한 연민을 가장한 자신에 대한 연민이다. 특히 이별 시, 상대에게 보이는 눈물의 진정한 원인은 자신인 경우가 많다.

생각이 필요한 이유

어떤 질문이나 대상에 대해 생각이 정리되지 않은 자는 그것에 대해 명료하게, 자신 있게 말할 수 없다. 생각이 필요한 이유다. 정리된 생각이 있는 것은 그 생각의 옳고 그름을 떠나, 생각이 없는 것보다는 백배 낫다.

'21. 10. 17.

정신의 진보

정신의 진보는 스스로 만들어 낸 환상(미신)으로부터의 탈피, 즉 해방이다. 즉 종교적 존재에서 비종교적 존재로의 이행인 바, 아직도 인간 스스로 만든 신과 종교에 잠겨 있는 사람들을 어떻게 생각해야 할까.

자유, 천형天刑을 다하다

성찰 없는 몰입 – 삶의 증발

시간이 되면 걷고 운동하고 책을 읽는다. 걸을 때는 그나마 생각할 수 있지만 다른 것을 할 때는 생각할 수 없다. 여유 있을 때, 왜 생각하기보다는 책을 읽으려 할까. 자신의 상황을, 자신의 내면을 성찰하기보다는 외부의 것에 몰입하고 싶어 하는 습성 때문일 것이다. 성찰은 재미없고 고통스러운 반면 몰입은 즐거움의 타임머신이다. 그러나 성찰 없는 몰입은 맹목이다. 시간의 증발, 삶의 증발이다.

붉은 반달

누워 있는 찬란한 붉은 반달. 구름에 가리어 붉은빛을 잃다. 금세 보이지도 않는다. 언제 떠 있었던가.

’21. 11. 6.

주체와 관념 사이에서

선, 도덕, 정의 등 사회적 관념의 울타리 안에서만 주체가 존재해야 하는가. 아니면 자신 안에 행위의 참고로서 사회적 관념을 포섭하고 있어야 하는가. 즉 사회적 관념은 내 행위의 목적인가, 수단인가. 자유로운 주체라면 수단이리라.

원인과 결과

원인은 나에게 직접적 영향을 미치지 않지만 결과는 직접적 영향을 미친다. 따라서 우리는 원인보다는 결과에 관심이 많다.

쾌락과 공포

일반적으로 인간의 동인은 쾌락보다는 공포에 있다. 즉 쾌락을 얻으려는 열망보다 공포를 없애려는 열망이 크다.

모자람(결핍)의 행복

모자라는 음식을 먹을 때와 남아도는 음식을 먹을 때의 느낌 차이. 뷔페의 한계.

대화

대화의 내용은 상대방을 위한 것. 대화란 나를 위해 하는 것은 아니다. 상대가 주의를 기울이지 않는 것을 떠드는 것은 얼마나 공허한가. 스스로 정리할 수 없는 것을 타인에게 얘기한들 무슨 소용이랴.

'21. 11. 7.

미미한 존재

어떻게 나의 신념을 지킬 것인가. 고대의 폭정, 중세의 마녀사냥, 근현대의 전쟁 앞에서. 지킬만한 신념이라도 가진 자가 얼마나 되려나. 신념은커녕 하루를 살아가기에도 벅찬, 아, 한없이 나약하고 미미한 존재여.

평정을 구하며

어쩔 수 없이 중간중간 깨지만 닥친 걱정 없어 다시 잠들 수 있는 밤, 무수한 상념들이 무의식의 바다를 고요히 미끄러져 간다.

인간이란 눈앞의 상황에 매달릴 수밖에 없는가. 가까운 행복, 조금

자유, 천형天刑을 다하다

떨어진 고통, 먼 죽음 사이에서 조마조마한 마음은 끝없이 널뛰다가 결국 죽음에 삼켜지는가.

상황의 초월, 생사의 초월, 도피가 아닌 평정은 여전히 내 안에 있지 않다. 어쩌다 손에 쥐었는가 싶어도 어느새 손가락 사이로 빠져나가 있다.

행복의 원천

행복은 소유물이 아니라 성격에서 연유하는 것. 행복을 소유물에서 찾으려는 것은 신발에 발을 맞추려는 것과 같다.

'21. 11. 14.

철학

육체에 기생하는 것이 정신이라면 형이상학, 철학은 정해진 한계를 벗어날 수 없지 않은가. 수십 년을 공들여 쌓아 놓은 철학이라도 육체의 사소한 이상에 무너지는 것 아닌가. 그럼에도 철학을 지속해야 하는 이유는 철학은 삶의 지향점이자 삶의 도구이기 때문일 것이다.

슬픔의 원인

슬픔의 원인은 형이상학적인 것이 아니라 물리적인 것이다. 한 예로 죽은 이에 대한 슬픔의 원인은 그의 부재로 인한 헤어짐, 불편함, 물질적 상실 등이다. 칠정을 포함한 인간의 감정의 원인이 형이상학적인 경우는 드물다. 감정은 물리적 사건, 사태에 대한 마음의 반응이다.

'21. 11. 20.

행복

행복은 수평선과 같다. 멀리 보이는 수평선으로 배를 저어 가지만 수평선은 멀어져만 간다. 내가 딛고 서 있는 배를 떠받치고 있는 그 바다가 바로 수평선임을 인식하는 것이 곧 행복을 품는 것이다.

우수 그리고 절망

석양이 지는 초겨울 오후, 땅거미 짙게 내려와 우수로 가득 찬 거리를 걷다. 사실은 우수로 가득 찬 거리를 걷는 것이 아니라, 우수로 가득차 거리를 걷는 것이지만. 우수란 바람처럼 잠깐 스치고 지나가야 하는 것, 그 이면에는 우수를 걷히게 할 밝은 현실이 존재해야 한다. 오랜 시간 우수에 휩싸인다면 그것은 우수가 아니라 우울일 것이다.

지난날, 차가운 바람과 함께 닥치는 어둠을 바라보며 얼마나 많이 절망을 느끼곤 했던가. 그 절망은 삶의 부재, 희망의 부재, 존재의 부재를 예견함에 따른 본원적, 숙명적 절망이었다. 아, 어찌하여 이 생의 비극적 의미를 깨닫고야 말았는가. 이 절망을 잊고자 반짝이는 샹들리에 아래서 주연을 하지만, 이미 알아 버린 생의 비극적 의미는 뇌리를 떠나지 않는다. 문득문득 찾아오는 망각에 기대어 살아갈밖에.

'21. 11. 21.

간직되기

사랑은 자신이 잃어버린 것을 간직한다.

누구나 사라지지만 간직되기를 바란다. 물론 가족이나 친지, 지인의 기억 속에 남아 있겠지만 그것도 잠시, 그들의 사라짐과 더불어 사라질 것이다. 간직될 수 있는 한 방법은 글로써 삶의 흔적을 남기는 것. 글을 읽고 동감하는 독자가 있는 한 그는 독자의 마음속에 간직된다.

욕망과 부재

대상에 대한 욕망은 그에게 그 대상이 부재함(소유하지 못함)을 증명한다. 그러나 부재한 대상에 대한 지속적인 욕망이 그 대상의 존재 자체(소유와 관계없이 어딘가에 존재하는)를 증명하는 것은 아니다.

- 신을 지속적으로 욕망하는 것이 신의 존재를 증명하는 것은 아니다.

과잉

결핍이 존재에 의미를 부여하듯, 과잉은 부재와 같은 의미를 지닌다.

운동과 승패

운동의 목적은 이기기 위한 것이 아니라 즐기기 위한 것. 자신의 기량을 키우고 한껏 발휘함으로써 즐겁고 건강에 도움이 된다면 그 운동의 목적은 달성된다. 승패는 없다.

철학 하기

오래전 읽었던 책의 밑줄 그어진 구절과 스스로 달았던 주석을 보면 새롭기만 하다.

아, 나는 이 책의 내용을 참으로 이해했던가. 그때의 내가 지금의 나보다 더 총명하고 통찰력이 있었나. 아니라면 이 책을 다시 읽어야 하나.

한편, 이 책을 다시 읽어 제대로 소화하고 통찰하여 정신이 진보한다면 무엇 할 것인가. 깊은 깨달음의 경지에 오른들 혼자 그렇게 살다간 무수한 생명체와 무엇이 다른가. 오히려 너무 좁은 주제(철학)에 몰입하여 아까운 세월을 허비하는 것은 아닌가.

다른 한편, 그것이 즐거웠고 그것을 즐겼다면 더 이상 무엇을 바라는가.

'21. 11. 27.

아침 햇살과 땅거미

아침 햇살은 생명의 시작, 생명의 환희인 반면 땅거미는 생명의 종말, 생명의 우울이다. 이 두 가지 정해진 자연의 변화를 바라보고 인간은 다른 감정을 갖는다. 이 생의 환희와 우울을 때에 따라 따로 느끼며 사는 사람이 대부분이고, 일부는 생의 환희와 우울을 동시에 안고 살며, 어떤 사람은 환희와 우울을 느끼면서도 그 너머의 영원한 것을 본다.

슬픔

슬픔은 슬프려는 의도 없이 번개처럼 번쩍인다.

덕분에

김경원 센터장님! 덕분에, 나는 내 일화와 추억의 화신으로 여러분 곁에 여전히 존재합니다!

나에 대하여

나의 소유, 나와 관련된 사람, 사건, 환경이 아닌 오로지 나에 대하여 성찰해 보는 시간이 얼마나 있었던가. 경험적 현실 세계에서 모든 것의

자유, 천형天刑을 다하다

존재 원인인 나. 나 외에, 그것이 사람이든 환경이든 금전이든, 나와 관련된 것이 그 얼마나 중요할 것인가. 사람들은 자신보다는 자신과 관련된 것들에 대해 생각하고 행동하느라 대부분의 시간을 보낸다. 마치 그 것들이 바로 자신인 것처럼. 나아가 그것들을 자신보다 더 중요하게 여긴다. 주종主從의 가치전도價值顚倒.

나의 성격, 도덕, 행위, 행복, 삶, 죽음을 포함한 내 안의 나(형이상학적 주체로서의 나)에 침잠할 시간이 필요하다. 이것이 나의 주식主食이고 나머지는 전채前菜나 후식後食이다. 나의 사라짐과 더불어 이 모든 우주가 사라지는 것인데 다른 무엇에 신경 쓸 겨를이 있단 말인가.

그러나 내 안으로 한 발짝만 들어와도 암흑이 된다면? 갑자기 머리가 텅 빈다면? 아무 생각도 나지 않는다면? 내 안에 내가 없는 것이 아닐까. 나는 오직 외부에 관계된 존재로서의 나일 뿐 아닐까. 그 모든 관계를 끊어 버리고 나면 내 안에는 무엇이 남을까. 나마저 사라지지 않을까. 그렇다면 지금 나는 무엇을 어떻게 해야 할까.

우주에서 바라보는 대상으로서의 나. - 나는 바다의 한 파도, 파도를 구성하는 하나의 물방울. 내 삶과 죽음은 파도가 한 번 칠 때 일어났다가 사라지는 물거품일 뿐이다. 나의 존재와 상관없이 이 우주는 존재한다.

우주를 바라보는 주체로서의 나. - 나의 눈의 깜빡임에 따라 우주는 존재했다가 사라진다. 우주는 나로 인해 존재하는 바, 나의 삶이 우주의 삶이요, 나의 죽음이 우주의 죽음이다. 우주는 나에게서 뿜어져 나온 것, 나는 곧 우주다.

'21. 12. 12.

과거와 미래의 시간

세월은 왜 급속히 지나가는가. 미래의 시간은 왜 더디게 오는가. 물론 인식의 오류다. 기억의 저장 능력의 한계로 인해 과거의 기억은 축약되어 저장되기 때문일 것이다. 만일 과거의 모든 시간이 영화처럼 촬영되어 기억되고, 그 기억을 즉시 떠올릴 수 있다면 과거의 세월은 짧게 느껴지지 않으리라. 과거의 시간은 이미 내 기억 속에 존재하지만 미래의 시간은 내 밖에 존재하며 나에게 일정하게 다가온다. 나는 과거의 시간을 마음대로 뛰어넘을 수 있지만 미래의 시간은 그럴 수 없다.

과거는 하인이지만 미래는 상전이다. 이미 과거는 내 통제하에 있으나 미래는 불안과 기대 속에 몸소 맞아야 하는 현재의 연속이다.

인간관계

평소 친하게 지내던 사람에게서 상처를 받아 그와 만나기가 꺼려진다면 어떻게 해야 할까. 더욱이 그에게서 많은 호의를 받아와 오랜 세월 보이지 않는 주主와 종從의 관계로 지내 왔다면. 만나지 않는다면 오랜 세월 쌓아온 친분을 걷어차 버리는 것이고 만난다면 지속적으로 스트레스를 받을 것이다. 그 스트레스는 나에게서 스스로 뿜어져 나오는 것(마음의 자발적 자해)이기에 제어하기 어려운 것이고. 아무래도 시간이 약일 것이다. 일정 기간 의도적 거리두기가 필요하다.

안락한 하루

오늘도 즐겨 하는 오전 산책과 독서, 오후 운동을 하고 나면 저녁 술자리. 이렇게 하루는 안락하게 간다. 오랜 삶의 전장에서 벗어나 겨우

자유, 천형天刑을 다하다

얻은 이 안락함은, 전장에서 걱정과 고통 중에 있을 때는 진정 원했던 최고의 행복이지만, 안락의 나날들 속에서는 크게 행복으로 다가오지 않는다. 나는 이 안락을 생생하게 느끼기 위해 어떻게 해야 하나. 의도적으로 반복되는 고통 속으로? 아니면 더 진한 쾌락 속으로? 인생 전체에서 안락한 하루의 의미는?

'21. 12. 18.

대화의 갑질

사회의 상위자로서, 혹은 어른으로서 자신만이 아는 경험이나 얘기를 장황하게 늘어놓는 것. 상대는 수동적으로 들을 수밖에 없다. 꼰대의 전형.

씀씀이에 대하여

자신에 대해서는 절약하면서도 남들에게는 후한 사람은 많지 않을 것이다. 자신과 남, 모두에게 절약하는 자는 자신의 경제는 지킬 수 있겠지만 구두쇠라는 평을 받을 것이고, 모두에게 후한 자는 인심 좋다는 평은 받겠지만 자신의 경제는 좋지 못할 것이다. 식당에 가서도 가성비를 생각하고, 여유 있게 주문을 하지 않아 넉넉하지 못하다는 인상을 준다면 과연 좋은 것인가.

호기로운 씀씀이와 여유 없는 씀씀이 사이에 황금률은 무엇인가. 자신의 경제 수준에 맞는 씀씀이가 해답이리라. 나의 수준에 어울리지 않는 타인의 후한 대접은 별생각 없이 받아들이고 베풀 때에는 엄격한 잣대를 적용하는 것 아닌가 하는 반성을 한다. 어느 수준 이상의 대접받으면 상대에게도 그 정도의 대접을 해야 하는 바, 그렇게 하지 못한다면 그 대접받음을 불편하게 생각하고 삼가야 할 것이다.

욕망의 직진, 가치의 전도

욕망하는 것이 금전이든 권력이든 그것으로의 직진은 다른 가치들을 희생시킨다. 작용과 반작용의 원리. 행복의 한 가지 요소를 얻기 위해 다른 요소들을 간과하지만, 결국 간과한 요소들에 의해 전체 행복이 결정되어 버린다. 이를 후취한들 만시지탄 아니겠는가.

행복한 마음

자기 동네, 자기 나라가 세상에서 제일이라는 어린이의 생각처럼, 자신의 삶이 누구보다도 행복하다고 하면 우물 안 개구리일까? 그래도 좋다. 과거는 어쨌든 현재와 미래에 대한 마음의 행로가 이미 정해져 있으니. 현재와 미래에 어떤 상황에 대해서도 이미 준비가 되어 있으니. 신앙인에게 천국과 극락이 있다면 나에게는 죽음의 평안이 있으니.

도덕경

노자(도덕경)를 처음 접하면 그 내용이 자신이 알던 상식과 가치에 상반됨을 느낀다. 이미 유가적 가치에 훈습되어 있기 때문이다. 유가적 가치는 가깝고 도가적 가치는 멀다. 전자는 단 맛이지만 후자는 무미하다. 유가는 손에 잡히고 쉽게 인식되지만 도가는 유가를 포괄, 초월하며 생각을 넓혀야 인식할 수 있다. 유가가 한 가정, 한 나라의 운영 체계를 논한다면 도가는 세계, 우주의 운영 체계를 논한다.

자유, 천형天刑을 다하다

반자도지동反者道之動

반자도지동. 도의 운동성, 운동 방향. 달이 차면 기울고 달이 기울면 찬다. 그런데 그 방향은 순환(시계의 운동 방향)인가, 역환(진자의 운동 방향)인가.

지자불언知者不言 언자부지言者不知

나는 물어보지 않는 한 말하지 않는다. 나는 들을 뿐이다. 무의미하고 시답지 않은 말들을.

단상

어둠은 나의 불안이자 평안.

지는 꽃잎 나비 되는 계절

'21. 12. 26.

생각거리

소나무에 생채기가 나야 송진이 생기듯 괴로움이나 고통이 있어야 글을 쓸 수 있다. 완전한 행복, 평정하에서는 아무 생각도 떠오르지 않는다.

무의식의 스트레스

노년의 문턱에서, 아직도 꿈에서 쫓기는 것은 학업과 일. 무의식에 남아 있는 그 두 가지에 대한 스트레스는 결코 지워지지 않는다. 반면, 꿈속에서 나를 행복하게 하는 것은 거의 없는 것 같다. 왜 드문 것일까.

무의식은 행복보다는 고통의 기억이 지배하기 때문인가, 아니면 원래 고통의 기억이 진하고 또 많기 때문인가.

비주류

낯선 집단에 홀로 들어감. 그것도 상위자가 아닌 하위자로, 지배자가 아닌 피지배자로 들어갈 때의 기분과 느낌. 생소함, 두려움, 감옥의 느낌… 평생을 그런 마음으로 살아왔다. 주류가 아닌 비주류로, 현지인이 아닌 이방인으로, 지배자가 아닌 피지배자로. 지금은 그런 느낌에서 많이 벗어났지만 이따금 그런 감정이 밀려오면 기억 깊숙한 곳에 있는 젊은 시절의 내 삶의 모습을 다시 떠올린다.

도가적 인간

내가 추구하는 인간형, 도가적 인간. 있을 때는 존재감 없지만 없을 때 그 존재감이 드러나는 인간. 유무에 따라 당연함과 소중함이 교차하는 인간. 물과 공기 같은 인간. 없으면 그리운 인간. 상대의 배경이 되어 주는 인간.

하루

안온한 하루. 의무 없는, 한가한, 부족함 없는, 원하면 할 수 있지만 원하는 것 없는, 성가시게 하거나 괴롭히는 것 없는, 의지대로 할 수 있는, 신들도 부러워할.

오늘 일정표는 텅 비어 있다. 내 맘대로 하루를 계획한다. 아침 호수 공원 산책 후 오전 내내 독서. 어머니와 점심 식사. 오후에는 탁구. 저녁에는 궁리해 놓은 안주에 막걸리, 와인, 맥주까지, 매일의 소연小宴.

자유, 천형天刑을 다하다

월하독작月下獨酌의 마음만 있다면 나날이 행복 아니겠는가. 누구도 제어할 수 없는 자유인의 생활. 이렇게 극락의 하루가 또 가리라.

2022

'22. 1. 2.

화

"중년을 지나 나이가 들어갈수록 관대함이 작아진다." 함은 나를 두고 한 말인가.

나이 듦에 따라 관대함이 작아지는 이유는 무엇인가. 격정과 분노가 쉽게 일어나는 이유가. 젊을 때는 주변 상황(직장, 지위, 권력, 금전…)에 억눌려 참을 수밖에 없었던 것들이 나이가 들면서 좀 더 자유로운 여건이 되어 여과 없이 나타나는 것인가. 아니면 성격 자체가 변한 것인가. 행동하기 전에 깊은 생각을 해야 하고 또 그러한 연습이 필요하다. 좀 더 너그러워지도록.

사람과 사람의 접촉 시에는 감정이 촉발되기 마련, 혹시 자신의 실수가 좋지 않은 감정의 원인이 되었다고 너무 얽매이지 말 것. 반성하고 개선하면 그뿐, 두터운 감정선을 가질 것.

반대로 타인의 행위나 주어진 상황이 나를 화나게 해도 즉각 대응하지 말 것. 감정을 싣거나 상황에 몰입하기보다는, 한발 물러서서 관조를. 이 모든 것이 살아 있음의 증거니.

동요, 분노는 자존감의 상실. 자존감은 나와 대상 사이에 존재한다. 어떤 일이나 사건에 분노하면 상황에 함몰된다. 올바른 생각을 할 수 없다. 나를 벗어나 주변을, 내가 책임져야 할 것들을 생각해야 한다. 겸허와 반성.

자유, 천형天刑을 다하다

'22. 1. 8.

단상

반가운 나의 고향이여, 칼바람으로 맞는 시멘트 숲.

본능과 욕망에 의해 사랑은 시작되고 또 끝나지만, 이성과 동정에 의해 사랑은 유지된다.

애환과 기쁨의 교차.

크로이소스와 키루스와 나. 누가 내일이 있음을 확신할 것인가.

움직이며 날고 있는 살아 있는 연. 땅에 내려앉아 죽어 버린 연.

그림자, 존재의 증거.

목적지가 없는 길을 가는 자만이 주변을 즐긴다.

엽서 글

"나이 든 여인은 향수를 진하게 뿌리지 않지만
진정 아름다운 사람은 늦가을에도 아름답습니다."

잠

잠이 드는 조건은 무념. 생각이 많은 자, 꿈의 내용을 미리 상상하는 자는 잠들 수 없다.

욕망

자신의 존재가 없다고, 자신은 이미 죽었다고 생각하고 세상을 바라보고 삶을 살라. 자신이 욕망했던 모든 것들이 어떻게 보이는가. 그것들이 꼭 필요했는가. 추구할 만한 가치가 있었는가.

현실을 살아가는 우리는 불필요한 여분을 꼭 필요하다고 착각하며 욕망하고 집착한다. 죽음의 눈으로 볼 때 필요하지 않은 것은 현실의 삶에서도 고명에 불과한 것이다. 불편하지 않을 정도의 의식주만으로 만족하는 검소함을 삶의 기준으로 삼고 사는 것은 어렵겠지만, 내적 삶의 지표로 삼는다면 많은 세상사에서 자유로워지리라.

고난

긴 고난의 세월을 견디는 한 가지 방법은 그 긴 시간을 한꺼번에 생각하거나 상상하지 않고 오늘 하루만을 살아 내는 것이다. 고통스러운 긴 세월을 버티기는 어렵지만 그런 하루를 사는 것은 보다 쉽다. 누구나 하루를 산다.

초단기 기억 상실증

휘발성 메모리가 되어 버린 뇌. 갑자기 두 가지 생각이 떠올라 그중 한 가지에 잠깐 집중하고 나면 두 번째 생각은 어느새 기억 너머로 사라지고 없다. 그러고는 그 생각을 추적하느라 한참을 끙끙거리다 결국 포기하고 만다. 아, 다가온 죽음의 전령이여!

생각

생각은 일상의 평온이 깨질 때 일어난다. 잠이 설깬 새벽, 술 취한 밤.

자유, 천형天刑을 다하다

'22. 1. 9.

루틴과 의무

루틴으로서의 활동을 의무로 착각하다. 사실은 안 해도 무방한 것에 스스로를 얽매고, 안 했을 때에는 자책하거나 죄책감을 느끼다. 사고의 오류.

천재에 대한 이해

세상은 천재를 이해할 수 없다. 이해란, 이해하는 자가 이해의 대상을 포괄해야 하기에. 범인으로서 세상과 얽혀 살든지, 천재로서 고독하게 살든지. 화광동진和光同塵, 광이불요光而不耀.

노자를 읽으며

도덕경의 내용을 어떻게 생각해야 할까. 유위 문화를 배척하고 무위 자연을 추구함은 이상적인 일이지만 비현실적이다. 아니 비인간적이다. 그 내용은 어쩌면 아나키스트의 사상과 유사하다. 이기적인 인간의 본성에 상충되는 사상은 비주류에 머물 수밖에 없다. 이상은 이상일뿐, 현실에 뿌리내릴 수 없다. 도가는 이기적인 현실에 대한 싫증과 절망에 대한 이상적 대안으로서 사람들이 찾는 도피처가 아닐까. 주류 역사는 도가가 그토록 비난한 유가의 역사였으니. 그래도 나는 노자를 읽는다.

도를 배우고 있고 도를 따라가려고 하지만, 내 삶은 도와 엇각으로 가고 있음을 안다. 어쩌랴, 그것이 나의 운명인 것을, 도는 분명 따라야 할 섭리이지만 내 삶의 주인은 도가 아니라 나인 것을.

한편, 내가 무슨 일을 하건 내 의지를 넘어선 도의 범위 가운데 있다. 그것이 선이건 악이건 도의 이루어짐 안에 있다. 다만 나는 선의 배역을 맡고 싶은 것이다. 그러나 배역을 점지하는 것은 내가 아니라 도임을 안다.

'22. 2. 5.

비교 인생

자신의 가치와 존재감이 타인과의 비교에서 결정되는 인생. 자신의 identity가 없는 인생.

공해인

남들이 싫어하는 행동을 하는 인간. 중범죄는 아니라도 경범죄 또는 비도덕적 행위를 하는 인간. 쓸데없는, 재미없는 말을 많이 하는 Too Much Talker도 여기에 속함. 대부분 소인배.

태평성대

나 스스로 괴로워하지 않았다면 행복하지 않은 시절은 없었다. 행복을 불행으로 알고 살았던 많은 시간들. 살아서 이런 생각을 하고 있는 지금이 내 인생의 태평성대가 아닌가. 진정한 불행이 오기 전에 행복을 제대로 인식할 것.

생生

생의 시작은 정연하지만, 생의 끝은 혼돈스럽다.

독서와 근심

근심이 있으면 책을 읽을 수 없다. 글자가 눈에 들어오지 않는다. 몸이 타격을 입으면 통증이 있듯 걱정이 생기면 마음도 흔들리기 마련, 평정의 수준을 높이는 것이 정진이건만 아직 요원하다.

안락과 고통

운동을 하지 않으면 근육이 빠지듯, 안락한 생활 속에서는 작은 고통도 두려워하게 된다. 고통들이 즐비한 생활 속에서는 작은 고통은 의식되지도 않지만 고통 없는 삶에서는 작은 고통도 크게 느껴진다. 고통 속으로 들어가느니 마음을 굳게 다잡음이 나으리라.

부에 대한 착각

사람들은 가능한 많은 부를 원한다. 필요 이상의 부를 축적하기 위해 자신의 필요한 시간을 기꺼이 바치며 물심양면 노력한다. 마치 시험 과목이 아닌 것을 열심히 공부하는 입시생을 보는 것 같아 안쓰럽다.

누구나 일정량의 부만을 소비할 뿐이다. 잉여의 부는 고민을 초래하며 평안을 해친다. 몸에 맞지 않아도 무조건 큰 옷을 원하는 것과 무엇이 다르랴. 족함을 깨닫는 것은 행운이다.

단 한 번의 인생

반복할 수 없고 되돌릴 수 없는 단 한 번의 기회만 있는 인생. 어떻게 살아야 할까, 죽음이 왔을 때 후회 없으려면. 후회 없는 삶이란 영원 회기의 삶. 천 번을 다시 산다 해도 똑같이 살기를 원하는 그런 삶이다. 과거의 삶은 결코 다시 살고 싶지 않은 흑역사로 점철되었어도, 현재의 삶만은 영원히 반복되어도 좋을 삶을 살아야 한다. 자, 그런 삶을 어떻게 살아갈지 생각하자.

'22. 2. 8.

위 대장 내시경과 알코올

오전 건강검진 후 집에서 홀로 낮술을 시작하다. 어제저녁부터의 금식과, 내시경 검사 준비로 인한 금주에 대한 자발적 보상이다. 깨끗이 비워진 내장 속으로 알코올이 거침없이 내달리니 취기도 급상승하여 기분 또한 도도하다. 사는 동안 이런 쾌락을 즐길 수 있음이 다행이고 이 또한, 상황과 인식이 맞부딪혀 소리 내고 있기 때문임을 안다.

혼자서 마셔도 즐겁다는 것은 알코올 중독의 명확한 증거. 사실 답답한 대화보다는 독작이 여유롭고 편하다. 하는 말은 이해 못하고 들리는 말은 진부하기에. 오히려 독작하며 자뻑하는 것이 자유롭다.

알코올 중독자로서 소화기에 별 이상이 없다는 것은 큰 기쁨이 아닐 수 없다. 죽음은 늘 곁에서 지켜보는데도 그 시선을 외면하고 당장의 무사無事에 시시덕거리다. 영원한 생의 아이러니.

'22. 2. 12.

유가와 도가

도가의 사상이 자연의 사상이라면 유가의 사상은 인간의 사상이다. 인간이 자연의 일부이듯 유가는 도가의 일부분일 수밖에 없다. 인간 세상에 길들여진 사람이 노자를 읽으면 이해할 수 없다. 인간 위주의 문화(유위 문화)에 갇혀 있기 때문이다. 도덕경이 엉성하고 비합리, 비윤리적으로 생각될지라도 그 점이 바로 자연의 참모습임을 인식할 때, 얼

자유, 천형天刑을 다하다

마나 인간 중심의 사고 체계에 절어 있는가를 절감한다.

노자는 인간을 착하고 욕심 없는 대상으로 여겼고 공자는 그 반대로 여겼던 것 같다. 공자는 인, 의, 예를 중시했으나 노자는 그것을 하덕下德이라 하고 멀리했다. 노자의 세계에서는 덕이 무너졌을 때 인간 욕망 제어의 수단으로서 비로소 인, 의, 예가 필요했던 것이다.

'22. 2. 19.

취중 행복

한 잔 술과 함께 좋아하는 노래로 마음 적시니 이 행복이, 도 닦아 깨우친 이의 행복에 견주어 무엇이 뒤지랴.

내일 아침 해는, 깨어나는 나를 맞이하려 세계를 정돈시켜 놓을 테고, 나는 당연한 듯 무심히 아침을 즐기면 되는 것. 인간은 윗사람을 억지로 섬기지만 세계는 나를 자발적으로 섬긴다. 이 제왕의 세월이 얼마나 지속될까. 죽음과 함께 끝나기를….

눈감음과 함께 영혼이 입술을 떠날 때, 이 찬란한 나의 세계를 가져갈 테니 남은 이여! 그대들의 세계를 멋지게 창조하라!

정복자 알렉산더의 행복은 무엇이었을까. 그를 기쁘게 한 것은 무엇이었을까. 정복한 드넓은 영토? 머리를 조아리는 패자와 백성들? 수많은 미인들? 설사 그것이 만 가지를 넘는다 해도 나는 부럽지 않다. 그것들을 욕망하지 않으니. 욕망하는 것보다 더 많은 것을 누리고 있으니.

현실의 세계에서 주어진 일과 상황에 몰입하고 해결함으로써 느끼는 성취감과 쾌락도 대단하지만 이미 그것을 초월한 자에게는 없을수록 좋은 것, 언제까지 세사에 파묻혀 세월을 보낼 것인가. 즐기기에도 모자란 남은 시간, 도대체 무엇에 허비하고 있는가.

이 시간이 섭리의 선물임을 안다. 오늘 시간이 여유 있다고 내일 또 이런 시간이 주어질 것이라고 생각하지는 않는다. 다만 이 같은 시간이 또 오기를 바랄 뿐이다. 이번이 마지막이라 해도 불평하지 않는다. 아무 소용없음을 알기에.

취중 문답

나 : 나의 형이상학은 유혹에 얼마나 견고할까. 서경덕은 황진이의 유혹을 물리쳤던가?

마누라 : 제발 자뻑 말고 거울을 보셔. 아무도 당신을 유혹하지 않아!

'22. 2. 20.

냉혹한 진실

인간에 대한 냉혹한 진실 하나는 인간이 자연의 암적 존재라는 것. 지구라는 숙주에 기생하며 자신을 위해 모든 것을 파괴하다가 마침내 기생할 숙주 자체까지 파괴하여 스스로 멸망할 수밖에 없는 존재. 인간 출현 이래 인간이 거주하는 주변의 동식물들과 자연은 거의 사라졌다. 먼 과거의 역사가 아니라 현재 가까운 공원을 가 보아도 알 수 있다. 보도 밖으로 다니는 인간들 때문에 잔디가 남아나질 않는다. 지구를 보존할 의무를 가진 신이 있다면 지구에서 살아가는 다른 무수한 종을 살리기 위해 인류라는 종을 멸하리라. 인간이 자연을 사랑하고 보존하는 이유는 자신의 생존을 위해서지만 인간이 사라지는 것이 자연 보존을 위

자유, 천형天刑을 다하다

해 가장 좋은 방법임을 어찌 부인하랴.

소소익선(少少益善)

적을수록 좋은 것. 자식, 인간, 여분의 금전… 거의 모든 것.

인생

이별, 슬픔, 사라짐, 죽음… 싫어하지만 어쩔 수 없이 이런 단어에 익숙해야 한다. 사랑, 기쁨, 발전, 탄생… 원하는 단어지만 그것은 잠시일 뿐 결국은 전자로 회귀하는 것이 인생. 죽음을 모른 채 삶의 환희를 느끼게 하는 것이 섭리라면 그 환희 앞에서 죽음을 생각하는 것은 섭리에 어긋난 것인가. 눈앞에 마련된 잠자리를 보고 편안함을 느끼듯 앞에 놓여진 죽음을 생각하며 안온해야 한다.

인생이란 감추어진, 언제 터질지 모르는 지뢰를 발밑에 묻어 두고 살아가는 것. 삶이 평안하다 해도 한 방에 날아가는 불완전한 것임을 직시할 것. 완전한 평안을 위해 정진하지만 그 폭발에도 평안하려면 얼마나 더 가야 할까.

~가(家)와 ~교(敎)

불가와 불교, 도가와 도교….

전자는 철학, 원리이고 후자는 전자에 욕망을 덧씌운 것.

'22. 2. 26.

여생의 표상

백수, 한량, 풍류가. 셋의 공통점은 논다는 것. 일 없이 논다는 것은 누구나 원하면서도 선뜻 하기 어려운 것. "돈 없으면 백수, 돈 있으면 한량"이라고, 백수와 한량의 경계가 현실적 물질적인 금전이라면 한량과 풍류가의 경계는 정신적, 형이상학적인 멋이라 하겠다. 빈부와 무관한 생활 속에서 청담을 나눌 수 있는 지적 능력과 현재의 세속을 초탈하고 분별을 초월할 수 있는 깨달음의 경지가 동반된 멋.

풍류를 즐길 수 있는, 즐길 줄 아는 한량, 내 여생의 표상.

안녕

사랑하는 사람과 영영 헤어지며 "연인이여! 안녕! 잘 가세요!"라고 말할 수 있는 마음은 얼마나 될까. 남겨진 자신(의 슬픔에 휩싸이기)보다는 떠나가는 연인의 앞날을 기원하는 인사를 할 수 있는 사람이. 진정 사랑하는 사람을 스스로 떠나보낼 수 있는 사람이.

No와 존재감

매사에 No라고 하는 사람이 있다. 존재감을 나타내려는 듯. 물론 Yes보다는 No가 존재감을 드러낸다. 그러나 적절치 않은 No는 주변을 피로하게 만든다. 논리 없는, 대안 없는, 존재감을 위한 No는 짜증 난다.

사회주의, 자본주의

사회주의는 공허하고 자본주의는 맹목이다. 사회주의는 인간의 욕망을 배제한 공허한 이념이고, 자본주의는 인간의 욕망을 타고 맹목으로 질주하는 이념이다. 인류의 생존 측면에서 보면 사회주의는 불편한 긴 생존을, 자본주의는 편리한 짧은 생존을 초래할 것이다.

자유, 천형天刑을 다하다

정의

청년의 정의와 노년의 정의. 진보의 정의와 보수의 정의. 애국과 정의가 상충될 때, 자신의 이익과 정의가 상충될 때, 애국이나 자신의 이익이 아니라 정의를 선택할 부류는 노년보다는 청년, 보수보다는 진보라고 생각된다. 노년으로 갈수록, 보수 쪽으로 갈수록, 정의보다는 이익으로 기운다. 자신의 유리함을 위해 정의를 외면한다. 순진, 순수, 정의는 한편이며 이익, 교활, 불의, 부조리는 그 반대쪽 한편이다.

'22. 3. 5.

욕망과 불가능

이순을 바라보는 나이에 나는 지금 내 의지와 욕망과 분노와 싸우고 있다.

의무와 불가능 - 해야 하는데 할 수 없음. 금주, 성찰, 운동….

욕망과 불가능 - 하고 싶은데 할 수 없음. 채워지기 어려운 무수한 욕망, 연애….

세상은 온통 불가능한 의무와 불가능한 욕망들로 가득 차 있는 것 같다.

시간

분주한 시간 - 무엇인가를 해야 하는 의무의 시간, 인식하지 못한 채 사라지는 시간.

생각하는 시간 - 무엇인가를 정리하는 시간, 시간의 경과를 바라보는 시간.

드라마, 스포츠, 게임에 몰입하는 시간은 나를 잊은 채 쾌감 속에서 지나간다. 인생이라는 정해진 시간 한계 내에서 이런 무아의 쾌감을 즐기는 시간이 많을수록 좋지 않을까. 그러나 이런 쾌락은 지속되지 않는다는 것에 판단의 핵심이 있다. 같은 쾌락을 경험하면 할수록 쾌감의 크기가 작아져 결국에는 쾌감을 느끼지 못하고 오히려 권태롭게 되는 행복 체감의 법칙. 감정을 포함한 모든 만물은 정반대의 배경이 필요하다. 노자의 도.

소설 - 인류의 종말

핵 전쟁이나 행성 충돌 등의 원인에 의해 현재 생존하고 있는 인류가 모두 죽는다는 스토리보다는 어떤 병원체로 인한 생식 불가로 인한 종말.

그 병원체는 자가 증식력이 매우 강하여 모든 취수원이 수년 내에 오염되며 물, 음식물, 호흡기, 성교 등을 통해 전파됨. 결국 생식 불가로 인해 후세 없는 인류는 현세로 종말을 맞음.

깨달은 자의 삶

깨달은 자(도인?)의 삶이라고 하면 속세를 초탈하고 산속에서 구름과 함께 사는 무위의 삶이라고 생각들을 한다. 또한 모든 욕망을 버리고 선사의 고승처럼 무소유의 삶을 사는 것을 생각한다. 보통 사람으로서는 다가서기 어려운 삶이다.

그런 완벽한 삶이 아니라 해도 한 인간의 삶을 100이라 할 때 무위의 삶이 51, 욕망의 삶이 49라면 그의 삶은 깨달은 자의 삶이라고 인정하겠다. 인간의 본능과 불완전함을 고려하면 10 대 90이라도 깨달은 자의 삶이 아닌가. 비록 욕망의 도가니에서 욕망의 화신으로 살고 있지만 정

자유, 천형天刑을 다하다

진을 통한 작은 깨달음의 조각들은, 파우스트의 영혼을 구해 준 천사의 장미꽃이 될 것을 믿는다. 99의 속세의 삶 속에서도 1의 무위의 삶을 살 수만 있다면.

선택 - 대선

나라의 미래를 선택할 것인가, 자신의 이익을 선택할 것인가. 정의냐 이익이냐. 너무나 당연한 사안이지만, 개인의 입장에서는 쉽게 결정할 수 없다. 이익을 선택했을 때의 자괴감, 정의를 선택했을 때의 불이익. 결국 형이상학과 물질 간의 선택이다.

내가 살아온 궤적은 어느 쪽인가. 나는 정의를 따라왔는가, 이익을 따라왔는가. 일관성을 유지하고 결정해야 한다. 철학적 결단이 필요하다.

대선에 대한 어떤 개인의 시평

대과 없는 정권은 교체되어야 한다. 매우 잘한 정권만이 유지되어야 한다. 현 정권은 아마추어 정권이었다. 가장 사용하기 쉬운, 가장 하책인 권력의 힘을 휘두르고, 철학적 통찰을 바탕으로 한 큰 그림의 전략 없이 전술만이 난무한 정책(부동산)으로 일관한.

특히 깨끗해야 할 진보를 표방한 정권으로서 내로남불의 대명사(조×, 윤××, 박××, 안××)가 되었고 그들을 보호함으로써 결국 국민을 우습게 보고 군림하는 정권이 되고 말았다. 촛불의 염원으로 거저 집권했으나 쉽게 얻은 것은 쉽게 잃기 마련인가, 무능과 독선으로 자멸했고 자멸할 것이다. 국민들의 반 정서는 더 거세져 6월 지방선거, 나아가 총선까지 영향을 미칠 것이다. 국민의 단죄.

자신이 무슨 일을 하고 있는지도 모르는, 그로 인한 인과의 계열조차 예견하지 못하는, 현 집권당이여, 어찌 이리 미련하단 말인가. 현 야당의 대선 주자는 아이러니하게도 국민에 대한 자기 당의 희생 제물이었다.

`'22. 3. 13.`

나는 누구의 소유인가

나의 주인은 누구인가. 나의 자아는 나의 육체와 영혼의 주인인가. 아니다, 임차인이다. 나의 주인은 자연이요, 섭리다. 자연은 무형상의 원소였던 물질에서 부모라는 전달자를 통해 육체와 영혼을 가진 나를 만들어 냈다. 생각해 보라, 자신이 어떻게 생성되었는가를, 최소한 100년 전에는 어디에 있었는가를. 나는 어디에도 없었다.

의식의 대상일 뿐인 내가(자아가) 나의 주인인 양 착각하지 말자. 나는 고맙게도 그저 자연의 조화(우연이든 필연이든)로 현 존재로 있는 것이다. 없을 수도 있었는데….

올 때도 자연에 따라왔으니, 자연에 따라 살다가, 갈 때도 거부감 없이 물 흐르듯 자연에 따라 감이 옳지 않겠는가. 나의 뜻이 아니라 자연의 뜻대로 살아야 함이, 자아의 의지가 아닌 무위의 삶이 너무나 당연하지 않은가. 무위의 삶은 엄청난 정진을 통해 깨달은 자만이 이룰 수 있는 것은 아니다. 누구나, 자신이 자기 자아의 소유가 아니라, 자신이 생겨나기 전에도, 현재도, 죽음 이후에도 똑같이 자연의 일부임을 깊이 인식하고 그 인식에 따라 사는 것이 무위의 삶이 아니랴.

단상

형이상(하)학 적인 책은 없다. 독자가 형이상(하)학적일 뿐이다.

자유, 천형天刑을 다하다

슬픈 노래는 없다. 듣는 이의 마음이 슬플 뿐이다.

사람들은 나를 비웃지만 나는 천하를 비웃는다.

'22. 3. 15.

생일 아침

이른 아침, 자연은 어김없이 호텔 룸처럼 잘 정돈된 새로운 세계를 내 앞에 펼쳐 놓았다. 헝클어진 어젯밤을 깨끗하게 청소한 채로.

나에게도 드디어 노년이 오고 있다. 나의 죽음도 뒤따라 오고 있고. 예상은 했었지만 어떻게 맞아야 할지… 아무 생각 없이 이렇게 살아도 되는 것인지, 아니면 무엇이든 해야 하는 것인지… 순간 아득하다.

"살다"와 "놀다"

노년, 여생의 삶은, 정진하듯 열심히 "살다"가 아니라, 아이처럼 즐겁게 "놀다"이어야 한다. 삶과 죽음을 통찰한 현자가 아니라 아무것도 모르는 어린아이가 되어.

'22. 3. 27.

화무십일홍(花無十日紅)

일본 전국시대의 우두머리들은 인생 50에 무엇을 더 바랄 것이냐고 노래했다. 그들은 왜(세상을 제패하려는) 자신의 의도에 반하는 노래와 춤을 추었을까. 우리도 아는 것 따로, 행동 따로, 인생을 이어 간다. 가끔은 화무십일홍의 비애에 젖지만, 대부분은 욕망의 추구에 전력을 다한다. 자신의 삶이 그릇됨을 눈앞에 보면서도 그 삶을 벗어나는 것을 두려워한다. 그렇게 살다 죽는다.

중요한 것

자신과 대상, 세계를 분석하는 것(과학)도 중요하고 감상하는 것(예술)도 중요하다. 그러나 가장 중요한 것은 통찰(철학), 초월(깨달음)하는 것이다.

감정과 기억

슬픔은 기억 속에서만 울부짖고 기쁨도 기억 속에서만 미소 짓는다. 대부분의 감정은 생각과 기억의 분비물, 사전적이거나 사후적이다. 사태를 경험하고 있는 바로 현시점에서 감정은 드러나지 않는다. 실제의 과거, 또는 현재는 담담했고 담담하다.

'22. 4. 5.

남해에서

아무것도 보이지 않는 암흑의 바다. 그 대상을 앞에 두고 술 한 잔을 하는 것은 상상의 바다를 바라보는 것이리라. 굳이 관념의 세계라고 말할 것이 아니라, 경험의 세계가 얼마나 빨리 사라지는 덧없는 것인가를 인식한다면 경험을 넘어서 내 안의 세계에 귀의하는 것도 나쁘지는 않겠다.

아무것도 보이지 않는다. 이 표현은 실재와 무관하게 나에게 보이지 않는다는 것이다. 그러나 나는 이미 마음속으로 보고 있다, 각인된 낮의 풍경을. 즉 나의 기억, 나의 관념과 벗 삼아 한잔하고 있는 것이다.

자유, 천형天刑을 다하다

드릴게요 vs. 드릴 테요

"드릴게요"와 "드릴 테요" 두 단어의 뉘앙스.

전자는 수동적이고 순진한 느낌, 후자는 능동적이고 순수한 느낌.

전자는 주는 이유가 있고 후자는 이유에 상관없이 주는 느낌.

풀빌라와 병(病)

난생처음 와 보는 풀빌라. 남들은 별것 아니라고 하겠지만 난 멋진 풍광과 럭셔리한 시설에 살짝 취했다. 그러나 도지는 그 병, '제압하지 못하고 제압당한다는 느낌'에 기분이 좋지만은 않다. 죽을 때까지 전전 긍긍할, 결코 거들먹거려 보지 못하는 그 병.

오션뷰

오션뷰도 좋지만 오션뷰와 바다 너머 도시뷰까지 있다면 한 길 위라 하겠다. 낮에는 바다를, 밤에도 도시의 불빛과 더불어 감상에 젖을 수 있으니. 이 밤, 저 멀리 돌산대교와 여수 시내의 불빛이 아스라이 아름답다.

기본 욕망

기본 욕망이란 그것이 해소되지 않으면 죽을 수밖에 없는 것. 기본 욕망은 어렵지 않게 해소된다. 지독한 허기도 짬뽕 한 그릇이면 되고 간절한 갈증도 물 한 그릇. 그러나 쉽게 해소되지 않는 욕망은 기본 욕망이 아니며 그것 없이도 충분히 살아갈 수 있다.

내가 욕망하는 것은 무엇인가. 기본 욕망인가 아닌가.

소인배

사소한 불합리와 비효율에도 열받는다면 관대하지 못한 것이다. 효율과 합리에 집착할수록 소인배가 되어 가는 것 같다.

공허와 맹목

오늘 없는 내일은 공허하며 내일 없는 오늘은 맹목이다.

삶 없는 죽음은 공허하며 죽음 없는 삶은 맹목이다.

너 없는 나는 공허이다. 나 없는 너는 맹목이다.

육체 없는 정신은 공허하며 정신없는 육체는 맹목이다.

익숙함에 대한 눈물

어릴 적 익숙한 것에 대한 그리움에는 눈물이 배어 있다.
김에 싼 흰쌀밥과 김장김치를 베어 물었을 때, 입안에 퍼지는 맛과 향기.
겨울 김치로 만든 군만두의 육즙 흐르는 맛

미생未生

치열한 삶, 살아남기 위한 맹목의 삶, 직장인의 삶의 서사. 은퇴한 지금은 결과를 알고 있는 스포츠의 하이라이트를 보고 있는 느낌이다. 삶의 목적과 목표를 모른 채, 끝없는 괴로움과 타들어 가는 스트레스를 안고 살았던 세월들. 지금의 나와 상황을 미리 알았더라면 괴롭게 직장 생활을 하지 않아도 되었을 텐데.

환상을 잡으려고 노력했고 그로 인해 좌절했고 또 철이 들었다. 스스로 상처받고 고통스러워했다. 이제 와 생각하면 아무것도 아닌 것을. 관념에 고통받고 현실을 과장 해석했다. 반면 무감한 성격이었으면 편안은 했겠지만 지금의 나에 이르지는 못했을 것이다.

감정

풍부하고 깊은 감정선을 가진 사람에게 매력을 느낀다. 현실에서는 표현할 수 없어 마음속에 가두어 둔 수많은 감정들을, 그 사람을 통해 불러일으키게 되는. 타인과 이을 수 없는 감정들을 표현할 수 있게 되는.

'22. 4. 17.

무지無知한 비판

결과가 불투명한 상황에서, 그 당시에 내릴 수 있는 최선의 결정에 대해, 시간이 지나 그 결과가 나쁘다고 하여 잘못된 결정이라고 비판하는 것은 무지한 비판이다. 그러나 사람들은 악의적으로 비판한다. 특히 적대 세력에 대해서는. 자신의 무지를 드러내는 자백이다.

'22. 4. 24.

내면/외면의 삶

현실에서 일반인이 활용하는 학문의 깊이는 깊지 않다. 수학을 예로 들면 지수, 로그, 미적분… 일상에서는 거의 사용하지 않는 것들이다.

사람들은 습득한 것 중 극히 일부(사칙연산 등)만으로 소통하고 살아간다.

또한 사람들은 각자의 내면(관념)의 세계(인생관, 세계관…)를 구축하고 살아간다. 그 넓이와 깊이와 수준은 천차만별이지만 일상에서 표현되는 것은 가장 하층의 일부다. 그들의 외적 삶은 비슷해 보인다.

현실에서는 각자의 금전적 차이가 가장 쉽게 구분되는 반면 내면세계는 그 차이를 쉽게 비교할 수 없지만, 그 관념의 세계에서 어떤 자는 왕으로 살고 다른 자는 노예로 살아간다. 외면의 삶의 차이가 육안으로 보이는 것이라면 내면의 삶의 차이는 고배율의 현미경으로 보아야 하는 것이다.

내면세계가 충실한 사람일수록 자신의 세계가 불완전함을 느끼고 보완을 위해 노력하지만, 내면세계가 공허한 자일수록 자신의 세계가 완전하다고 여기고 맹목의 삶을 살아간다. 그러한 차이는 의지의 문제가 아니라 능력의 문제다.

관념의 힘과 한계

관념은 스스로 온 우주를 창조할 수 있지만, 현실에서는 성냥개비 하나도 쓰러뜨릴 수 없다. 반면 육체는 관념에 따라 행동하며 관념은 현존하는 은폐된 권력의 시원을 파헤쳐 전복시킬 수 있다.

환멸의 양가兩價

어릴 때처럼, 이 세상에서 우리나라가 가장 살기 좋고, 우리 동네가 최고고, 우리 집이 제일 행복하고, 내가 믿는 종교만이 참이고… 이런 환상을 지속하고 사는 것이 좋은가, 아니면 환멸로 실제를 알고 기존의

자유, 천형天刑을 다하다

가치관이 무너져 내림을 통곡하는 것이 나을까. 젊은 시절에는 확실히 후자 쪽이었지만 지금은 판단이 확실히 서지 않는다. 삶의 환상이 아니라 실상을 보고자 정진함은 옳은 것이지만, 과연 좋은 것일까.

유한한 인생, 환상 속에서 살다가 또 즐거운 환상(천국, 극락…)을 믿고 기분 좋게 눈감는 것을 누가 비판할 것인가. 나는 비판하지 못하겠다. 그것이 타인의 삶이라면. 그러나 나는 비록 진실의 고통을 맞닥뜨릴지언정 환멸의 삶을 살겠다. 즐거운 환상의 삶을 사느니 차라리 환멸의 고통, 추악한 진실을 직시하리라.

'22. 5. 7.

만남의 정리

오랜 기간의 금전적 호의에 의지를 굽혀 왔다면 얼마 남지 않은 인생, 굳이 그런 관계를 계속해야 할까. 상대의 입장에서는 금전적 호의에 대한 배신일 수도 있겠지만, 자신의 입장에서는 의지적 부자유의 청산을 이제는 해야 하지 않을까.

은혜 때문에 충성하는가, 충성 때문에 은혜를 베푸는가. 무엇이 원인이고 무엇이 결과인가. 군주가 백성을 지켜 주기 때문에 군주에 충성해야 하는가, 백성이 군주를 옹립했기에 군주가 백성을 지켜야 하는가. 사회학적 결론은 후자다.

상대의 물질적 지원과 자신의 정신적 지원을 상쇄했을 때, 자신에게 빚이 있다면 갚으라. 그것이 얼마든 간에. 상대의 공허한 잡설에 더 이상 호응하기 어렵고 자신이 존중되지 않는다면, 만남을 굳이 이어 갈 필요는 없다.

'22. 5. 8.

교감

정신적 교감이 있는 사람만이 오래 기억에 남고, 소급되는 추억을 간직할 수 있다. 아무리 오래 만나고 같이 지내도 내면의 교감이 없으면 그것이 바로 Out of sight, Out of mind.

'22. 5. 14.

사고의 반경

사고의 반경은 삶의 반경이다. 행복과 고통의 trade off. 어린아이는 몇 가지만 충족되면 행복하지만 어른은 같은 조건하에서 고통스러워한다. 그러나 누구도 아이의 단순한 삶을 살려고 하지 않는다. 사고의 반경이 작아 단순하고 쉽게 행복할 수 있는 어린이의 삶과 큰 반경으로 인해 복잡하여, 행복보다는 고통스러운 어른의 삶 중에 어떤 삶을 살 것인가. 이 문제에 대한 사고에는 두 가지 차원의 고려가 필요하다. 단순한 행복과 지적 성찰의 고통.

참말과 거짓말

사랑했던 연인의 "사랑해요."라던 말의 진심 여부는 아무래도 상관없다. 그 말이 거짓이었다고 굳이 말하지 않는다면. 그 말은 사랑의 촉매제일 뿐, 사실은 그 말에 취하는 것이 아니라 나 스스로의 감정에 취하는 것이기에. 이런 의미에서 "사랑해요.", "멋져요.", "존경합니다." 같은 표현은 자주 하는 것이 현명하겠다. 꼭 진심이 아니어도.

자유, 천형天刑을 다하다

현상, 구조, 의도

현상에 몰입하기 전에 그 현상을 낳은 구조를 파악하고, 그 구조를 탐구하기 전에 구조 뒤에 숨어 있는 의도를 파악하라.

농담

모든 대화는 농담이다. 청자를 위한 농담. 진리는 다양하며 변화하여 동일화, 고정화될 수 없다. 동일화된 진리는 농담의 재료일 뿐이다.

'22. 5. 22.

단상

자신이라는 감옥에서의 해방.

"교양은 지식이 아니라 자세"

"진리의 하인"

종교 - 진리의 사유화, 상품화.

사기

긍정, 낭만, 힐링… 100가지 고통의 현실 속에서 1가지 예외를 들이대고 희망을 가지라고 윽박지르는 강요, 또는 절망스러운 희망으로 유혹하는 사기.

시선

생의 비극을 무심히 바라보다. 눈앞에 벌어지는 투쟁으로 얼룩진 생이 결국은 하나의 꿈임을 깨달은 자의 시선.

단상

진흙탕 속에서 연꽃이 피어나듯 성聖은 악惡 속에서 피어나는 꽃인가.

인간의 생물학적 정점을 40세라 할 때, 40세 이후의 매일은 여생에서 가장 화려한 날.

인식의 슬픔

한 작가의 애틋한 연애 이야기와 서로를 아껴 주는 결혼 생활의 사랑을 기록한 책 『혼신의 신혼여행』을 읽는다. 읽는 도중 그가 이미 이혼한 사실을 알게 된다. 그 시간 이전에 읽었던 내용들은 재미있고 명랑했는데 이후에 읽어 가는 내용들은 슬픔에 싸여 있다. 차라리 이혼 사실을 몰랐더라면.

오래전에 읽었던 김한길의 책 『눈뜨면 없어라』(미국일기)가 생각난다. 그 책을 따뜻하게 읽었고 그 후 작가는 이혼했지만, 내 마음속에 여전히 온기를 주는 책으로 남아 있다.

대부분의 연애는 헤어지고, 결혼의 30% 이상은 이혼하고, 모든 삶은 죽음으로 향하는데, 이 모든 사실을 모르는 채 연애하고 결혼하고 살아간다면 더 행복할 수도 있으리라.

사실과 진리

어떤 확실한 사실도 내가 진리로 받아들이지 않으면 수많은 사실 중의 하나에 불과하다. 반면 사실 여부가 모호한 것도 내가 믿으면 진리가 된다.

'22. 6. 4.

삶

아무리 견고한 행복 속의 삶이라 해도 결국 단두대 위의 삶이다.

인식

어떤 인식이 당연한 것은 과거 인식의 재인식이기 때문이다. 새로운 인식은 기쁨이며, 깊은 인식은 경이驚異다.

원인 없는 결과가 없듯 의문 없는 인식은 없다. 부지불식간에 다가온 인식일수록 무의식이라는 거대한 빙산의, 일각에서 나온 의문에 대한 결과다.

삶의 추구

수족관 같은 삶의 공간 안에서 사력을 다해 추구하는 것들. 수족관 밖에서 보면 하잘것없는 것들인데….

시원섭섭

치매를 앓던 늙은 부모가 세상을 떠났을 때 뒷바라지하던 자식의 마음을 '시원섭섭'이라고 표현하면 너무 경박한가. 카프카의 소설 『변신』의 그레고르가 죽은 뒤 그의 가족들에게 찾아온 해방감과 희망은 어떻게 표현할 것인가. '시원섭섭'이라는 말이 그의 가족의 심정에 대한 솔직한 표현일 수도 있겠다. 슬프게도 '시원섭섭'이라는 표현에는 부모를 떠나보낸 슬픔이 많이 담겨 있지 않다.

상처 없는 이별

이별의 상처는 그 사랑의 진실성의 표식인 바,

사랑했다면, '상처 없는 이별'은 '상처 있는 이별'보다 더 깊은 사랑의 상처(이미 식어 버린 사랑)를 간직한 이별이다.

"상처는 상처에 의해서만 기억된다."

– 이성복

결

마음의 결. 정신의 결, 삶의 결.

초미세먼지 0인 날의 산책

초미세먼지를 염두에 두고 산책한 이후로 초미세먼지가 0인 날은 오늘이 처음이다. 물론 측정치에 불과한 수치이지만 대기는 정말 맑고 상쾌했다. 매일 걷는 자로서 이런 날이 많은 곳에서 살면 얼마나 좋을까 하는 생각을 한다.

'22. 6. 11.

권력과 자유

권력을 위해 자유를 희생하다.

자유, 천형天刑을 다하다

타인의 자유를 빼앗기 위해 자신의 자유를 바치다.

타인을 지배하기 위해 자신의 지배를 잃다.

인생

인생이란 곧 삶과 죽음. 삶의 전장에 나가 살아남거나 죽는 것. 밋밋하게 안주하는 인생, 기존의 세계와 마찰음 한 번 내지 못하는 인생은 쓰레기통에 처넣어라.

유무有無, 동정動靜, 생사生死

무無/정靜의 바탕으로서의 유有/동動, 유有/동動의 바탕으로서의 무無/정靜.

사死의 배경으로서의 생生, 생生의 배경으로서의 사死.

인간의 육근六根은 본능적으로 육경六境을 원하니 무, 정, 사 보다는 유, 동, 생에 몰입될 수밖에 없다. 바탕과 배경을 모르고 현상만을 쫓으며 희비 하다.

'22. 7. 10.

순리와 역리

얼마 남지 않은 삶, 언제까지 순리에 따를 것인가. 젊었던 시절, 생각과 경험이 적었던 시절, 감정과 욕망에의 순종, 그 시절의 행위와 감정은 분명 타당하지 않았는데 왜 그 시절과 그때의 감정을 동경하는가.

'22. 7. 17.

코로나와 아내

코로나 확진 받은 아내를 코로나 전담병원으로 보냈다. 호흡곤란으로 인해 119에 태워. 딸과 아내의 코로나 확진에 따른 며칠의 자가 격리 수발에서 벗어나 일상이 빨리 정상화되는 것에 안도감이 든다면? 혹시라도 아내의 중병 앞에서도 빨리 죽었으면 하는 마음이 든다면? 인간의 사랑이라는 것이 결국은 자신의 생존을 위한 것이라면? 인간의 본능인가, 한계인가.

당신이 오지 않으면 - 루미

봄의 과수원으로 오세요. 이곳에 꽃과 술과 촛불이 있어요.

당신이 안 오신다면 이런 것들이 무슨 소용이겠어요.

당신이 오신다면 또 이런 것들이 무슨 소용이겠어요.

과음

집에서 독작하며 모처럼 앉은뱅이 술을 과음하다. 이렇게 마셔도 내일 걱정이 없다는 게 얼마나 다행인가. 이 행복을 당연의 늪에 버린 것은 아니겠지?

166 　　　　　　　　　　　　　　　　　자유, 천형天刑을 다하다

'22. 7. 24.

분노의 표적

한나절 무관심에 시어 버린 여름 김치. 애써 담근 노력이 소용없게
된 것에 대한 아쉬움을 넘어선 분노. 분노는 사물이 아니라 인간에게
향한다.

- 분노의 발화는 행위, 사물, 사태일지라도 분노의 최종 표적은 사람
  이다.

세사(世事)에 들러붙음

주변 사에 몰입하여 칠정 속에 사로잡혀 있는 자신을 돌아볼 때, 세사
를 굽어보는 삶이 아니라 우러르는 삶을 살고 있는가 하는 조소와 함께
반성을 한다.

평정 되찾기

어떤 사태로 평정을 잃었을 때, 타인이나 상황의 압박이 없어 자신의
의지만으로 평정을 되찾을 수 있다는 것은 얼마나 다행인가. 나아가 타
인이나 상황의 압박 속에서도 평정을 되찾을 수 있는 자는 얼마나 대단
한 자인가.

만사 당연

만사가 당연한 자는 생각이 없는 자. 생각이 없는 자는 말은 할 수 있
어도 글을 쓸 수는 없다. 한편, 깨달음은 생각을 끊는 것, 결국 만사가
당연한 상태는 깨닫고자 하는 자의 최종 목적지이기도 하다.

'22. 8. 13.

무無에 매달리지 않기

모든 대상과 생각, 나조차도 연기의 결과로서의 무. 임시의 거푸집. 사라지는 것에 집착하지 않기. 우리가 꼭 간직하고 지키고 싶은 사랑도 우정도 본래는 없었음. 생성과 소멸의 과정을 흐르는 대로 응시하기.

생각과 고통

생각하지 않으면 걱정도 없고 고통도 없다. 모든 걱정과 고통은 상황의 영향보다는 생각의 영향이 크다.

자가당착

깨달음을 얻고자 하면서도 주변의 무수한 깨달음의 인연들을 거부하다. 애써 외면하다. 그냥 수긍하고 받아들이면 되는데 죽기 살기로 부정하다. 너무나 당연한 연기緣起, 무아無我를.

단상

인생, 오온五蘊의 유희遊戲

답을 얻고자 끊임없이 질문을 던져 답을 얻었지만, 질문을 던진 자와 답을 얻은 자는 같은 자가 아니다.

대부분의 악은 물질적 유한, 제한, 부족에서 온다.

남들이 자신을 알아볼까 걱정하는 자와, 남들이 알아주지 않을까 걱

자유, 천형天刑을 다하다

정하는 자의 차이.

누구에겐가 흉년의 곡식, 한겨울의 솜옷 같은 존재가 되다.

A는 'A가 A가 아님'을 설하기 위한 가명이다.
(아我는 아我가 무아無我임을 설하기 위한 가명이다.)

'22. 9. 3.

부초 인생

부초 같은 인생이 따로 있는 것이 아니라 누구나 부초의 인생, 뜬구름 같은 인생. 확실한 것이 어디 있으랴, 인연에 의해 생겼다가 인연이 다하면 변하고 사라지는 것. 설사 그것이 부모 자식의 관계라 해도, 부부의 관계라 해도. 하물며 뜨거운 연인의 관계라면야….

'22. 9. 11.

연휴의 마지막 날

연휴의 마지막 날. 같은 풍경이라도 감옥에 들어갈 때와 나올 때의 풍경이 다르듯, 이 호수공원의 모습도 연휴의 시작에서 바라보는 느낌과 연휴의 끝에서 바라보는 느낌에는 상당한 차이가 있다. 머슴을 벗어난 한량으로서 연휴의 마지막 날이 없는 지금, 그 감정이 다시 일어나는 것은 훈습의 영향인가.

행복의 필요조건

동물의 행복의 필요조건은 먹을 것과 자유. 먹을 것으로 생각하면 애완오리, 집오리, 야생오리 순으로 행복하겠지만 자유 측면에서는 역순이다. 자유보다 금전적 여분의 충족을 욕망하는 자여, 목줄에 매여 먹이를 먹고 있는 애완동물을 생각하라.

'22. 9. 18.

단상

비는 언제나 감정을 품고 내린다.

피는 물보다 진할지 모르나 세상에서 돈은 피보다 진한 것 같다.

창자가 뜨거워지는 감격 vs. 창자가 끊어지는 괴로움

"지식 없는 지혜는 공허하고, 지혜 없는 지식은 맹목이다."

인정이 소극적 받아들임이라면 긍정은 적극적 찬동이다.

집착

집착이란 다름 아닌 감정 이입. 언제까지 사람에, 사건에, 상황에 감정 이입할 것인가.

'22. 9. 25.

존재의 의미

존재의 의미는 과거에도 없었고 지금도 없다. 단지 지금 그 의미를 만들어 갈 뿐. 존재의 의미란 자신의 분비물. 죽음 앞에서 존재의 의미

자유, 천형天刑을 다하다

가 무슨 소용일까, 그저 살아 있을 때의 자기 환상일 뿐.

주당

이 괴로운 감기가 독감이건 코로나건 아직 미각이 살아 있으니, 살아 있는 한 나는 마신다.

제법諸法

제법은 연기의 주체가 아니라 연기의 객체이고 도구다.

잔인함

"타인의 고통이 나를 불편하게 하다." – 주변에서 쉽게 느끼는 나의 잔인함.

감정적 사실이 이성적 악이 되는 아이러니.

사람들은 그 아이러니 속을 괴로워하지 않고 무감각으로 통과한다.

철학의 이점

감정 앞에서 자신이 왜 그런 감정인지를 스스로 안다는 것.

'22. 10. 8.

반성

나는 얼마나 "있을 때 잘하나". 있으면 쉽게 할 수 있지만 없으면 결코 할 수 없는 것들. 그러나 있을 때는 무심코 또는 귀찮아서 외면하는 무수한 사정들. 『파브르의 곤충기』를 읽는다. 산스크리트어로 쓰여진 불경을 읽듯, 백팔배 하듯. 거들떠보지도 않던 대상에 새 관심을 갖는다.

내 삶의 반성이다. 곤충들의 치열한, 최선을 다하는 본능의 삶에서 어떤 깨달음을 얻으리란 기대와 함께.

있을 때, 잘하려고는 하지만, 반복되는 일상에 결코 겸손해지지 않는다. 결국 '있음'이 사라져 아무것도 할 수 없는 '없음'이 되어야, 결코 되돌릴 수 없는 상황이 되어서야 각성할 것인가. 미리 의문을 가져 본다. 나는 『파브르의 곤충기』에 나오는 어느 곤충보다 더 최선을 다했는가. 특히 할 수 있었던 것들에 대해.

아, 나는 얼마나 대충 살고 있는가. 멀리 있는 목표에 도달하기 위해 주변에 대한 의무를 무시한 채, 진정 아름다움을 느끼지 못한 채, 무의미한 질주의 삶을 살고 있지 않은가.

'22. 10. 15.

현상과 인식

하나의 현상, 상황에 대한 생각의 프리즘은 수만 가지 인식을 낳는다. 그리하여 사랑하고, 괴로워하고. 미워하고, 싸우고….

생각, 인간만의 행복이자 고통의 원천.

치매와 현재

나이가 들어 치매로 향할수록 현재에서 벗어나지 못한다. 자아는 대부분 기억을 토대로 하는 바, 노년으로 갈수록 자아 없는 현재만이 돌아다닌다. 그것도 기억의 지원 없이 불완전한 채로. 치매란 자아 없는 생각, 자아 없는 현재.

정상인은 치매 환자를 동정하지만 정작 치매 환자는 정상인의 생각처럼 불행할까? 오히려 더 행복하지 않을까? 그렇지 않더라도 최소한

자유, 천형天刑을 다하다

마음의 동요나 걱정 없이 평안하지 않을까?

치매, 정상인은 원하지만 도달할 수 없는, 생각에 지배받지 않는 평안. 어쩌면, 생각 없는 유아와, 생각 능력이 사라진 치매 환자의 삶은 자연의 본원적 상태가 아닐까.

예민함

청각이 예민한 사람이 더 좋은 오디오 세트를 원하듯, 사랑에 대한 감수성이 예민한(풍부한?) 사람은 더 세심한 사랑을 원한다. 전자가 성능이 뛰어나지 않은 오디오의 소리를 불만스러워하듯, 후자는 상대의 세심하지 못한 무뚝뚝함에 힘들어한다. 예민함은 정신적 사치와 같다.

크산티페를 위한 변명

이 세상에서 가장 불행한 여자는 철학을 한다고 껍죽거리는 남편과 사는 여자다. 남편은 인생과 세상을 이해하고 초월한다고 큰소리치지만 웬걸, 돈 벌어 오지 않는 그는, 그녀의 입장에서는 건달일 뿐.

무상한 놀이에의 몰입

과거는 덧없고 현재는 뜨겁고 미래는 불안하다. 죽음 앞에 있는 자도 그러하리라. 그러나 삶은 무상한 놀이에의 몰입, 바람에 날려 흔적도 없이 사라지는 먼지. 나 또한 모래 폭풍 같은 우주의 춤 속, 흩날리는 먼지.

백주白晝의 사기꾼

이 세상에는 없는 것, 살아 있는 동안에는 도달할 수 없는 것(죽음, 천국, 극락…), 실재가 아닌 개념(신, 영혼…)을 팔아 사람들에 기생하여 먹고사는 자.

'22. 10. 22.

갱생更生

갱생한다(새 삶을 산다)는 것은 어떤 기회나 결심에 의해 삶의 일정 부분을 새로 산다는 의미일 것이다. 그러나 삶 전체는 다시 시작할 수 있는 것이 아니며, 대부분 과거를 기반으로 할 수밖에 없다. 삶은 무겁다.

'22. 11. 6.

세월과 평등

세월은 만인을 평등하게 해 준다. 죽음으로 향하는 시간 속에서 인간의 모든 차이는 점점 작아진다.

비싼 음식

비싼 음식을 먹으면 맛을 모르겠다. 조미료를 많이 넣어 본래의 맛을 덮어 버린 음식 같다. 경험상 그런 부류의 음식이 서민적인 음식보다 별히 맛있는 경우는 드물다. 비싼 음식, 고급 운동, 럭셔리 카페에서는 몸에 맞지 않는 옷을 입은 것 같은 불편함, 이질감을 느낀다.

노년의 독서

노년의 독서는 깨진 독에 물 붓기. 지금 감명 깊게 읽고 덮은 책의 내용이 얼마 후에는 기억에서 사라질 것을 안다. 스며들지 않고 지나가 버리는 느낌과 생각.

자유, 천형天刑을 다하다

인간 행동의 복잡성

어제 자신을 성폭행한 상사를 위해 아침 해장국을 알아보다. 내일 이혼을 선언할 배우자와 성행위를 하다. 다시 보고 싶지 않은 사람과 유쾌한 듯 술자리를 하다.

이런 경우 사람들은 전후 상황을 고려하여 두 사람 간에는 아무 문제가 없다고, 그 행동들은 자발적이었다고 판단한다. 그러나 인간의 행동은 한 가지 층, 또는 인과의 직선상에서만 행해지는 것이 아니다. 하나의 행동은 수만 가지의 이유에서 비롯되며 사람마다 다른 형태로 나타난다. 한 예로, 억울하게 자신의 큰아들을 죽인 왕에게 지당한 처사라고 말하는 신하의 의중에는 아직 살아 있는 작은아들이 있는 것이다. 인간의 행동에 인과는 닫혀 있지 않다. 서로에 대해 열려 있다.

반역(쿠데타)

반역은 (권력자에 대한) 분노보다는 (자신과 주변의 죽음에 대한) 불안에서 시작된다.

교육의 목적

가장 잘 쓴 연애편지는 사랑하는 상대의 마음을 감동시키는 편지이듯, 자식에 대한 가장 훌륭한 교육은 성실한 인간으로서 자립하도록 만드는 교육이다.

밤의 우울과 고독

밀려오는 어둠과 함께 우울과 고독과 막연한 불안이 없는 밤은 내가 맞이하는 밤이 아니다. 그런 밤은 저만치 대상으로서 존재하여 소비되는 시간일 뿐 나와 대화하지 않는다. 나는 그 밤 속에 있지 않고 그 밤 또한 내 안에 있지 않다.

노년에 대한 금언

노년에는 자신의 의지를 굽히지 않아도 되는 사람들과 지낼 것. 자신보다 환경이나 조건, 권력이 더 나은 사람들 사이에서 자존심 상하거나, 상처받거나 열받지 말 것. 그런 사람들과 머리를 숙여 가며 잘 지내서 발전할 가능성도 없고 또 그럴 필요도 없으니.

무아와 연기

현상의 세계는 어떠한 주체의 개입 없이, 연기에 의해 일어났다 사라지는 사건들로 충만하다. 나이 의지와는 무관하다. 그렇다면 의지를 가지고 대상을 움직이고 변화시키는 나는 무엇인가. 나는 연기와 무관한 주관적인 의지를 가진 나(자아)가 아니라 이미 연기의 법칙 속에서 연기의 춤을 추고 있는 나(무아)인 것이다. 내가 확실하다고 생각하는 의지조차도 연기의 산물인 것이다.

생각과 의지로 표상되는 자아는 연기의 구조 속의 일부로서 연기에 의해 결정되는, (생각과 의지를 가졌다고 상상하는) 무아일 뿐이다.

젊은 시절, 눈앞에 닥친 현실의 문제들을 누군가 대신 해결해 주기를 바랄 때가 종종 있었다. 고통의 시간들이 지난 지금, 젊은 시절의 내가 지금의 결과를 미리 알았다면 얼마나 좋았을까.

이렇게 한들 저렇게 한들, 고통의 시간을 보낸들 행복의 시간을 보낸들, 결국 지금의 상태에 이르는 것임을 알았다면 과거에 겪었던 고통은

자유, 천형天刑을 다하다

불필요한 것.

무아와 연기는 늦게나마 나를 깨우친다. 고통스러워하거나 불안해하지 말고 안심하라고. 세계는 연기의 물결로 가득 차 있고 개입할 어떤 자아도 없다고. 희로애락을 느낀다고 확신하는 나(자아)라는 것은 뇌가 만들어 낸 가상이라고. 어떤 사건이 일어나든 그로 인해 어떤 상태에 처하든, 그것은 연기에 의해 일어났다 사라지는 것이며, 겪어야 하는 몸은 있어도 책임져야 할 자아는 없다고.

'22. 11. 9.

언어와 존재

존재는 언어의 태생적, 구조적 필요조건이다. 육근과 육경이 육식을 갈구하듯 언어는 존재를 욕망한다. 무의 세계에서 언어는 설 자리가 없다. 불교적 무아를 언어로 소통하기가 어려운 이유다. "여기 있는 것은 없는 것이다."라고 말하는 것이니 언어적 논리로는 동일률과 모순율에 위배되는 거짓 명제가 되고 만다. 언어는 깨달음의 도구지만 넘어야 할 최대의 장애다.

사도邪道와 욕망

모든 사도, 가짜에는 인간의 욕망이 스며 있다. 복을 구하는, 영원히 살려는 욕망이 사이비 종교, 천국과 극락을 지어낸다. 발견은 욕망이 배제된 반면, 발명은 욕망을 연료로 한다.

스토아철학/불가철학과 나

스토아철학은 (나의) 개인적 본성을 (자연의) 보편적 본성에 일치시키라고 한다. 즉 삶이 자연을 따를 때 삶이 행복해진다고 한다. 그러나 나(의지와 욕망)는 자연을 거스르며 존재한다. 자연은 나의 대상이며, 내가 존재한다는 것은 자연이라는 배경에서 분리된 내가 나의 의지와 욕망을 추구한다는 것.

불가에서는 의지와 욕망을 추구하는 자성을 가진 나는 없으며, 연기의 구조 속에서 일어났다 사라지는 무자아적 현상일 뿐이다. 즉 자연과 일치시킬 고유의 나가 없다는 것. 따라서 자연과의 일치, 불일치를 언급할 필요조차 없다는 것.

고통

인간은 누구나 각자의 고통의 심연 속에 있으나, 그 고통은 서로 소통될 수 없다.

삶의 의미

"삶의 진정한 의미는 새로운 것을 보는 것이 아니라 새로운 눈을 뜨는 데 있다."

― 류시화

초겨울 저녁

사방으로 침투하는 어둠, 차가운 비. 초겨울 저녁을 별스러운 고독과 우울에 잠겨 맨몸으로 맞다. 차라리 술 마시는 중에 오는 어둠이라면 비껴갈 것을….

커튼을 친다. 가려지지 않는 무엇. 매일 맨 정신에 이 상황을 겪어야

자유, 천형天刑을 다하다

한다면 시지프스의 형벌과 무엇이 다르랴.

'22. 11. 20.

소일과 분주함

소일이 남는 시간을 소비하는 것이고 분주함은 바쁜 일에 시간을 쪼개어 할애하는 것이라면 소일하는 삶과 분주한 삶 가운데 어떤 삶을 살아야 하는가. 소일은 비경제적 삶이고 분주함은 경제적 삶이라면.

나는 생활 형편이 허락한다면 권태의 늪을 헤맬지라도 소일의 삶을 택하겠다. 생활 형편 때문에 분주한 사람도 많지만 자발적으로 분주한 사람도 많다. 타인의 시선, 권태의 두려움, 지혜의 부족 때문에. 그 선택은 경제의 문제가 아니라 사상의 문제일 수도 있다.

속물적 대화

돈, 지위, 권력 등 현실적인 문제에 대한 자랑과 그에 대한 존중을 표하는 속물적 대화는 일견 재미있고 즐겁기까지 하다. 그래서 일부러 그런 화제를 올리기라도 하면 마치 과자 부스러기에 몰려드는 송사리 떼마냥 모두들 소리 높이고 거품을 문다. 그것들의 소유가 현실 세계에서 가장 확실한 선이고 모두들 원하는 만큼, 익숙한 이야깃감이기에… 눈에 보이지 않는 가치를 추구한다고 하는 나 또한 그 안에 있다.

동양시의 영웅전

중국 시에 삶과 재능 면에서 이백이 있다면 일본 하이쿠에는 마쓰오 바쇼가 있고, 고단한 인생 속에서 고난을 표현한 두자미가 있다면 고바야시 잇사가 있다.

선택

건강에 좋은 운동이라고 해서 스스로 강제하여 자유롭지 않다면 그 운동을 계속하는 것이 옳은가. 건강과 자유 중에 선택해야 한다면 무엇을 선택할 것인가.

내 맘대로 사는 하루와, 타인 또는 스스로의 강제 속에 살아야 하는 긴 나날 중 선택은?

마지막 하루를 정신의 고양과 육체의 고양 중에 선택해야 한다면?

자신이 설정한 루틴(운동, 독서, 사색)이라도 의무가 된다면, 즉 존재가 행위의 노예가 된다면 그 행위를 지속하는 것이 옳은가.

'22. 11. 26.

바람

겨울바람은 몸으로 느끼지만 가을바람은 마음으로 느낀다.

권력

순수한 정신적 권력에는 자발적 복종이 따른다. 정치적, 사회적 권력은 복종을 강요한다. 더럽고 치사해도 따르는 척해야 하는.

문학과 철학

추운 인생을 살아갈 때, 문학이 한 잔의 따뜻한 유자차를 가져다준다면 철학은 한 통의 유자청을 가져다준다. 유자차는 바로 마실 수 있지만 유자청은 스스로 유자차를 만들어 마셔야 한다.

'22. 12. 3.

하이쿠 한 편

"땅에 묻으면 / 내 아이도 / 꽃으로 피어날까

세상을 / 진흙이라 바라보는 눈도 / 하얀 연꽃"

– 우에시마 오니쓰라

자연

처참과 처절로 점철된 처연한 삶일지라도, 자연이 그 죽음에 화내지 않고 슬퍼하지 않는다면, 나도 그러하리라. 탄생과 삶과 죽음 모두 자연이니 동일한 감정으로 바라보리라.

나의 세상

비록 희미하여도 자신의 불빛으로 세상을 보라.
타인의 불빛으로 본 세상은 타인의 세상이니.

추운 보름달

가로등 아래 추운 보름달, 겨울을 가다.

짧은 밤, 긴 꿈

세상에 머무르는 짧은 시간, 듣지 않는 는개를 들으려 하다.
인생이라는 짧은 밤, 길고 긴 헛된 꿈을 꾸다.

짧은 밤, 긴 꿈 꾸는 인생이여! 격렬하고 불안했던 젊은 날의 잠꼬대.

이제 남은 꿈들은 거의 정해져 평온하게 깨어나겠지.

윤리와 미래

인간에게 미래 없는 윤리가 가능할까? 오직 한 사람, 스피노자를 제외하고. 미래가 없다면 인간의 내면을 채우고 있는 악과 선, 욕망과 이성, 쾌락과 절제 중에 무엇이 인간을 지배할까.

무지한 자

어리석은 자여. 어찌하여 죽음을 인식한 삶을 살지 못하는가. 인식한 죽음을 왜 삶에서 실천하지 않는가. 소원이라면 80까지만 술 마시다 가는 것. 자연사이든 자살이든. 다행히 그때까지 산다면 필수적인 부분을 제외한 것은 소진해야 하는데 무엇이 두려워 계속 쥐고 있는가.

매력

몸보다는 몸짓, 얼굴보다는 표정, 눈보다는 눈빛, 말보다는 수줍은 침묵.

일상

세월의 흐름 속에 일상을 요약, 반복하는 여섯 가지. 식사, 걷기, 독서, 탁구, 술, 잠. 언제 깨어날지 모르는 꿈을 의식하며 아무렇지도 않은 하루를 또 보내다.

사랑과 금전

사랑은 아름답지만 아무런 책임도 지지 않는다. 긴 여행의 동반자 사이를 책임지는 것은 최소한의 금전이다. 사랑은 화약이고 돈은 피다.

깨달음의 효용

깨달은 자나 깨닫지 못한 자나 물리적으로는 큰 차이 없다. 태어나서 일정 기간 살다가 죽는다는 큰 틀에서는. 깨달은 자는 무아와 연기를 인식하기에 고통에서 벗어나 평온하게 살 수 있다는 것 외에는.

> "삶이 죽음을 향해 달려가는 것이 아니라 삶 자체가 이미 죽음이다."
>
> – 세네카

'22. 12. 11.

격주

격주에 한 번 혈당 검사할 때마다 내 여생도 한 움큼씩 베어져 나간다.

봄과 경험

대상을 보는 것은 주객 분별, 대상을 경험하는 것은 주객 합일.
보는 자는, 경험하지 않는 자는 인식할 수 없다.

불교 철학

무아無我, 연기緣起, 공空. 불교 철학의 정수이자 전부. 이해할 수 없으면 외우고, 외울 수도 없으면 믿을 수밖에.

미추美醜

아름다운 슬픔은 가능하다. 즐겁거나 기쁜 추함은 가능한가. 아름다움이 슬플 수는 있으나 추함이 즐겁거나 기쁠 수는 없을 것 같다.

욕망과 자유

덜 욕망하면 더 자유롭다. 조금 덜 바라고 조금 더 사랑하자.

'22. 12. 17.

눈

창밖 눈 내리는 풍경,
멈춘 시간,
한 장의 그림 되어 아득하다.

폭설 속 호수공원,
그림 속을 걷다.
뽀드득.

인생

짐짓 그렇게 사는 것이
인생이리라.
모르는 척, 깨달은 척.

매미 소리

"소낙비처럼 쏟아지는

자유, 천형天刑을 다하다

매미 소리

죽음을 열창하다."

세월

가는 세월에 몸이 늙어 가는 것은 어쩔 수 없다 해도 마음이 늙어 감은 슬프기 그지없다. 더구나 추억마저 늙어 감은 황망하다.

구원

타들어 갔던 젊은 날의 삶, "지옥 속의 꽃구경". 왜 꼭 그렇게 살아야만 했을까. 다른 이도 그렇게 살았을까. 스스로 지옥을 만들고 그 속으로 들어갔으니. 모든 것을 포기할 찰나, 철학의 서광이 비추다(2005). 철학의 힘으로 새 삶을 시작했지만 눈앞의 삶이 아니라 삶 자체를 통찰하기에는 철학이 미숙했다. 신념이 종교에서 철학으로 안착하며 삶에서 "구원"되다(2010).

목욕 기피

첫 목욕(生)이 없었더라면 하는 부질없는 바람 때문. 또한 이 목욕이 마지막(死)이 아닐까 하는 쓸데없는 생각 때문.

고통

배부르면 졸음이 오지만 고통은, 그것이 허기든 추위든 갈증이든 깨어 있게 한다. 철학과 문학과 예술은 고통에서 피어나는 꽃이며 안락함은 그것들의 무덤이다.

짐

버리고 온 짐들은 왜 점점 더 무거워지는가. 망각에 이르러야 가벼워
지려나.

영하 15도

영하 15도, 체온에 의지하며 자다. 이불에 스며 있는 체온의 따스함.
에피쿠로스가 그토록 원했던, 추위를 면할 수 있는 이 쾌락 속에 있는
자가 얼마나 되랴. 그중에 이 쾌락을 인식한 자는 또 얼마랴.

이부자리

스물둘, 딸애는 매일 밤 아버지의 이부자리를 깔아 준다. 아비로서
나는 딸애가 말할 수 없이 기특하다. 왜 이부자리를 깔아 주냐고 물어
보니 그냥 하고 싶어서라고 대답한다. 내 생각으로는 부인이 사랑하는
남편의 이부자리를 깔아 주는 바, 딸애는 그런 마음은 아니겠지만 어찌
기쁘지 않겠는가. 부족한 면이 많은 딸이지만 내가 알 수 없는 좋은 성
정을 가진 딸이기도 하다. 20만 원!

교육관

교육의 이유와 목적은 단 하나, 본인의 자립. 정신적, 경제적 자립. 다
행인지 딸애는 웬만해서는 나에게 돈 달라고 하지 않는다. 타당한 이
유만 있으면 많이 주고 싶은데. 휴학 중이라 밥 먹여 주는 것 외에 25만
원 용돈이면 끝. 나머지는 본인 알바 수입으로 충당.

징징거리는 자식, 좋은 대학 가고 좋은 직장 잡는다고 해도 자립하지
못하면 무슨 의미랴. 월 200만 원을 벌든, 2000만 원을 벌든 본인이 정

신적, 경제적으로 자립하고 있다면 액수의 의미는 없다.

'22. 12. 24.

산 책과 빌린 책

산 책과 빌린 책을 읽는 일은 일상을 살아가는 일과 유사한 면이 있다. 산 책은 대부분 가치 있는 양서이고 빌린 책은 그보다 가벼운 책이지만 대출 기한, 주제의 경쾌함, 재미 등의 이유로 빌린 책을 먼저 읽게 된다. 일상에서 소중한 것보다는 중요한 것을 우선시하듯. 되돌아보면 우선하여 읽었던 책들의 내용이나 주제의 이미지는 대부분 기억 저편으로 사라져 버렸다. 비록 잘 읽히지는 않지만 산 책의 내용은 철학이 되어 삶의 안내자가 되는 경우가 많다.

소중함과 중요함의 가치와 차이를 알면서도 당장 또 중요한 것을 뒤쫓는 이 무지를 어찌할 것인가. 무지는 영원한 감옥.

'22. 12. 25.

황혼

직장 스트레스가 심하던 시절, 연휴 마지막 날의 해 질 녘은 지옥의 입구였다. 많은 세월이 지난 지금, 그렇지는 않지만 황혼을 맞는 마음 깊은 곳에는 쓸쓸함이 여전하다. 마치 그 황혼이 하루의 마지막이 아니라 생의 마지막이라는 생각에. 그래도 이런 감정은 살아 있는 자의 것.

자아

기억의 다발, 뇌의 심리적 산물, 실재하지 않는 실제, 뇌 작용의 동일성/연속성/통일성에의 착각, 뇌가 만든 통일성의 주체, 추상적 실체, 생존을 위한 뇌의 속임수, 언어적 환상.

행동의 변화

책을 읽고 운동을 하고 체중을 줄이고 봉사활동을 하고… 자신이 원하는 것을 막연한 의지만으로 시작해서는 곧 그만두게 된다. 자신이 어떻게 변화해서 어떤 사람이 될 것이며 어떤 가치를 추구할 것이라는 내부(정신)의 변화가 우선되어야 비로소 가능하다. 행동의 변화는 정신의 변화에서 연유하며 그 역은 쉽지 않다. 철학 없는 행동은 맹목이다.

> "변화 없는 확실함은 권태다. 변화는 (인생이라는 함수의) 유일한 상수다."
>
> – 마르코스 바스케스

돈과 시간

젊은 시절에는 시간을 팔아 돈을 샀지만 이제는 금전을 팔아 시간을 살 때다. 생활 형편상 시간을 팔 수밖에 없다면 할 수 없지만, 가능하면 시간이 있는 한 돈을 벌어야 한다는 무지 앞에는 불쌍하여 할 말을 잊는다. 죽음 앞에서 쌓아 놓은 그의 금전은 어떤 의미일까. 시간은 고갈될 것이 확실한 인생의 오아시스다.

이제는 합리와 효율에 따라 생산성 높은 중요한 일을 할 때가 아니라, 진정 자신이 원하는 소중한 것을 찾아 시간을 사용해야 할 때다. 소유물을 더 좋게 더 많이 만들기 위해서가 아니라, 자신을 더 좋게 더 풍성하게 만들기 위해. 더 이상 미래를 위해 마지못해 하는 Yes가 아니라 확실한 현재를 살기 위한 No를 해야 한다.

낭비하지 않은 부족한 시간은 없다.

'22. 12. 31.

숙명

숙명, 피할 수 없는 운명. 숙명은 운명보다 진하다. 삶이 운명이라면 죽음은 숙명. 운명은 끊어 낼 수 있지만 숙명은 따를 수밖에 없는 것.

장례식장에서

"장례식장에서 사람들은 고인의 지위나 명예가 아니라 고인이 어떤 사람이었는지를 생각하고 이야기한다."

– 닉 부이치치

긍정과 부정

부정의 부정은 긍정, 긍정의 긍정은 긍정. 부정의 부정을 통한 긍정이 견고할까, 긍정의 긍정을 통한 긍정이 견고할까. 철학적 회의 측면에서는 전자일 것이다.

상실의 고통

상실의 고통을 아는 자는 소유했던 자다. 소유가 없으면 상실의 고통이 없다. 대다수는 소유한 것(시간, 자유, 건강, 좋은 친구, 아름다운 자연…)이 무수히 많지만 그것의 행복을 모르다가, 상실 후에야 소중함을 깨닫는다. 그들은 소유하지 않은 것, 그리고 소중하지 않은 것만 바라고 살다 간다.

연회

　오랜만에 2시간 반 걸려 찾아간 모임, 나랑은 어울리지 않는 자리임을 재확인한다. 공허한 얘기들, 나와 우리의 얘기가 아닌 3인칭 사물이나 존재에 대한 지식의 연설. 대화 없는 자리. 다수의 인간이 모인 대화의 한계를 알고 있었지만, 망각하고 또는 막연한 희망과 그리움에 다시 참석하곤 한다. 혼자 독작하는 것이 낫다.

　대화의 수준은 모임 인원수에 반비례한다. 인원이 많을수록 대화의 주제도 나와 점점 멀어져 간다. 한편 매일 누군가와 술을 마실 수 있는 자는 건강, 시간, 돈과 더불어 탁월한 대화술을 소유한 자다. 자신의 얘기만 떠든다거나 지루한 얘기를 한다면 누가 만나 주겠는가.

성숙한 대화

　성숙한 대화는 상대를 인정하는 대화며 1, 2인칭에 대한 대화다. 머릿속이 온통 자신만으로 가득 차서 자기 얘기만 줄기차게 떠드는 자는 정신적 유아기를 벗어나지 못한 자이며 그런 자와 수준 있고 성숙한 대화를 하기는 애당초 글렀다.

　한편 3인칭에 대한 지식을 떠벌리는 자는 실로 공허한 자다. 그 곁에 누가 앉아 있으랴. 성숙한 대화란 너와 나, 우리의 얘기를 하는 것이며 상대의 속 깊은 얘기에 공감하는 것이다. 또한 3인칭에 대한 지식을 논하는 것이 아니라 대상과 상황에 대한 견해를 주고받는 것이다. 주변에 이런 대화를 나눌만한 사람은 많지 않다. 특히 말 많은 자 중에는 결코 없다.

자유, 천형天刑을 다하다

2023

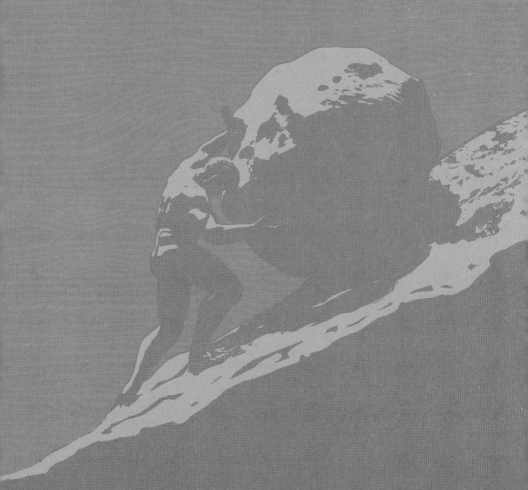

'23.1.1.

새해에 들어서며

생의 그림자가 동쪽으로 치닫는 나이가 되어 앞자리가 바뀌니 1년이 10년 되어 죽음에 성큼 다가간다. 첫날의 감상… 20대에 품었던 연인을 세월이 지난 지금 다시 품은 느낌. 20대의 감각으로 나이 든 연인을 품은 서글픔. 뜨거웠던 몸, 가쁜 호흡과 격정 대신, 먹다 남은 짬뽕 국물처럼 미지근하고 볼품없는. 시간과 함께 감각도 노쇠하다면 슬프지 않겠다.

늙은 부모

늙은 부모 장례를 마친 어떤 자식의 마음. 큰 짐을 덜다. 안심이 되다. 편안해지다.

어릴 적 부모님은 자식의 전부지만 늙은 부모는 자식의 짐이다. 이 아이러니한 섭리를 어떻게 받아들이고, 나이가 들어 자식의 짐이 될 때 어떻게 해야 하는가. 영화 「헤어질 결심」에서처럼 펜타닐 2mg짜리 4정을 구해 놓아야 한다. 아무리 좋은 손님도 오래 머무르면 싫어지는 법이니….

인상과 개념

인상(감각, 지식)을 얘기하는 자는 개념(생각)을 얘기하는 자와 소통할 수 없다. 칸트식으로 말하면 감각이 개념과 직접 소통될 수 없음이다. 개념은 감각을 이해할 수 있으나 그 역은 불가하다. 인간의 인지발달상 정상적인 성인은 주로 개념을 얘기해야 하지만 실제로 대화해 보면 인상을 얘기하는 사람이 많다.

자유, 천형天刑을 다하다

’23. 1. 8.

자아 I

사람들은 정신과 육체 등 내부의 모든 것을 끈으로 묶어 나, 자아라는 가상을 만들어 내고 나가 나의 의지로 모든 것을 제어하고 책임진다고 생각한다. 이것은 환상이다. 묶었던 그 끈을 끊어 버리면 모든 것을 제어한다고 믿었던 나가 사라지고, 분리된 정신과 육체와 내부의 모든 것은 나가 없이도 저절로 잘 돌아간다. 스스로 판단하고 스스로 행동한다. 이전까지 나가 없으면 큰일 날 것 같았는데 아무 문제가 없는 것이다. 중앙정부의 명령 없이도 잘 돌아가는 지방분권제처럼.

나는 가상의 존재이며 실재하지 않는 언어적 심리적 허상이다. 나가 생각하는 것이 아니고 뇌가 스스로 작동하는 것이다. 나가 행동하는 것이 아니고 몸이 뇌의 명령에 따라 행동하는 것이다. 어디에도 나는 없다. 뇌와 몸과 내부의 모든 것이 상황에 따라 나 없이도 스스로 동작하는 것이다. 나가 설 자리는 없고 나 없어도 세상의 모든 것은 잘 돌아간다. 나는 애초에 없었고 불필요했다. 나는 생존의 도구로서 뇌가 만들어 낸 허상인 것이다. 이 자아가 불필요한 허상이며 자아라는 허상을 소멸시키는 것이, 나라는 끈을 끊어 버리는 것이, 깨달음의 토대다.

너무나 당연한, 자아 없음 즉 무아를 깨닫는데 무슨 팔만대장경이 필요한 것이냐. 하지만 나가 나에 갇혀 있는 한 팔만대장경으로도 깨닫게 할 수는 없다.

책임질 존재는 없다. 불안과 걱정의 주체도 없다. 모든 것은 상황에 따라 스스로 사고하고 행동할 것이며 모든 행위와 그에 따른 결과는 나 없는 인연연기에 따른 행위고 결과다. 나가 없으니 대상도 없고, 모든 것이 인연연기라는 한 덩어리의 주객 없는 섭리의 원인이고 결과다. 나가 개입할 여지도 없으니 그에 따른 고통도 없다.

이 모든 것은 불필요한 설명이다. 무아와 연기라는 두 단어 외에는.

자아 2

동양철학의 이理와 기氣, 플라톤의 이데아와 형상, 보편론과 유명론. 전자는 '자아'로, 후자는 '자아라는 끈으로 묶여진 정신, 육체, 의지'로 치환한다면 후자만이 존재할 뿐, 전자(자아)는 필요에 의한 가상이며 존재하지 않는 것이다. 즉 이는 기를 타고 오며, 형상의 표본적 특징을 모아 이데아가 만들어지고, 보편은 없다.

깨달음의 부수입

깨달음의 부수입은 스스로를 관조하게 되는 것. 자신의 성격, 분수, 팔자, 운명을 깊이 반성하여 그것에 어긋난 상황을 조성하지 않거나 피하는 것. 그리하여 불필요한 고통을 무릅쓰지 않는 것. 과거에는 남의 눈치를 보느라, 남과 비교하느라, 싫어도 억지로 했다면 이후에는 그것에서 벗어나 자유롭게 생각한 바를 하게 되는 것.

깨달음의 순서는 범아일여(물아일체) → 무아 → 연기

'23. 1. 14.

순리를 따라

생生은 어쩔 수 없지만 사死는 연기延期할 수 있기에 애써 삶을 잡으려 하는가. 사멸 없는 생성은 없는데 생성만이 영원하기를 바라는가.

자유, 천형天刑을 다하다

소유와 지배

소유와 지배는 그 대상의 (주관적) 가치를 떨어뜨린다. 그토록 원했던 것도 소유하면 시들해지며, 원했던 사람도 (신하 또는 부하로서) 거느리게 되면 경솔하게 대하게 된다.

인내와 절제

삶에서 인내해야 하는 상황이 오지 않도록 절제하는 것은 지혜의 기본이지만 절제는 인내보다 실천하기 어렵다. 인내는 닥친 상황으로 진입하는 것, 즉 후취하는 수동적 행동이지만 절제는 미래의 불확실한 상황을 능동적으로 선취하는 적극적 행동이기 때문이다.

여생餘生과 여비旅費

여생보다 여비가 많은 자가 여전히 여생을 팔아 돈을 사고 있다면, 무지하다고 할밖에.

운칠기삼運七機三

어느 나라에, 어느 지역에 어느 가정에 태어나느냐에 따라 삶의 많은 부분이 결정된다고, 운의 결과를 과대하게 인정하는 경향이 있다. 어느 정도 사실임을 부인할 수는 없지만, 본인의 자질과 능력이 아니라 타고난 운의 결과를 존중한다는 것은 이성적이고 결기決起 있는 자로서는 어이없는 일이다. 그러한 행운을 타고난 자는 그렇지 못한 자에게 미안해하지는 않더라도 최소한 겸손해야 한다.

선과 악

선은 다른 선에 둔감하지만 악에는 민감하다. 선은 선을 통해 정립되기보다는 악에 의해 정립된다. '맹모삼천'보다는 '타산지석'이 효과적이다.

방어기제

운동 경기에서 이기면 자기 실력의 우월함을 만끽하고, 지면 승패는 중요한 것이 아니라 운동 자체가 중요하다고 생각함.

영원

'영원'이란 없다. 나를 영원히 사랑한다고 말하려거든 나를 죽음까지 사랑한다고 말하라. 영원히 ~한다는 말은 죽음까지 ~한다는 의미다. 나에게 영원이란 곧 죽음이니.

자식과의 대화

나는 지금까지 딸과 대화할 때 현실의 나와 대화하듯 했다. 엄격한 합리와 효율, 세세함…. 딸의 입장에서는 대화가 아니라 부담스런 잔소리. 이제는 관조하듯 대화하리라. 자식도 사랑처럼, 다가갈수록 멀어지는 것이니. 어디 사랑뿐이랴, 같은 극의 자석이 서로를 밀어내듯, 자신을 향해 다가오는 타인에게 일단 마음의 장벽을 세우는 것이 인간관계의 이치인 것을.

할 일과 해야 할 일

의무가 아닌 할 일은 여가의 소비, 해야 할 일은 중요한 시간을 쪼개

자유, 천형天刑을 다하다

서라도 해야 하는 의무. 해야 할 일이야 어쩔 수 없지만 할 일은 점차 없애는 것이 지혜. 둘의 구분조차 쉽지는 않다.

백수白手, 한량閑良, 풍류가風流家

돈벌이를 그만둘 때 성인成人의 모든 지위는 백수로 통일되고 더 이상 돈을 벌지 않아도 된다면 백수는 한량으로 승격된다. 한량의 권태가 발효되어 고독의 열매를 맺을 때, 한량은 풍류가로 거듭난다.

돈과 격格

돈은 없으나 격이 있는 자는 풍류가, 돈은 있으나 격이 없는 자는 졸부. 대체로 돈과 격은 서로를 보상한다.

'23. 1. 15.

옆과 곁

옆과 곁. 둘 사이의 공간적 의미의 차이는 크지 않다. 곁이 좀 더 가깝고 좁은 반면 옆은 좀 더 멀고 넓을 뿐. 그러나 사랑할수록 (옆이 아니라) 곁에 두고 싶어 한다는 심적인 의미는 사뭇 크다.

변화에 대한 감정

세월에 따른 자연의 변화에는 아름답다, 멋있다 등의 긍정적 표현을 하거나 최소한 무심하지만, 세월에 따라 변해 가는 인간의 모습에는 부정적 표현을 한다. 늙고 싶지 않은 욕망이 투영된 표현을. 순환되는 종種을 부러워하는 소멸하는 개체의 마음.

말

쓸데없는 말, 무의미한 말, 지루한 말을 뱉는 자는 즐거울지 몰라도, 듣는 자는 그 말을 그의 배설물로 여기며 역겨워한다.

빈 공간

빈 공간을 가늠하기는 쉽지 않다. 그 공간을 점유하는 물체가 비로소 그 공간의 크기를 감지할 수 있게 한다. 마치 사진 속에서 어떤 물건 옆에 그 크기를 가늠할 수 있도록 동전이나 볼펜 같은 익숙한 물건을 배치하듯.

우리의 심상도 그러하다. 표상되는 인물, 사건, 기억 등이 없는 한 아무런 감상도 일어나지 않는다. 무의 공간. 칸트의 정의대로 시/공간은 내적/외적 직관의 형식일 뿐이다. 그 안에 어떤 대상이 존재할 때 비로소 기능을 발휘하는.

편지

답장 없을 편지를 쓰는 자의 간절함, 그 편지의 허무함, 이것을 바라보는 자의 씁쓸함. 이 모든 사태의 덧없음.

단상

고기잡이가 갈대를 꺾지 않듯 고기와 갈대의 관계처럼, 별난 내 성향도 내가 권태를 느끼는 사람들의 속물적 기반 위에 유지되는 것이 아닐까. 무(없음)가 유(있음)를 조건으로 하듯. '없음'은 '있음이 아닌 것'처럼.

자유, 천형天刑을 다하다

'23. 1. 18.

격格과 결

서로 다르다는 표현으로서의 '격이 다르다'와 '결이 다르다'의 차이. 전자는 외적이거나 사회적인 상태가 다르다. 후자는 생각, 품성, 지성 등 내적인 수준이 다르다. 격은 내 밖의 운명의 영향을 따르는 것이니 스스로 제어할 수 있는 결을 도야할밖에.

동시대인에 대한 평가

사람들은 대부분 동시대인을 예찬하지 않는다. 영웅이라 해도. 인간 심성이 원래 그런 것인가. 비루한 시기 때문인가, 뒤틀린 경쟁심 때문인가. 그러나 그 영웅이 죽으면 세상은 그를 애도하며 정반대의 태도로 찬양한다. 어차피 죽은 자이니 더 이상 눈엣가시가 되지 않기 때문인가. 타인에 대한 칭찬이 곧 자신의 비하가 되듯 생각하는, 옹졸한 인간 심리에 대한 숙고가 필요하다.

자유와 권태

한가함에서 자유를 느끼는 자는 바쁘게 살아온 자이거나 노예의 삶을 살아온 자이다. 이들에게 지혜가 없다면 자유는 곧 권태로 바뀐다. 한가함에서 권태를 느끼는 자는 자유로운 삶을 살아온 자이며 지혜가 부족한 자다. 이들에게는 권태를 사라지게 할 바쁜 노동이 필요하다.

부재의 평안

(사랑하는 자가 아닌) 사랑했던 자의 부재에서 오는 평안, 카프카의 소설 『변신』에서 주인공 그레고르가 죽었을 때 가족이 느끼던 자유, 치

매로 고생하던 부모의 죽음에 대한 안도감, 이들 감정의 공통점은 의무에서의 해방감. 그 이전에 너무나 고통스럽고 슬펐기에, 그 죽음에 따른 부재에 더 이상 슬픔이 자리할 곳이 없다.

이런 상황이 오지 않기를 바라는 마음. 피하고 싶지만 운명처럼 피할 수 없는 현실. 늙은 부모는 자식의 시한폭탄이 되고 정신적 지병을 가진 자는 다른 가족의 멍에가 되는 현실.

부모에 대한 이해

10~20대 반항기에 부모를 잃은 자의 마음에는 부모에 대한 본능적 그리움 외에 부모에 대한 이해나 존경이 남아 있을까. 특히 유복한 생활을 한 자라면. 자신의 처지에 비추어 상대를 인식하기 마련인 바, 나이를 먹고 고단한 생을 산 후에, 부모가 돌아가신 자가 부모를 더 많이 이해하고 존경하고 그리워할 것이다.

분노와 진퇴양난

쉽게 분노하는 자는 곧바로 자신이 진퇴양난에 빠져 있음을 알아차린다. 이미 폭발시킨 분노가 그다지 타당하지 않다는 것을. 분노하지 않았더라면 좋았다는 것을. 또한 이미 폭발시킨 분노를 다시 주워 담을 수 없다는 것을.

이러한 진퇴양난에 빠진 자는 단 하나의 길밖에 없음도 안다. 직진! 정면돌파! 그리하여 분노를 정당화하기 위해 더욱 화를 내지만 주변의 눈초리는 싸늘하기만 하다. 결국 권위를 얻고자 했던 분노는 조롱과 멸시를 불러오고 그는 안쓰러운 얼간이로 표상되어 버린다.

권력자의 분노는 사람들의 복종을 강요하지만 그 복종은 권위에 의

자유, 천형天刑을 다하다

한 것이 아니라 권력의 공포에 의한 것이다. 당장은 무소불위의 권력이지만 권력은 사라지고 자신은 늙는다. 사람들은 그 자가 살아 있다면 돌로 칠 것이고 죽었다면 부관참시할 것이다. 이미 자연과 시간은 그의 운명을 보여 주고 있지만 그는 보려 하지 않는다.

욕망

욕망의 주체는 욕망의 대상이기도 하다. 내가 욕망하는 대상은 순수하게 내가 욕망하는 것일 수도 있고, 타인(의 욕망) 자체가 나의 욕망일 수도 있다(타인이 욕망하기에 나도 욕망하는). 생필품을 제외하면 대부분은 후자의 욕망일 것이다. 나만의 욕망을 가진 자, 그 욕망의 충족을 위해 노력하는 자는 자기 철학이 있는 자다. 그는 속물이 아니라 댄디Dandy.

나는 나만의 욕망으로 살아가는가. 나의 욕망 중에 타인의 욕망이 아닌 것은 얼마나 될까.

"거울 앞에 살다"

거울 앞에 사는 사람이 얼마나 될까. 대다수는 거울이 있는지도 모르고 살며, 안다 해도 무의식적으로 거울을 피하고 산다. 바쁨보다는 두려움 때문에.

성급한 욕망

성급한 욕망은 황금알 낳는 거위 배 가르기. 씨앗 쪼개기.

부모의 기대

자식은 부모의 욕망이라는 씨앗이며, 자라면서 현실이라는 열매를 맺는다. 그동안 부모의 기대는 좋은 열매를 맺을 것이라는 환상에서 출발하여 나쁜 열매만 맺지 말기를 바라는 소망으로 변해 간다.

'23. 1. 21.

췌장암과 파킨슨병

삶의 끝이 선고된 병(췌장암)과 그 끝을 알 수 없는 병(파킨슨병). 췌장암은 그나마 죽음에 대한 정리를 할 수 있으나 파킨슨병은 끝없이 싸워야 하는 병. 파킨슨병의 포로는 가상의 죽음과 그때를 상정하고 정리해야 한다. 인간은 죽음의 시기를 모른다는 면에서 파킨슨병의 포로다.

현대시의 난해함

시를 읽고 싶지만 읽어도 이해가 안 되어 책을 덮는다. 이렇게까지 변해 버린 대다수의 현대시가 한탄스럽다. 시란 일반인과 소통되어야 하는 것. 김소월의 시는 물론이고, 1960~1970년대의 시까지는 그런대로 이해할 수 있었다. 시가 자신과의 대화라면, 그래서 자신만이 그 뜻을 알 수 있다면 시집을 내지 말라. 그래도 내고 싶다면 시집이 아니라 방언집을 내라. 요즘 시집을 읽으면 정상적인 사람이 아니라 정신병자의 글을 읽는 것 같다. 자신의 환청을 시라고 써 놓은. 더 웃기는 것은 그런 난해한 시집에 대한 평론가의 서평이다. 뭐가 어떻고 저떻고… 두 정신병자의 메아리.

남은 삶을 위해

사회 유지를 위한 관습, 통념, 도덕, 정의에 순종하며 지금까지 살아왔다. 이제는 기존의 규범들을 깊게 회의하며 나의 삶의 규범들을 정립해야 한다. 남의 의지가 아니라 내 의지대로 살아야 한다. 사회의 행복을 위해서가 아니라 나의 행복을 위해서, 타인의 이목을 신경 쓰기보다는 내 뜻대로. 시간이 얼마 남지 않았다.

부자

원하는 것보다 가진 것이 많은 자. 여생보다 여비가 많은 자.

'23. 1. 23.

자유와 강박

어떤 일을 해도 되고 안 해도 되는 자유로운 사람이, 그 일을 하기 싫지만 해야 한다는 강박을 가지고 있다면 어떻게 해석해야 할까. 이런 사람을 일컫는 심리학 또는 정신분석학 용어가 있을까. 자유란 ~으로부터의 자유다. 자유를 제약하는 무엇(의무, 환경, 개념…) 없이는 자유가 성립하지 않는다. 어떤 제약이 먼저 있어야 그것에 대한 자유가 비로소 존재하게 된다.

'23. 1. 24.

기다림

기다림이란 현재에 부재한, 실현될지 여부가 불투명한 욕망의 대상을 위해 시간을 소진하는 것. 그 대상에게는 아무런 책임과 의무가 없으며 오직 자신이 욕망하기에 기다리는 것이니 현재(시간)의 소비에 대한 책임은 본인의 것. 어떤 대상이나 사건에 대한 기다림뿐만 아니라 우리가 바라고 얻기 위해 노력하는 삶 자체가 기다림 아닐까. 기다림 없는 삶은 가능할까.

안락

거의 보장된 안락한 내일, 안락한 나날. 이런 날들이 언제까지 계속 될까. 불가능한 바람임을 알고 있다. 두려움 없이 추운 바다를 헤치고 가는 쇄빙선 같은 여생을 살아야 한다. 선택은 없다.

망각

기억이 없다면 망각은 없다. 유 없는 무가 없듯. 망각은 불필요해진 기억의 바다다. 기억은 자신이 만든 망각의 바다를 욕망의 불빛을 따라 항해하는 선박이다. 기억이라는 욕망의 잔해를 망각의 바다에 끝없이 뿌리며.

’23. 1. 26.

웃음

웃음은 생기, 삶의 비타민, 원하는 삶 속에 있다는 징표. 그러나 원한 다고 되지 않는 것, 억지로 할 수 없는 것. 외적 웃음은 상황이 만들어 줄 수 있지만 내적 웃음은 진정 행복한 자들만의 전유물. 남 몰래 혼자 서 빙글거릴 수 있기를.

다행

"저 사람을, 저 책을, 저 정보를, 저 시간을 만나지 못했다면 내 인생

자유, 천형天刑을 다하다

은 어떻게 되었을까. 정말 다행이다."라고 생각하는 몇 가지.

사람 - 아내, 절친.

책 - 쇼펜하우어의『인생론』, 세네카의『인생론』, 에픽테토스의『삶의
기술』

정보 - 마지막 직장으로 전직하게 된 정보.

시간 - 성찰, 깨달음의 시간.

맹목의 진보

우리도 얼마 전 진보의 시절을 살았다. 맹목의 진보, 이성 없는 진보, 무뇌의 진보, 최악의 진보를 경험했다. 진보에 대한 희망을 놓지 않고 애써 믿지 않으려 발버둥 쳤지만 진실의 파도를 넘을 수는 없었다. 게다가 진실을 가리는 진보의 억지는 가관이었다. 삼척동자도 간파할 수 있는 억지. 어떻게 그들이 한때 제 몸 바쳐 민주화 투쟁을 했을까. 이제는 사실을 말하고 인정하고 반성하는 진영에 설 것이다.

믿고 싶지 않은 사실에 대한 인식 지연. 믿고 싶은 것은 증거 없이도 믿고 믿기 싫은 것은 증거를 제시해도 도리질하는 인간. P 정권 몰락의 원인이었던 C 사태에는 성난 파도처럼 일어났던 대중들 상당수가, J 사태에는 사실을 거부했다. 이제는 사실보다 자기 당파를 옹호하는 세력은 더 이상 지지하지 않으리라. 이데올로기나 믿음보다는 사실의 증거에 충실하리라.

잠과 상상력

나이 들수록 깊은 잠은 잠깐, 선잠이나 불면의 밤이 길다. 깊은 잠이 어려우면 선잠이라도 자야 하는데 선잠에는 의식적인 스토리텔링이 필

요하다. 선잠이 지속될 수 있도록 선잠의 꿈속에서 이야기를 만들어 가는 능력.

불면은 몇 가지 생각에 사로잡혀 잠을 못 이루는 것, 그 생각들을 흘려보낼 다른 생각들의 흐름이 필요하다. 잠잘 때도 상상력은 필요하다.

내 맘대로 살기

내 의지대로 산 지 4년 남짓. 점점 사소한 제약이나 의무도 싫어진다. 원치 않는 약속, 하기 싫은 일들. 설사 그것의 불이행이 불이익을 초래한다 해도. 얼마 남지 않은 여생, 내 맘대로 살아야 한다. 그럴 수 있어도 그렇게 살지 못하는 자는 무지한 얼간이며, 이제라도 그럴 수 있음이 다행이다.

문명

현대 문명, 몰랐더라면 더 좋았을 것을. 2020년을 살고 있는 사람이 1970년대에 살려고 하지 않을 것이다. 문명의 이기利器 때문에. 1970년대에 살았던 사람들과 2020년대에 사는 사람들이 느끼는 행복도는 누가 더 높을까. 만일 내가 2020년대를 모르고 1970년대를 계속 살았다면 지금보다 더 행복했을까. 나는 "그렇다". 나에게 문명은 필요악이다. 편리를 가져왔지만 행복을 가져갔다. 나는 스마트폰을 사용하면 편리하지만 행복하지는 않다. 오히려 그것이 발가벗긴 세상이 낯설고 삭막하다. 불편했지만 따듯했던 옛날이, 불편한 행복이 그립다.

스트레스

스트레스 대응에 가장 좋은 것은 망각이다. 그다음은 스트레스 받는

자유, 천형天刑을 다하다

일을 인위적으로 미루는 것. 스트레스를 회사에 두고 온다는 사람들이 있다. 그리하여 주말에는 회사 일을 잊고 즐겁게 지낸다. 그들에게 주말은 천국이지만 다시 회사로 돌아가야만 하는 의무가 있다. 대다수의 사람들이 휴가병 열차를 타고 내리고 또 탄다.

돌아올 수 없는 여행

인생, 결코 돌아올 수 없는 여행. 우리는 어떤 시공간에 머물러 있다고 생각하지만 우리의 생각과 의도와 상관없이 움직이며 돌아올 수 없는 시간 속에 휩쓸려가고 있다. 멈출 수도 뒤로 갈 수도 없고 오직 앞으로만 가고 있는 것이다. "같은 강물에 두 번 발을 담글 수는 없다. - 헤라클레이토스"라는 말을 너무 늦게 깨닫지 않기를.

'23. 1. 28.

해서는 안 되는 것

어린 자식, 늙은 부모에 대한 화풀이. 무고한 약자에 대한 폭력. 자신밖에 돌봐 줄 사람 없는 피보호자에 대한 가스라이팅. 인간의 광기.

단상

삶은 죽음을 향하고 사랑은 환멸을 향하고 있다. 인간의 삶은 운명의 인내에 의지하여 웃고 떠들고 즐기는 것, 부유하는 덧없는 것. 어쩌랴, 천지의 모든 것은 무상無常하니 현재를 즐길 수밖에.

정의

인간에게서 가장 멀리 떨어져 있는 말, 정치인들이 가장 많이 외치는 말, 인간의 속성과는 일치하지 않기에 늘 구호로서, 희망으로서, 체념으로서 인식하는 말, 애타게 부르지만 결코 인간 세계에 강림할 수 없는 말, 개념으로서만 존재할 뿐 현실에는 존재하지 않는 말, 정의.

에피쿠로스의 쾌락

사람들은 쾌락의 의미를 생각할 때 자신의 쾌락을 상상한다. 대저택에서의 진수성찬, 쾌적한 환경, 아름다운 상대와의 밀애密愛… 에피쿠로스가 말한 쾌락의 원천이 "우주의 질서에 대한 이해, 신중하고 정의로운 삶, 용감하고 관대한 삶, 벗과 인류에 대한 사랑"이라면 사람들은 의아하게 생각할 것이다. 그런 삶을 추구하는 것은 쾌락이 아니라 오히려 고통스러울 것이라고 생각할 것이니. 에피쿠로스의 쾌락은 동시대의 반대자들(스토아학파 등)과 중세의 종교에 의해(무신론을 주장했기 때문) 변질된 개념으로 전락했다. 오늘날 사람들이 생각하듯이 저급한 욕망을 채워 주는 쾌락으로.

'23. 2. 4.

단상

슬픔과 고통은 나누어지지 않는다. 함께하면 나누어진다고 생각할 뿐이다. 덜어 줄 수는 없다. 덮어 줄 뿐이다. 본래, 함께할 수 없다. 너와 나 사이에 있는 존재의 심연.

인류의 종말

사람들은 인류가 종말을 향해 내닫고 있음을 알고 있지만 대부분 행동하지 않고 걱정조차 하지 않는다. 내 눈앞의 일에만 신경 쓸 뿐 우리의 일은 곧 남의 일로 여긴다. 운명의 인내는 어디까지일까. 그날은 자신의 생 이후 멀리 있는 것이 아니라 불현듯 엄습할 것인데. 인간이란 진정 운명의 꼭두각시일 뿐인가.

신념

신념, 확신은 개인의 방향타로서 족하다. 개인의 신념의 전파, 확산은 위험하다. 신념의 충돌은 개인 간의 작은 싸움이 되고, 이데올로기가 되어 큰 싸움의 원인이 되기도 한다.

세상에는 사람 수만큼의 신념이 있다. 자신의 신념(이데올로기)이 옳음을 증명하기 위해 나아갈수록 신념에 고립된 불완전한 인간이 된다. 하나의 신념에는 무수한 반대 신념이 존재하고 각 신념은 일정 부분만 타당하다. 부분이 전체가 될 수 없다.

인간의 신념은 자신과 사회를 경화시킨다. 인간이여, 제발 나대지 말기를.

회의주의자

철학의 토대가 건실한 자. 인간의 지병인 신념(망상)의 파괴자. 인간 세계의 균형 추. 대다수 인간의 습성과 어긋나는 minority. 세상을 정돈할 뿐 세상을 이끌 수는 없는 자.

아침

무심히 당연하게 맞는 동터 오는 아침, 언젠가 이 아침을 간절히 원할 때가 올 것이다. 그때 간절히 원할 만큼 의식이 살아 있을까.

석양이 강렬하게 불타오른 후 급격히 덮쳐 오는 땅거미의 우울. 어둠을 걷어 가는 아침 햇빛의 기쁨은 저녁의 우울만큼 진하지는 않다. 삶은 당연하지만 죽음은 슬프고 맞이하기 싫은 사건으로 여기는 무의식, 본능 때문일까. 당연한 삶, 부당한 죽음? 삶으로 편향된 생각이다. 생과 사는 동일한 무게라는 섭리를 의식적으로 거부하는 무지. 오랜 삶을 살아왔기에 삶은 일상이고 죽음은 갑작스런 사건이라는 생각은, 생 이전의 무구한 시간과 죽음 이후의 영원한 시간을 가늠하지 못한 무지. 무량한 시간의 바다에서 순간 튀어 올랐다가 사라지는 삶이라는 물방울.

하루살이가 계절의 변화를 모르듯 삶 안에서만 살아온 자가 삶 밖을 어찌 알랴. 사람이 하루살이가 모르는 계절의 변화를 알 듯, 삶을 성찰하는 자는, 죽음이란 삶 이전의 평안으로 돌아가는 것임을 직관한다.

깨달음의 느낌

깨달음의 순간은 어지럽다. 온몸이 허공으로 내던져진다. 끝없는 심연으로의 낙하.

자유의 한계

어항 속 물고기의 자유, 수족관 물고기의 자유, 가두리 양식장 물고기의 자유, 강 물고기의 자유, 바다 물고기의 자유. 어떤 물고기의 자유든 제한된 범위 내에서의 자유다. 어떤 자유도 한계 내에서의 자유다. 나는 자유로운가. 자신을 가두고 있는 한계를 모르는 자는 자유롭다고 생

자유, 천형天刑을 다하다

각할 뿐, 한계를 인식하는 순간 자유는 사라진다. 자유의 한계를 모르고 사는 것이 자유로울까, 한계를 인식하고 사는 것이 자유로울까. 자유의 한계를 인식하고 관조하는 자가 자유롭다.

'23. 2. 9.

인간의 모순

현자는 인간의 모순을 극복하기 위해 노력하지만 사람들은 체념하기 위해 애쓴다.

분석과 증명

분석, 증명의 단점은 그 이전의 모호한 풍요(꿈, 희망…)를 앗아가 버린다는 것이다. 발아를 위한 포근한 온기를 거두어 간다. 분석과 증명을 통해 얻는 물리적 명확함의 이득은 좋지만 그것이 초래한 정신적 황량함, 삭막함의 피해도 있다. 인간은 분석과 증명 없이도 잘 살아갈 수 있을까.

부정적 힘

행복이 주는 긍정적 힘보다 고통을 피하려는 부정적 힘이 세다. 칭찬의 힘보다는 체벌에 대한 두려움의 힘이 크다. 모든 변화는 더 좋은 것으로 향하는 의지보다는 불편, 싫음, 고통을 피하려는 의지에 더 큰 동인이 있다.

생각

새로운 생각은 그 이전의 생각을 폐기한다. 폐기된 생각이 이루었던 문화도 폐기된다. 생각은 창조이기도 하지만 파괴이기도 하다.

인류의 문명(진화)은 코스모스를 향하고 있는가, 카오스를 향하고 있는가.

비장함

즐거움과는 반대로 비장함에는 감동과 의무가 포함되어 있다. 즐거움은 행복과 함께 오고 비장함은 고통 앞에 온다.

복수

복수는 악을 무릅쓴다. 악에 대한 처벌의 두려움보다 복수의 대상에 대한 분노가 앞선다. 그 분노는 모든 수단을 정당화한다. 원한을 만들지 말 것.

언어와 생각

언어의 속성은 실재의 규정, 분별이다. 생각은 언어로 한다. 분별, 편견을 벗어난 생각은 없다.

관대한 사상

인간성 좋은 사람이 조직에서 높이 올라가지 못하듯 관대한 사상은 주류가 되지 못한다. 기독교와 이슬람교 사상은 다른 사상을 멸망시키며 성장한 결과, 세계를 지배하고 있다. 반면 불교나 힌두교 사상은? 인간은 이익을 위한 투쟁을 선호한다. 이익이라는 목적을 위해 관대함을 처박아 두는 자본주의는 인간의 속성과 일치한다.

자유, 천형天刑을 다하다

남은 시간

죽음까지 시간이 얼마 남지 않았다. 이제는 하고 싶은 것을 하고 의무를 만들지 않고 꺼리는 일을 하지 않으며 살아야 한다. 의무감에 사람을 만나는 일, 지식을 넓히기 위해 책을 읽는 일 따위는 하지 않겠다.

분주함과 관조

분주함은 삶의 격랑 속을 허우적거리며 무의식적으로 삶의 연장을 위해 발버둥 치는 것. 분주함 속에 관조는 없다. 자신의 존재도 없다. 오직 목전의 이익을 위한 부단한 행위가 있을 뿐. 내 존재는 분주함 속에 빨려 들어간다.

분주함을 떠나 관조할 때 비로소 자신의 존재를 인식하고 생각하게 된다. 자신의 존재를 성찰한다는 면에서 관조는 고통과도 같다. 관조 없는 무고통의 삶은 시간의 증발, 존재의 무화. 관조와 함께 나타나는 세계와 존재, 삶의 고통. 존재함을 원하는가.

고통과 신

한때, 심한 고통 속에서 신의 품 안으로 도피하고 싶었지만, 존재하지 않는 대상의 품에 안기는 것은 정신 줄을 놓지 않는 이상 불가능했고 아무런 위로가 될 수 없었다.

시간과 삶의 의미

삶이 의미를 동반할 수 있는 최대의 시간은 수명이다. 삶이라는 순간을 고배율의 현미경으로 들여다보아야 겨우 의미를 찾아낼 수 있는 것이다. 수명 이후, 영원을 샅샅이 뒤진다 해도 어떤 의미의 조각들도 발견하지 못할 것이다. 의미는 존재의 창을 통해 볼 수 있는 것.

엔진과 동력

삶의 엔진은 나. 나라는 엔진을 움직이는 동력은 무엇인가. 동력으로서, 행복은 모호하고 욕망은 분명하다. 나에게 남아 있는 욕망은 무엇일까. 내 가능성의 담 안에 있는 것들에는 간절한 욕망이 없다. 가능성의 담 너머를 가로지르는 욕망은 간절하다 해도 시간이 지나면 희미해질 것이다.

강렬하게 시작한 욕망도 충족되지 않은 채 시간이 지나면, 대부분 점점 사그라진다. 사위는 욕망은 당초에 불필요한 욕망이었다. 시간이 지나도 꾸준히 잔잔하게 타오르는 욕망, 그럴 수 있는 욕망을 찾아 다시 불을 붙여야 하나. 여생의 동력으로서.

권태와 시간

시간은 권태의 불쏘시개. 시간 없는 권태는 없다. 누군가 권태로운가? 그에게서 시간을 거두어 나에게 달라. 실현 불가능한 일거양득.

감정

감정은 이성의 상전. 감정이 두렵다. 감정은 이미 이성을 짓누르고 생겨나기에 나는 그것의 노예일 뿐 주인이 될 수 없다. 감정이 누그러들어야 비로소 나의 주인이 될 수 있다.

성찰

삶과 죽음, 형이상학을 성찰한다는 것은 한가롭다는 것. 형이상학은

자유, 천형天刑을 다하다

한적하고 여유 있는 비옥한 땅에서 자란다.

비난

타인의 생각이나 행동을 비난하며 자신은 결코 그렇게 하지 않을 것이라고 장담할 수 있는 자는 얼마나 될까. 타인에 대한 비난은 자신에 대한 형틀이다.

Privacy와 가면

인간은 누구나 개인만의 수치와 비밀을 가지고 있기에 '프라이버시 존중'이라는 말이 생겨났다. 인간은 까발려질 때 존엄을 상실한다. 인간에게는 민낯을 감출 수 있는 가면이 필요하며 가면을 쓰고 연기하는 것이 인간의 삶이다.

한편 프라이버시를 드러내고 사는 것은 가면을 쓰지 않고 사는 것이다. 그의 솔직한 삶은 사회에 나올 때 비정상이 된다. 사회는 솔직한 자를 오히려 광인으로 몰아, 강제로 가면을 씌우고 가두어 버린다. 자신들이 숨긴 수치와 비밀을 드러내고 있기 때문에.

호의와 악의

호의는 아무런 방비 없이 상대에게 전해지며 상대가 호의를 무시할 때 깊은 상처를 입는다. 악의는 치밀한 대책을 가지고 있다. 악의의 속성상 무시되는 경우는 드물며 상대에게 깊은 상처를 입힐 수 있도록 계획되어 있다.

성공과 자존심

사회에서 성공한다는 것은 자존심을 버린다는 것이다. 자존심을 유지하고 성공하려는 것은 물속에서 불을 켜려는 것이다.

만물 유전

모든 것은 변한다. 변화에는 고통이 따른다. 인생도 고통이다. 고통의 제1원인은 태어남이다. 생… 노병사.

고통의 심연

행복에는 권태라는 정점이 있지만 고통의 심연은 끝없다. "100가지 행복은 하나의 고통을 넘지 못하기에 100가지 행복을 추구하기보다는 하나의 고통을 줄여야 한다."는 쇼펜하우어의 말은 지당하다.

권태

지겨움 수준의 권태는 언제라도 빠져나올 수 있지만, 무기력 수준의 권태로 악화되면 스스로 빠져나올 수 없는 자포자기의 수렁에 빠진다. 권태에서는 빠른 탈출이 최선이다.

절망

절망은 '희망을 향한 본능'에 대한 반란이다. 삶의 의지에 대한 거역이다. 절망에서는 숨쉬기조차 힘들다. 절망에는 삶의 의지보다 더 큰 에너지가 필요하다. 절망의 극복에는 절망으로 가는 만큼의 에너지가 필요하지 않다. 어쩔 수 없는 힘에 의해 절망에 이르더라도 본능은 여전히 삶과 희망을 향하기에.

자유, 천형天刑을 다하다

'23. 2. 10.

텅 빈 시간

텅 빈 시간, 그 시간을 무엇인가로 채우려는 노력들. 마치 의무라도 되듯. 이미 충분하여 남아도는 돈을 더 벌려는 욕망처럼, 텅 비어 흐르는 시간을 어떤 의미 있는 행위로 채워야 한다는 생각은 삶의 유한함에서 연유된 강박이다. 무위로서, 흐르는 시간을 바라볼 수 있는 자, 가장 행복한 자다. 채울 필요도 없고 채울 수도 없음을 인식하기에.

본능과 이성

이성이 의지(감정)의 노예고 의지는 본능의 노예라면 본능을 거스르는 이성은 없다. 본능은 이기적이기에 정의롭지 못하며 사회는 체제 유지와 정의를 위해 이성에 힘을 부여하고 본능을 억압한다. 개인이 모여 사회를 이루지만 개인을 위한 사회는 없다.

지구 구원

지구 구원을 위해 근본적으로 필요한 것은 무엇인가. 인류의 축소, 극한으로는 인류의 소멸. 인간이기에 인류의 유지와 확장을 위해, 지구를 파괴하더라도, 지구상의 무수한 생물들을 사멸시키더라도, 그중 하나의 종에 불과한 인간 편에 서야 한다는 생각은 이성적인가. 조물주가 있어 지구를 구원해야 한다면 살아 있는 인간을 사멸하기보다는 인간의 생식을 막아 점차적인 소멸을 유도할 것이다.

회의주의자

회의주의자는 한 시대의 이데올로기를 끊임없이 의심하며 그것의 환멸을 추구하는 Minority가 되지만, 낙관주의자는 시대의 이데올로기에 편승하여 이데올로기의 전도사나 하수인이 된다. Majority는, 대중은, 깊은 성찰 없는 낙관주의자다. 회의주의자는 그 시대를 항해하는 선박의 평형수가 되지만 낙관주의자는 선박을 어디로 몰아갈지 모르는 희망으로 가득 찬 환상의 광풍이 된다.

개인과 대중

인간이 이성을 되찾은 근대 이후, 사람들은 자신의 무지를 인정하지 않는다. 개인은 이성적이라 해도 대중은 비이성적이다. 현대의 SNS 시대도 상황은 크게 다르지 않다. 개인의 의견이 표현되고 공유되고 여론을 형성하지만 그 또한 교활한 자들에게 조종당한다. 결국 현대의 이성적 개인 또한 대중이 되고 만다. 시대는 발전하고 변했지만 맥락은 변하지 않았다. 지도층 인간의 양심을 믿는다면 민주정보다는 공화정이 낫다.

동화와 소설

어린이를 위한 동화는 해피엔딩이 대부분인데 성인들의 소설이나 영화는 비극이나 죽음으로 끝나는 경우가 많다. 현실에서는 슬픔보다는 기쁨을 추구하는 인간이 왜 가상의 공간에서는 희극보다는 비극을 선호할까. 카타르시스 때문일까, 여운 때문일까. 해피엔딩은 심리적 저항감이 작아 짧은 기쁨으로 사라지지만 새드엔딩은 원하지 않는 긴 아픔으로 기억되어서일까.

역사와 철학

역사는 고정되어 있다. 역사적 사실은 발견될 뿐 생성되지 않는다. 사실이 변한다면 그것을 바라보는 인간의 시선이 변한 것이리라. 철학은 끊임없이 변한다. 그 자체가 인간의 생각이므로. 역사는 받아들이기 쉽지만 지루하고, 철학은 어렵지만 활력 있다. 인생의 초중반에는 철학에 심취해도 후반에는 대부분 역사책을 가까이하는 것 같다.

얼간이의 행복

세계를 제패하고 로마제국을 한 손에 잡은 현실의 카이사르. 백주의 얼간이가 되어 무릎 꿇고 기도하며 두려움을 가득 안은 채 점잔 빼는 돈키호테. 카이사르의 인생을 살고 싶지만 돈키호테가 더 행복했을 것이다. 행복은 객관적 현실보다는 주관적 환상에서 피어나기에.

고독

고독은 관조하는 자에게 나타나는 심적 상태이며 고독에 잠겨 있는 시간만은 누구나 고결하다. 분주한 자, 이익을 쫓는 자, 욕망하는 자에게 고독은 없다. 고결하지 않다.

희망

희망은 환상의 자식이며 환멸의 자식은 절망이라면, 절망은 현실의 자식이다. 희망은 안쓰럽다.

인생

"인생은 가까이서 보면 비극이고 멀리서 보면 희극"이라고 하지만,

가까이에서는 확실한 감정과 차이, 분별들이, 멀리 떨어질수록 희미해져 결국 유사한 것이 된다. 우주에서 바라보는 지구, 그 안에서 명멸하는 수많은 사건들, 무슨 차이가 있을까. 젊어서는 가까이 보지만 늙어서는 멀리서 보게 되는 것은 가능성이 사라져서일까, 죽음이 가까워서일까. 젊은 시절의 경쟁자가 늙어서는 친구가 되듯이.

원한

실체 없는 대부분의 원한은 자신의 자존감 부족에서 생기지만 타인을 향한다. 작은 원한은 욕설로 배설되지만 부풀려진 원한은 광기로 폭발한다.

경이

노년으로 향하는 지금, 사물은 더 이상 경이롭지 않지만 슬프게도 인간은 여전히 경이롭다.

기적

우연히 아름다운 연인을 만나 기적 같은 사랑을 하고, 로또에 당첨되어 기적 같은 삶을 살아도, 그런 기적을 원하지 않는 기적 앞에서는 모든 빛을 잃는다.

인간과 동물

정신 나간 인간이 동물과 유사하다고 말한다면, 정신 나간 동물이라도 인간보다 낫다고 말할 수도 있다.

자유, 천형天刑을 다하다

불행 앞에서

불행 앞에서 삶을 향해 오기를 부리는 자. 희망이라는 위약僞藥을 복용한 자다. 희망은 비록 위약이지만 불행에 대한 유일한 처방일 수도 있다. 위약도 때로는 효력을 발휘한다.

슬픈 능력

자살, 자발적 죽음, 존재의 사라짐. 신들도 가지지 못한 인간의 슬프지만 위대한 능력.

사는 이유

재물을 모으듯 앞으로 더 많은 기쁨과 희망을 기대하고 사는 자와 앞으로 얼마나 많은 슬픔과 실망이 자신 앞에 나타날까 벼르며 오기로 죽음까지 가 보고자 하는 자. 나는 후자를 택하겠다. 동일한 사건을 겪으며 산다고 할 때, 전자는 행복을 기대하기에 행복하기 어렵고 후자는 불행을 각오하기에 행복할 수 있으므로. 결국 후자도 행복을 기대하기는 마찬가지!

여우와 신 포도

젊어서는 욕망을 가지고, 상대의 우월함을 인정하며, 두려움을 극복하려고 노력하지만 늙어서는 불가능성 속에서 비웃음을 방어기제로 삼는다.

쾌락과 고통

고급 쾌락일수록 직관적이지 않다. 노출과 경험과 연습이 필요하다.

고통은 직관적이다.

의무감

의무감은 노예로 가는 문이다. 스스로 자신에게 부여한 의무, 가족으로서의 역할과 의무, 직장과 사회 구성원으로서의 의무… 모든 것은 나를 억압하는 형틀이다. 최대한 벗어나야 한다. 생이 얼마 남지 않았다.

사실과 가식

아름다운 척하는 것보다 아름다움이 낫고 기쁜 척하는 것보다는 기뻐하는 것이 낫지만, 수줍음보다는 수줍은 척하는 것이 매력적이다. 순진한 연인보다는 순수한 연인이 매력 있는 것처럼.

형이상학적 주제

대부분의 형이상학적 주제는 신을 제외하면 선악, 정의, 옳고 그름 등 사회적 존재로서 필요한 것들이다. 홀로 무인도에 고립되어 있을 때, 즉 사회와 단절되어 있다면 생존해야 하는 것 외에 생각해야 할 형이상학적 주제는 무엇일까.

'23. 2. 12.

자살

자살은 이성의 판단일 수 없다. 자살의 욕망이 이성을 이기는 것이 아니라 속이는 것이다. 일상에서도 이성은 욕망에 쉽게 속는다. 한 예로 '팔굽혀펴기'를 50회 하려고 했는데 실제로는 40회만 하고도 50회 했다고 착각하는 경우가 있다.

자유, 천형天刑을 다하다

악행

어떤 흉악범이 개과천선해서 선하게 변했다 해도 과거의 흉악한 악인이 착한 악인이 되었을 뿐이다. 흉악하든 착하든 악인은 악인일 뿐 선인이 될 수 없다. 선행과 달리 악행은 오래 남아 그 영향은 쉽게 사라지지 않는다. 선행은 안 해도 되지만 악행은 결코 해서는 안 되는 이유다. 악행은 천형의 낙인이다.

부지런함

굳이 『파브르 곤충기』의 쇠똥구리를 읽지 않아도 내가 아는 한 개미, 벌, 등 작은 곤충들은 쉼 없이 일한다. 큰 동물로 갈수록 움직임이 덜하다. 정점에는 인간이 있는바, 인간도 부지런할수록 성공하겠지만 성공하려고 곤충같이 살고 싶지는 않다.

고독과 우울

고독과 우울은 인생의 조미료다. 어느 정도까지는 삶의 맛을 높이지만 과량은 삶을 망쳐 버린다.

단상

희망은 현재의 부정, 미래의 환상이다.

사랑하는 사람에게는 알면서도 속지만 증오하는 자에게는 눈을 부릅뜬다.

어떤 대상(죽음 등)에 대한 빈정거림은 거부요, 한숨은 수용이다.

극복할 수 있는 고통은 행복의 원천이다. 고통 없는 행복은 권태의
원천이다.

페시미스트

가장 이성적인 옵티미스트는 결국 페시미스트가 될 것이다. 정신 줄
놓은 자만이 대책 없는 옵티미스트로 남는다. 페시미스트는 자살하지
않는다. 세상이 부조리함을 알고 있기에. 옵티미스트는 상대적으로 자
살할 가능성이 많다. 자신의 믿음에 대한 환멸 때문에. 페시미스트에게
옵티미스트는 미친놈이고 옵티미스트에게 페시미스트는 사회의 쓰레
기다.

쾌활함

"빛이 강하면 어둠도 깊다"는 말처럼 외적 쾌활함은 내적 우울함을
배경으로 한다. 우울함이 배경이 되지 않는 쾌활함은 닻 없는 배와 같
다. 성찰 없는 광인의 쾌활함이다.

장황함

장황한 이야기를 듣고 있으면 화자의 지능을 생각하게 된다. 이야기
가 자신을 따라오지 않고 자신이 이야기를 따라가는 수준의 지능. 미괄
식 이야기는 대부분 장황하다.

고통

육체적 고통은 피할 수 없기에 수동적이다.
정신적 고통은 어느 정도 조절할 수 있기에 수동적이지 않다.

자유, 천형天刑을 다하다

타인에 의한 모욕, 치욕에 대한 고통은 자존감과 분노 사이에 위치한다. 능동적 대처 가능한 고통이다.

만물유전

만물유전의 배경은 시간이고 만물은 모든 것을 의미한다. 생각의 대상은 변해도, 시간과 공간 같은 생각의 틀은 변할 수 없다고 믿어 왔지만, 일반 상대성 이론, 중력장 이론 등 현대의 과학은 시공간마저도 변하게 만들었다. 만물유전은 예외 없다.

초심자의 광기

선무당, 새로운 종교나 이데올로기에 심취한 자를 관통하고 있는 것은 광기다. 물불을 가리지 않는 무모함과 맹목. 그들은 위험하다. 제압할 수 없다면 거리를 두는 것이 상책이다.

두 가지 길

죽음에 다가가는 두 가지 길. 하나는 죽음에 대한 성찰을 통해 조금씩 자신을 죽임으로써 다가가는 길. 죽음의 수용. 육체적 죽음과 무관하게 두려움 없이 산다. 다른 하나는 육체를 통해 죽음에 다가가는 길. 실시간적인 죽음이므로 죽음과 시공간적, 심리적 거리가 없다. 죽음의 손에 목을 잡혀 끌려간다.

현자

현자는 인간의 환상을 깨뜨리고 인간의 가면을 벗겨야 하는 의무가 있다. 그런 의무를 수행하는 자는 회의주의자, 광대, 풍자가, 일부 작가

들이다. 그들이 현자인 이유는 적어도 자신은 환상을 깨뜨렸고 가면을 벗어 버렸다는 것이다.

중요한 것

작가에게 글의 소재가 중요하듯 회의주의자에게 의심의 대상은 소중하다. 철학자에게 성찰의 대상이 그러한 것처럼.

행복, 권태, 공허

행복이 과하면 권태로, 권태가 과하면 공허로 빠져든다. 권태는 불행과 고통의 반대편에 있는 좋은 것이지만 그것에서 빠져나오지 못한 공허는 치유하기 어려운 중병이다.

환멸

깨달음의 순간. 무지의 환상에서 깨어나는 순간. 가로로 놓인 것들을 세로로 보는 순간. 시간을 가로질러 통찰하는 순간. 사태의 전후를 꿰뚫는 순간.

통찰

과거는 압축되어 현재로 재생되고, 현재는 존재하는 현실이며, 미래는 관념의 허상이다. 통찰은 과거와 미래의 시간을 압축하여 현시점으로 가져오는 것이다. 통찰은 환상과 허상을 부수며 자유를 가져온다.

관련 없음

사람이든 사물이든 나와 관련 없는 것은 나에게 존재하지 않음과 같

자유, 천형天刑을 다하다

다. 관련이라는 것의 핵심은 이해관계다. 무관한 것은 없다고 생각하는 것이 좋다. 이해관계를 넓힐수록 늘어나는 행복보다 늘어나는 고통이 훨씬 많기에.

시간과 공간

시간과 공간은 존재하는 대상이 아니라 존재의 형식이다. 시간과의 분리, 공간과의 분리는 문학적, 철학적, 관념적 표현일 뿐 실제로는 어불성설이다.

존재와 무 사이

존재와 무 사이의 심연의 바다에서 고물에 기대어 두 눈 뜨고 온몸으로 파도를 타지 않으면 환상이라는 멀미 속을 헤매게 된다.

'23. 2. 13.

단상

권태 속의 행복, 지옥에서의 자유, 고통 속의 기쁨… 나쁨에 갇힌 좋음.

"그 또한 지나가리라." 그러나 그 원인은 영원하리라.

건강과 행복

건강은 행복의 필요조건이지만 충분조건은 아니다. 실제로 건강하다고 행복을 느끼는 사람은 소수다. 행복한 조건 속에 있는 자가 행복을 느끼지 못하는 것과 같다. 당연의 베일 때문에. 그것을 거두는 것은 병과 고통이다.

삶의 자세

내 의지와 상관없이 태어난 세상에 대해 나는 두 가지 태도를 갖는다. 하나는 '주어진 세상이니 어떻게든 열심히 살아서 조금 더 행복하자.' 또 하나는 '원치 않았던 세상이니 대충 둘러보고 역시 아니라면 미련 없이 떠나자.' 지금껏 전자의 태도로 살아왔지만 이제는 대충 둘러보았으니 후자의 태도가 필요하다.

'23. 2. 14.

인식한 세계

불교 용어를 사용하면, 육감과 육경을 통해 육식에 이르러 세계를 인식한다. 인식된 세계는 인식 전의 카오스 세계 전체에서 분리된다. 분리 전의 카오스의 세계와, 분리되고 남은 나머지의 카오스의 세계에 대해서는 전혀 아는 바 없다. 단지 미지의 힘(신, 섭리, 운명 등)으로 느낀다. 인식한 세계의 한계, 인생이 어렵고 힘든 이유 가운데 하나다.

생生과 삶

나는 생을 혐오하지 않는다. 혐오하는 것은 생의 조건이다. 그 조건은 생의 사슬이며 동시에 자양분이다. 생은 그 자양분으로 성장하고 사슬은 점점 더 조여진다. 평생 그 사슬에 얽매여 살다가 죽음에 이르러서야 사슬을 벗는다.

유有와 무無

정지된 세계에서 유와 무는 명백하다. 분명하게 드러난다. 움직이는 세계에서는 유와 무가 서로를 향해 변화한다. 우주의 춤 속으로 들어가

자유, 천형天刑을 다하다

면 유와 무는 한 덩어리가 되어 분리되지 않는다.

회의와 낙관

우리가 사실 또는 진리라고 믿고 있는 낙관의 탑 앞에서 회의는 낙관의 근거를 찾는다. 낙관의 걸음은 보폭이 크고 속도도 빨라 시원스럽다. 회의는 좀스럽고 느리다. 낙관은 희미한 환상으로 질주하며 회의는 브레이크를 건다. 낙관의 연료는 욕망이며 회의의 연료는 이성이다.

'23. 2. 15.

무아無我

자아를 잃음인가. - 자아는 사라지고 세계만 남는가.

세계를 잃음인가. - 세계는 사라지고 자아만 남는가.

자아도 잃고 세계도 잃음인가. - 자아도 세계도 사라지고 아무것도 남는 것이 없는가.

선과 악

악은 쉽지만 선은 어렵다. 무의식을 지배하는 것은 욕망, 욕망은 선보다 악에 가깝다. 세상에서 드러나는 악은 Minority지만 그것은 빙산일각, 욕망의 형태로 저변에 잠재한다. 선이 자석의 같은 극이라면 악은 다른 극이다. 선은 독립적이고 배타적이어서, 선이 다른 선을 불러 선이 지속적으로 이어지는 경우는 드물다. 악은 서로 끈끈하다. 악은 새로운 악을 부르며 자신이 파괴될 때까지 지속적으로 이루어지는 경우가 많다. 악행은 쉽게 할 수 있지만 선행의 문턱은 악행보다 높다. 맹자는 이상적이고 순자는 현실적이다.

무지의 칭송

무지한 자들의 세상에서 그들의 칭송을 받으려면 더 무지해져야 한다. 광인들의 세상에서 그들의 칭송을 받으려면 더 미쳐야 한다. 이들의 칭송을 원해야 할까.

비판과 칭찬

비판은 좁은 시야와 얕은 생각을 가진 반면 칭찬은 보다 넓은 시야와 생각의 심연을 가지고 있다. 비판은 초심자나 경쟁자, 약자의 행위고 칭찬은 고수나 강자의 행위다.

이 세상

아무리 이 세상이 더럽고 타락하고 고통스럽다 해도 지옥보다는 천국에 가까운 것 같다. 아무도 이 세상을 떠나려 하지 않으니. 더러움, 타락, 고통의 원인의 대부분은 세상이 아니라 인간이다. 신곡에 나오는 지옥과 천국의 묘사는 정정되어야 한다. 체벌 환경의 지옥과 안락한 환경의 천국이 아니라, 악한들이 서로에게 고통 주는 지옥과, 선한 자들이 서로에게 행복을 주는 천국으로.

의식과 고통

고차원의 의식은 고차원의 행복뿐만 아니라 고통도 수반한다. 영리하고 회의적이고 생각 깊은 자보다 우둔하고 낙천적이고 생각 없는 자들의 행복도가 높다. 행복의 수준을 결정하는 것은 행복이 아니라 고통이기에.

자유, 천형天刑을 다하다

본능과 인식

육근은 본능적으로 육경을 향한다. 불교에서도 육식보다는 육식 이후의 마나식, 아뢰야식, 전식 등 내부로 갈수록 인식하기 어렵다. 인간의 감각은 외부로 향한다. 내부로 향한 감각은 없다. 외부 환경은 저절로 인식되지만 자신의 내부를 인식하려면 성찰과 관조라는 노력이 필요하다. 누구나 생활인이 되지만 철인이 되기는 어렵다.

욕망과 노예

욕망함으로써 욕망하는 대상의 노예가 된다. 무관심으로써 대상을 지배한다.

무관심의 승리 vs. 욕망, 사랑, 부러움의 패배

이기(利己)의 무의미

신앙을 위한 신앙, 예술을 위한 예술, 문학을 위한 문학, 정치를 위한 정치… 자신을 위한 자신은 무의미하다. 자신 아닌 대상을 위한 자신만이 유의미하다.

인간의 성향

인간의 성향은 변화를 싫어한다. 무난한 현상의 유지를 바란다. 편리의 진보라 해도 빠른 변화는 피로하다. 몇몇의 Early adopter를 제외하면 기꺼이 변화 이전의 불편에 머물려고 한다. 변화에서 도망친다.

객관과 보편

'객관과 보편'은 '주관과 개별'에 비교하면 향기 없는 꽃, 무미한 음식,

불모의 사막, 메마른 성향이다. 동시에 객관과 보편은 형이상학적 지향점이자 사고의 기준이다. 한 예로 자신의 주관적 개별적 죽음보다는 객관적 보편적 죽음을 사색함이 옳고 좋고 평안하다.

자식에 대한 기대

나는 자식에 대한 기대가 없는(?) 편이다. 오죽하면 바리스타 자격증 합격이나 컴퓨터 활용 능력 2급 자격증 취득에 기뻐하겠는가. 누구나 조금만 신경 쓰면 다 따는 것에. 내가 자식에 대해 과소평가하고 있는지는 모르지만 자식 입장에서는 큰 자유를 느끼는 것 같다.

부모의 무관심(?), 무기대(?)가 자식에게는 자유다.

'23. 2. 17.

당위와 의미

당위와 의미, 무엇이 더 중요할까. 당위는 의미에 앞선다. 당위에서 의미를 찾지는 않는다. 의미는 당위가 아닌 어떤 행위를 하기 위해 만들어 내는 나의 분비물이다. 당위가 뿌리라면 의미는 꽃이다.

지구와 인간

지구는 무슨 죄를 지었길래 인간이라는 암에 시달릴까. 그 암으로 인해 지구는 사망할 것인데. 어떤 종교의 신이 만물을 만들었다는데 그 신은 창조의 마지막 날에 왜 암까지 만들었을까. 동물들은 도망가고 식물들은 겁에 질리고 마는 그 암을.

삶과 기록

오래 살기를 바라는 사람들은 죽어서도 자신의 흔적이 오래 남기를 바랄 것이다. 사후, 흔적들은 곧 버려진다. 기록은 남는다. 오래 남기를 바라는 자여, 기록하라, 글을 쓰라, 책을 만들라. 보지는 않아도 굳이 버리는 수고를 하지는 않을 테니.

읽기와 쓰기

쓰기는 읽기보다 몇 배 어려운 만큼, 두뇌를 요구한다. 누구나 읽을 수는 있지만 쓸 수는 없다. 어떤 생각이든 써 보면 A4지 한 장을 채우기가 쉽지 않음을 알 수 있다. 읽기의 이해력에는 두뇌의 일부가 필요하지만 쓰기의 창의력에는 두뇌 전체가 필요하다. 작가는 치매와 멀다. 제정신으로 오래 살고 싶은 자여, 쓰라.

중독

마약, 노름, 섹스… 중독, 강박, 집착에 이르게 하는 것들은 죄악시된다. 그것들에 가스라이팅 당하게 되므로.

자세

서 있는 자세가 가장 불편하고 두뇌를 많이 써야 하고 감정에 휘둘린다. 한 예로 분노는 앉기만 해도 누그러진다. 누우면 모든 것이 멈춘다. 두뇌도, 생각도, 사물도, 시간도, 공간도. 눈까지 감으면 무의 평안, 깊은 잠, 죽음 같은.

사회적 죽음

사회적 죽음은 관계의 단절이고 사회적 삶의 범위는 관계의 범위다. 인류가 80억이고 자신이 관계 맺은 사람이 1,000명이라면 7,999,999,000명분의 자신의 사회적 삶은 죽은 것이다.

현실과 고통

고통이나 불행은 점액질이지만 행복이나 기쁨은 휘발성이 강하다. 다행히 기억에는 행복이나 기쁨보다는 불행과 고통이 많이 남아 있어 어려운 현실이라도 꿋꿋하게 갈아갈 수 있게 한다.

시간과 변화

나는 가만히 있는데 시간이 나를 통과해서 지나가는 것인가, 내가 시간을 따라 움직이고 있는 것인가. '움직이지 않고 있어도 늙는다'는 사실이 문득 생소하다. 놓여 있는 음식이 시간이 가면 부패한다는 것은 이해하겠는데, 나 자신이 부패한다(늙는다)는 것은 선뜻 받아들일 수 없다. 탄생과 동시에 나는 나대로 가고 세월은 세월대로 가다가, 최종 시점, 죽음에 서 다시 만나는 것은 아닐까….

반복하는 시지프

산꼭대기에서 굴러떨어진 바위를 다시 산꼭대기까지 밀어 올리는 형벌을 반복하는 시지프. 모든 사람이 시지프와 같은 삶을 사는 것은 아닌지. 반복되는 일상, 거의 예측 가능한 일의 반복, 더 이상 신비로울 것 없는 권태. 시지프는 면할 수 없는 형벌을 지속할 수밖에 없지만 사람들은 새로울 것 없는 삶을 왜 그만두지 않는가. 태어났기에, 죽을 수 없

자유, 천형天刑을 다하다

기에, 반복되는 삶을 사는 것은 지구의 자원을 낭비하는 것 아닌가.

휴머니즘

나는 "휴머니즘", "인간적인"이라는 말을 싫어한다. 나를 알기에, 인간을 알기에. 인간이 얼마나 이기적인가를 알기에.

'23. 2. 18.

단상

입으로 들어가는 것은 싸구려라도 입에서 나오는 것은 고귀하기를.

소는 풀을 먹고 젖을 만들지만 철학은 고통 속에서도 평안을 찾아낸다.

고통

고통을 품고 있는 인간은 진주를 품고 있는 조개다. 조개 속의 진주가 자라나듯 고통의 극복은 인간의 성장이다. 인간은 고통(삶)의 씨앗을 품고 태어나 고통에서 벗어나려고 고통 속으로 돌진하며 산다.

관대함과 동정심

관대함은 큰 미덕이지만 대상과 거리를 둔다. 오히려 동정이 대상과 밀접해 있다. 관대함이 부자나 권력자의 미덕이라면 동정은 서민의 미덕이다. 부자나 권력자는 (동정할 수 있지만) 동정하지 않고 서민은 (관대하고 싶지만) 관대할 수 없다.

경험과 욕망

경험하지 못한 것에 대한 욕망은 불필요한 환상이다. 경험한 것에 대한 욕망은 강한 실체가 있다. '경험'이 없으면 '필요'도 없다. '필요' 없는 욕망은 '힘 없는 희망 사항'일 뿐이다.

믿음과 회의

믿음은 배수진을 치는 것이다. 도주로가 없다. 막다름에 이르면 회피의 변신 없이 자폭할 뿐이다. 그것의 후폭풍은 환멸. 회의는 끝없는 변경, 변화다. 막다름에 이르기 전에 변화한다. 믿음은 불안하고 회의는 평안하다.

현실과 현실의 구조

현실은 느낄 수 있으나 현실의 구조는 느낄 수 없다. 현실의 구조는 끝없는 회의를 통해 인식해야 한다.

나

나는 나를 믿고 따르는가. 나는 나에게 모든 것을 맡길 수 있는가. 나는 나를 인도하는 길잡이인가, 책임져야 하는 짐인가.

만인

만인은 만인의 적이 될 수는 있어도 친구가 될 수는 없다. 인간의 이기심, 모든 존재의 본능 때문에. 이타심이 빙산 일각이라면 이기심은 빙산 전체다.

자유, 천형天刑을 다하다

회의주의자의 독서법

책의 내용을 분해하여 확인한다. 쉽게 인정하지 않는다. 독서에 많은 시간이 소요된다.

개종

개종에는 배교, 배반의 의미가 동반된다. 개종에 환영받지 못하는 의미가 부여되는 것을 보면 사람들이 본래 마음을 바꾸는 것을 싫어하는 것 같다. 자신의 믿음이 거짓임을 알아도. 종교, 신념 등 형이상학적 태도에는 심정적 진리가 사실적 진리를 억누르고 있다.

외국여행

나에게 외국여행이란 XX와 같다. 하고 나서 곧 후회하는. 비행기에서 내리자마자 바로 밀려오는 후회, - 여기를 왜 왔던가. 그 후회는 다음 날 아침이면 더욱 확실해지는데, - 하루를 어떻게 때워야 하나. 외국여행의 기쁨과 환희는 이미 오래전에 지나갔다. 이제는 불편만이 남아 있다. 외국여행을 욕망하는 사람들이 부럽다.

선택

우리는 매 순간 죽음 아닌 삶을 선택하고 있다. 살아 있는 한, 모든 행위는 삶을 위한 선택이다. 삶에 대한 집착 본능, 삶에 대한 강박. 이것이 삶의 불안과 고통의 원인 전체다.

당연한 삶

사람들은 현생에서의 자신의 삶을 당연히 생각하고 전혀 의심하지 않는다. 아무런 원망도 하지 않는다. 생生은 고苦라는 진리를 안다고 해도 고를 왜 겪게 되었는지에 대한 의문은 갖지 않는다.

황송한 죽음

죽음은 황송하다. 특히 자연적 죽음을 앞둔 자에게는. 진실로 그에게 죽음은 구원이다. 생각해 보라, 늙어도 죽지 않는 영생이 얼마나 끔찍한 것인가를.

무無

태초에 우주에는 아무것도 없었다. 우주도 없었다. 본래 무. 유는 무에서 생겨났다. 모든 존재의 본래는 무다. 유가 아니라 무가 당연한 것이다. 나와 은하계를 포함한 전 우주가 무였음과, 만물회귀를 생각할 때 내가 무로 돌아감은 당연하다.

문명

문명이 발전한 사회의 사람들일수록 어눌하고 순수하기보다는 영악하고 교활하다. 그것이 문명의 본질, 인간의 본능이기에 문명과 본능을 초월하는 도를 닦아야 문명 이전으로 돌아갈 수 있을 것이다.

글

글을 쓰는 시간은 생각이 글의 감옥 속에 들어가 있는 시간이다. 자유로운 사고가 글로 압축되고 정리되어 다소 어색하거나 진심에서 벗어나게 된다. 글은 생각의 정수라기보다는 그림자에 가깝다.

자유, 천형天刑을 다하다

치매

치매 환자에게 현재는 있으나 현재성은 없다. 현재는 저절로 주어지지만 현재성은 과거와 미래가 필요하다. 치매 환자에게는 기억 없는, 앞뒤 없는 생각만이 배회한다.

과거와 미래 없이, 생각 없이 현재에 머물 수밖에 없는 치매. 아무것도 모르는 어린아이 같은 상태. 일반인보다 치매 환자가 더 무아에 가까울 것이고 더 평안할 것이다. 남에게 폐를 끼치는 치매지만 자신에게는 평안이다. 내가 정진하여 정신적 무아에 이른다 해도 치매의 무아 수준에는 미치지 못할 것이다. 치매가 오기 전에 생을 마감할 것을 결심하면서도 진정 내가 원하는 것이 생각에 사로잡힌 일상적 삶인지, 치매와 같은 무아의 삶인지, 무의 죽음인지 혼란스럽다.

무지와 지혜

무지라는 행운, 지혜라는 불행.

자신을 생각하지 않는 행운, 자신을 성찰하는 불행.

자신의 불행을 모르는 행운, 자신의 불행을 아는 불행.

지혜를 위한 정진은 무아를 향하고 있는가, 무지를 향하고 있는가.

현자는 치매 환자보다 평안한가.

꿈

꿈은 무의식의 행진, 거침없다. 어떤 장애물도 꿈을 막지 못한다. 꿈을 꾸듯, 욕망하는 대상에 대한 생각에 몰입하는 것은 안전한 쾌락이다.

고결한 정신

고결한 패자는 승자의 관대한 용서보다는 졸렬한 보복을 바란다. 싸움에서는 졌지만 영혼마저 굴복할 수는 없기에. 고결한 승자는 고결한 패자를 존중하여 죽음을 맞게 하는 경우가 있다.

철학과 종교

철학은 스스로 존재할 수 있기에 자신을 적극적으로 설파하지 않았다. 종교는 스스로 존재할 수 없기에 자신을 적극적으로 설파했다. 철학은 높은 신분이었고 종교는 낮은 신분이었기에 철학보다 종교가 생존에 치열했다. 철학은 종교에 무심했으나 종교는 철학을 이용해 자신의 교리를 발전시켰다. 그 결과 철학은 섬으로 점점이 남아 있고 종교는 대륙을 삼켰다.

신념

신념은 대화하지 않는다. 신념이 강할수록 사고는 경직된다. 신념이 강한 사람은 재미없다. 너무 강하여 ~주의자라는 꼬리표가 붙으면 회피의 대상이 된다. 누구나 자기 얘기를 들어주는 사람을 원한다. 신념은 다른 생각을 받아들이지 않는다.

윤회

해탈은 윤회를 벗어남. 생은 윤회로 들어옴. 불교도는 윤회를 벗어나기 위해 온갖 정신과 보시를 다하는데, 윤회로 들어오는 생은 전생에 무슨 죄를 지은 걸까. 그 부모는 그 업業의 과보果報를 어떻게 감당할 것인가.

자유, 천형天刑을 다하다

생명

생명은 깨끗하지 않다. 생명은 더럽고 소란하고 혼란스럽고 복잡하다. 깨끗함에는 생명이 스며들 여지가 없다.

인간과 지구

세계에는 80억 이상의 인간이 살고 있다. 각각은 명석함과 의지로 무엇인가를 위해 바삐 움직이고 있다. 그들 사이에서 일어나는 사랑, 전쟁, 감정들을 눈여겨보라. 그다음, 수많은 별들 사이에 있는 지구를 보라. 무엇이 일어나고 있는지. 80억 인구는 어디에 있는지.

지구는 무수한 별 가운데, 우주 저 구석에 있는 하나의 작은 별일 뿐이다.

고해苦海

고통의 바다에서 나의 고통이 아무리 괴로워도 그것은 하나의 파도 이상도 이하도 아님을 인식할 때 괴로움은 잦아든다. 나의 불행도 누구나 겪는 보편적 불행 가운데 하나임을 인식하면 괴로워할 것이 아님을 깨닫는다.

용서

어떤 큰 사건의 가해자에 대한 용서는 사람이 할 수 없다. 역사만이 용서할 수 있다.

'23. 2. 21.

고통

우리가 원하는 것은 행복이지만 확실히 얻는 것은 행복을 위한 고통이다. 정진, 참선, 공부 등 행복을 향한 고통의 과정에서 실재하는 것은 고통이며 행복은 미정이다. 확정된다 해도 고통 속에서 바라던 행복이 아닐 수도 있다. 고통은 확실하고 행복은 불확실하다. 이 모든 사실을 알면서도 행복을 추구하는 것은 우리 안에 '고통을 원하는 무의식'이 있는 것이 아닐까.

인간다운 삶

삶을 향한 의욕, 살려는 본능이 삶의 기본적인 동인이며, 이 동인은 욕망하는 것들의 실체를 믿고 행동한다. 그것들의 실체가 무상이라는 것을 알게 될 때까지 어쨌든 온 힘 다해 산다. 그 삶은 행복이든 고통이든 인간다운 삶이다. 어느 순간 욕망의 대상이 무상하다는 것을 깨달을 때 비로소 인간다운 삶에서 벗어난다.

인식된 세계

인간이 인식한 세계에서는 과학이 가장 힘이 세고 인식 밖의 세계에서는 운명이 가장 힘이 세다. 과학과 운명이 겨루면? 운명이 이긴다. 과학은 운명의 부분 집합이다.

비밀

비밀은 존재한다. 단 발설하지 않는 경우에. 발설했다면 독백이거나 들은 사람이 듣는 즉시 죽었을 경우에 한하여.

자유, 천형天刑을 다하다

불안

이유 있는 불안은 견딜 수 있으나 이유 없는 불안은 대책 없다. 숨 막히는 공황이다.

사는 이유

고통, 비난 등 자신을 괴롭히는 것은 겪지 않는 것이 최상이다. 그런데도 그것들 속에서 살아가는 이유는 희망, 행복, 찬사 등의 쾌락이 앞의 고통을 상쇄하고도 남아서인가. 아니다, 100가지 쾌락과 고통은 한 가지 고통을 넘지 못한다. 사는 이유, 오직 하나, 태어났다는 것.

권태와 지쳐 버림

지속되는 행복에는 권태가 오고 지속되는 고통에는 고통을 느낄 힘마저 빠지는 지쳐 버림이 온다. 행복과 권태는 이웃하지만 고통과 지쳐 버림 사이는 심연이다. 행복의 천국 끝에 권태의 지옥이 있다면 고통의 지옥 끝에는 죽음의 천국이 있다.

나와의 대화

나와 대화할 수 있음은 자아를 화자와 청자로 분리시킬 수 있는 능력자의 쾌락. 게다가 양질의 대화를 나눌 수 있다면. 지금 나에게 가능한 것은 나를 믿는 자아와 회의하는 자아로 분리하는 것. 이 둘의 대화는 회의적인 태도로 글을 쓰는 것과 유사하다.

관념적 표상

선과 악을 표상할 때. 상대적으로 선은 희미하며 악은 분명하다. 모든 형이상학적 관념들도 부정이 긍정보다 분명하다. 정의보다는 불의가, 행복보다는 불행이. 우리의 인식이, 긍정적인 대상은 당연시하고, 부정적인 대상에 초점을 맞추고 있는 것이다.

생生과 사死

생 없는 사는 없다. 사 없는 생도 없다. 생은 사의 원인 전체이고 사는 생의 결과 전체이다. 하나의 원인은 모든 결과로 발산하지만 사의 원인(생)은 발산하지 않는다. 하나의 결과는 모든 원인을 수렴하지만 생의 결과(사)는 오직 하나의 원인(생)을 수렴한다.

사상

『황금의 가지』에 나오는 디아나 숲의 왕처럼, 왕은 반드시 누군가에 의해 죽임을 당하고 죽인 자가 왕이 되듯, 한 시대를 지배하던 사상도 다른 사상에 의해 반박되고 지배력을 빼앗긴다. 사상도 권력과 같다.

인생

의지대로 흘러가지 않아서 흥미 있는 인생이지만 최종 결과는 정해져 있다. 누구는 불안해하고 누구는 즐긴다. 인생이 의지대로 된다면 이미 정해진 인생이고 결과를 알고 보는 영화다. 김빠진 인생이 되고 만다.

'23. 2. 22.

속초를 떠나며

1년 6개월 동안 속초 오피스텔 계약을 하고 거주하기 위해 몇 번에 걸쳐 일산에서 속초까지 실어 가서 꾸며 놓은 살림살이, 하루에 처분하

자유, 천형天刑을 다하다

고 철수다. 남은 것은 그릇과 수저 몇 개. 서운함과 허전함이 이별보다는 죽음에 대비된다. 오랜 기간 함께한 지인의 화장을 지키며 화려했던 시간들이 한 줌의 재로 남음을 볼 때 엄습하는 인생의 허무.

공감의 한계

타자와의 심연, 공감의 한계를 생각하게 되는 최후의 대상은 죽음. 죽은 타자는 물론이고 죽음에 이른 타자에 대한 공감은 불가능하다. 모든 죽음은 홀로 맞는다.

내 글

내 글은 회의적, 냉소적이고 차갑다. 생의 의욕을 불러일으키기보다는 가라앉힌다. 내 글을 통해 삶에 대해 욕망하는 것, 즉 안락과 열정과 온기를 얻으려면 책을 덮는 것이 낫다. 삶의 실제에 대한 인식, 즉 고통과 환멸을 직시하고 지혜를 얻으려면 읽기를 권한다.

글 쓰는 시간

글 쓰는 시간은 몰입의 시간, 몰입한 만큼 빠르게 간다. 글의 완성도에 따라 기쁨과 허무함이 교차한다. 글쓰기는 노력, 창의력보다는 상상력이 압도적인 역할을 한다. 상상력이 빙산이라면 창의력은 빙산 일각, 노력은 그다음이다.

고향

과거의 고향이 지리적 개념이었다면 현대의 고향은 사회적 개념이다. 현대의 고향은 자신이 낳고 자란 특정 지역이 아니라 자신의 인간

관계가 가장 충실하게 형성된 지역이다. 요즘 젊은 세대에게는 인터넷 가상 공간이 고향이 될 수도 있겠다.

타향살이는 부초의 삶. 부초의 삶이 두렵다면 사회적 활동에 전념하고 인간관계를 구축해야 하지만, 인간관계는 한순간 사라지기도 하는 것이어서 현대의 고향은 과거의 고향보다 만들기가 훨씬 어렵다.

광기의 시대

광기의 시대를 살았던 사람들은 회의주의자가 될 수밖에 없었을 것이다. 인간의 대부분의 역사가 광기로 얼룩진 것처럼 현시대도 예외는 아니다. 세상에는 자신이 회의주의자라고 말하는 사람은 많지 않고 모두들 낙천주의자로 보여지기를 바라는 것은 무슨 이유인가.

운명

일어난 모든 사건은 운명, 섭리의 구현, 섭리의 결과다. '~했더라면 다른 결과가 나왔을 텐데'라는 가정조차도 운명의 경우의 수 안에 있다.

'23. 2. 23.

명성

로마 제국의 황제들 중에 가장 현자로서 기억되는 마르쿠스 아우렐리우스는 말했다.

"잠시 후면 너는 모든 것을 잊게 될 것이고, 잠시 후면 모든 것은 너를 잊게 될 것이다."

그의 말과 다르게 그의 명성은 오늘까지 남아 있지만, 그에게 무슨 소용이랴.

자유, 천형天刑을 다하다

"호랑이는 죽어서 가죽을 남기고 사람은 죽어서 이름을 남긴다." … 알겠는데, 죽은 호랑이에게 그 가죽은 무슨 소용인가.

사람들의 인생의 목적인 부, 권력, 지혜, 명성… 그 가운데 가장 고귀하게 생각하는 명성조차 부질없는 것이니 현자가 추구하는 지혜는 삶의 상처에 바르는 한낱 연고인가.

일상

걱정 없고, 고통 없고, 아픈 데 없고, 불편함 없는 평범하고 당연한 일상. 가장 큰 걱정과 두려움은 이 일상에 금이 가는 것이다.

회의적인 글

죽음과 고통을 말하고 회의적인 글을 쓰는 것은, 더 잘 살려고 최선을 다하고, 행복을 위해 숨 가쁘게 달려가는 삶을 추구하기 때문 아닐까.

천국과 지옥

천국은 자신이 갔으면 하는 세상이고 지옥은 미운 타인이 갔으면 하는 세상이다. 천국은 그의 욕망만큼 아름답고 지옥은 그의 증오만큼 살벌하다.

가면

가면을 쓴 자는 가면 안의 자신과 가면 밖의 자신을 주시한다. 삶의 주인은 타인에게 보여지는 가면 밖의 자신이다. 보여지는 자신은 자신이 아니라 타인이다. 그는 타인의 삶을 사는 것이다. 타인의 삶을 살지 않는 자가 과연 얼마나 될 것인가.

위로

타인의 위로는 없다. 위로는 내가 나를 위로하는 것이다. 상대의 슬픔을 인정하는 것이 최상의 위로다.

단상

인생의 날이 저문 자가, 젊은이가 세상사에 매달릴 때 잘한다고 부추기는 것은 자신의 과거 인생을 기억하지 못하기 때문인가, 알면서도 골탕 먹이기 위함인가.

사람은 눕기 위해 산다. 서거나 앉기 위해 사는 사람은 거의 없다. 인생 이면의 목적은 '눕는 것'이다.

불가능에는 무의미가 없다. 가능에만 무의미가 있다.

책

읽고 싶은 좋은 책이 책장에 꽂혀 있다. 도서관에서 빌린, 읽고 반납해야 할 책들도 책상에 쌓여 있다. 결국 책장에 꽂힌 책들은 읽지도 못하고 죽을 것 같다. 중요한 일을 하느라 소중한 일을 못하고, 죽으며 후회하듯. 늘 곁에 있기에 돌아보지 않은 소중한 사람들… 아끼다 똥 된 물건들….

현재

"인생은 짧고 예술은 길다." 현재는 찰나고 과거는 (확실한) 전부다.

자유, 천형天刑을 다하다

미래는 없다.

순간인 현재에 살기는 어렵다. 인식하기도 어렵다. 무의식만이 현재를 의식한다. 대부분은 과거에 산다. 확실하고 편하기 때문이다. 미래에 살기는 불가능하다.

난세

난세는 변화와 고통의 시대. 그래서 영웅은 난세에 나고 철학은 난세에 융성하는가. 변화의 틈새는 영웅의 도약 기회이고 받아들일 수 없는 현실은 철학의 연료다.

환상과 현실

막연한 환상과 명백한 현실 사이에서 휘청거리는 것이 삶인가. 막연한 환상을 좇으며 살다가 가끔씩 현실에 따귀를 맞아 정신 차리는 순간, 환상은 환멸 되지만 곧 다시 환상 속으로 들어가는 삶.

어설픈 깨달음

속물로서 세상의 욕망을 추구하며 달리다가 죽는 것도 나쁘지 않은 것 같다. 그 삶이 고통스럽지만 않다면. 어설픈 깨달음은 삶의 낭비다. 생은 고임을 아는데 그 고를 벗어나지 못한 자는, 생이 고임을 모르는 자보다 불행하다.

인간 존재

모든 인간은 없어도 되는 불필요한 존재다. 반드시 필요한 존재는 없다. 누군가 없어도 세상은 그대로다. 당신이 없어도, 내가 없어도. 이 사실을 명심하면 오만은 슬픈 허풍이 되고 으스대는 자는 백주白晝의 얼간이가 된다.

'23. 2. 24.

원증회고怨憎會苦

인간사에는 속성상 드러나는 애별리고愛別離苦보다는 숨어 있는 원증회고가 훨씬 많을 것이다. 애별리고는 아름다운 고통이기에 드러낼 수 있지만 원증회고는 두려운 고통이기에 생각하기도 싫어한다. 사랑은 멀고 증오는 가깝다.

진실

진실은 인간들 사이에 존재하며 가려져 있다. 자신의 가려진 진실의 덮개를 섣불리 벗기지 못하는 것은 진실은 대부분 불편하고 일부는 추악하기 때문이다. 타인의 진실을 "아는 것은 병, 모르는 게 약"이다.

불행과 성찰

중병은 불행이나 재난처럼 성찰을 가져온다. 행복 앞에서는 자신을 잃어버리지만 불행 앞에서는 자신을 성찰하게 된다. 승리한 자는 뒤를 돌아보지 않지만 삶에 승리한 자는 없다.

부자와 빈자

빈자는 배고픔에 사로잡히고 부자는 불필요한 욕망에 사로잡힌다. 빈자는 육체적으로 불행하고 부자는 정신적으로 불행하다.

후회

후회하는 사람은 정상인이다. 후회 없는 삶이란 없다. 후회란 과거의 행적과 가능성과의 비교에서 온다. 과거의 행적이 그 당시의 모든 가능성보다 더 좋을 수는 없기에 후회할 수밖에 없는 것이다.

유와 무

(주어로서의) '유'는 '무'에서 나왔으나 (서술어로서의) '없다'는 '있다'에서 나왔다.

꿈

꿈 가운데 가장 생생하고 정교하고 완벽한 꿈은 현실이다. 이 사실은 인생의 마지막에 펼쳐지는 극적 반전이다.

숙제

본능은 맹목이고 무지다. 본능의 핵심인 생존과 번식 중에 번식 본능을 제거할 수는 없을까. 지구를 위한 최대의 숙제.

사고思考

사고는 기존 생각들과의 불화다. 사고한다는 것은 기존에 정리되어 있는 생각들을 흔들어 재배치하거나 그 생각들을 파괴하고 새로운 생각들을 건설하는 것이다. 사고는 보이지 않는 마찰이고 전쟁이다.

단상

삶 = 유예된 죽음, 살아 있음 = 죽음의 유예

나 없음이 참 나, 욕망 없음이 진정한 욕망, 천국 없음이 천국.

시간

시간은 공공재인가 사적재인가. 비경쟁성과 비배재성 측면에서는 공공재지만 고용이나 노동 측면에서는 사적재이다. 공공재이든 사적재이든, 시간의 가장 기본적인 속성은 무한함과 동시에 유한함이다. 나를 통과한 섭리가 나의 운명이 되듯, 무한한 시간은 나를 통과하며 유한한 시간으로 바뀐다.

'23. 2. 25.

모든 것

이 세상의 모든 것, 우주의 모든 것은 본래 없었다. 모든 것은 무에서 생겨났고 생겨난 것은 무로 돌아간다. 태어난 것이 반드시 죽듯, 이 우주도 '언젠가' '사라진다'. 이 사실 앞에 우리가 추구하는 '가치'란 얼마나 '무의미'한가.

모든 것이 '언젠가'가 아니라 '사라진다'에서 내 사유와 고민은 시작된다.

자신과 우주의 탄생과 필멸을 알고 있다는 것은 개미가 내 마음을 이미 알고 있다는 것보다 훨씬 더 경악할 일이다.

늙어 감

늙어 간다. 눈에 보이고 느끼는 것은 몸에 나타나는 현상이어서 어쩔 수 없이 수용하지만, 그것을 인식하는 정신도 늙어 가는 것은 인정하기

자유, 천형天刑을 다하다

어렵다. 자신의 육체와의 분리는 쉬워도 정신과의 분리는 어렵기 때문이다.

산다는 것

산다는 것은 소유한다는 것이고 소유한다는 것은 지켜야 한다는 것이다. 결국 산다는 것은 피곤한 것이다. 그 피곤은 죽을 때 말끔하게 사라진다. 소유한 것을 모두 버리며. 산다는 것이 버린다는 것이면 얼마나 좋으랴. 버릴 수 있는 것을 가지고 시작하는 것이니. 점점 가벼워지는 것이니.

장난감

삶, 죽음, 자아, 신, 자유, 행복, 우주, 섭리… 관념이라는 범주의 장난감들. 이 장난감들이 없었으면 얼마나 심심했을까. 나는 전 은하계를 포함한 우주의 모든 것을 "우주"라는 말에 담고, 이 우주에서 일어나는 모든 사건을 "섭리"라는 말에 담아 호주머니에 넣고서 만지작거리며 놀고 있다.

우울과 미소

내가 내 존재 안에 있을 때, 황혼, 땅거미, 늦가을, 암 등 종말을 떠올리게 하는 것들에 대해 우울해하고 때로는 경악한다. 내가 내 존재 밖에 있을 때, 그것들에 대해 미소 짓는다.

글을 쓴다는 것

글을 쓴다는 것은 자신과 대화하는 것이다. 타인과의 대화가 불가능하거나 그 소재나 수준이 대화에 적합하지 않을 때 글을 쓴다. 한없이 깊은 대화를 나눌 수 있고 그 내용을 성찰할 수 있음이 큰 장점이다. 타인과의 대화에 필히 따라오는 오해와 권태의 장애물을 피할 수 있다는 것도 좋은 점이다.

한편 생각을 정리하고 정리한 생각을 글로 쓰는 것은, 바다에서 물고기를 잡고 잡은 물고기를 요리하는 것이다. 정리되지 않은 생각은 혼란, 보이지 않는 심해, 카오스다. 뒤섞인 생각 안에서는 아무것도 인식되지 않는다. 정리된 생각, 즉 잡은 물고기만이 의미 있다.

노망의 징조

완고함, 듣지 않음, 떠듦, 훈계, 꼰대짓… 노망의 징조. 자신만이 모르는 죽음의 상징. 3,000년 전의 시경에서도 상황은 지금과 다르지 않다.

비웃음

비웃음은 자신을 향할 때 성찰과 철학의 도구가 되지만 타인을 향할 때에는 오만과 맹목의 도구가 된다.

행복의 불행

이미 알아 버림의 불행. 행복, 사랑, 안락, 편리… 그 경험은 불행의 시작이다. 더 나은 상태로의 이행은 큰 대가를 요구한다.

지각, 인식, 기억

지각은 인식 과정에서 상당 부분 탈락되고 인식은 기억에 자리 잡는 과정에서 대부분 사라진다. 인식은 지각의 뜰채고 기억은 인식의 정수다.

은유

'모든 것은 A이다.'라고 할 때, A는 모든 것의 수렴으로서 최고의 위치를 점하고 모든 것은 하나의 대상으로 전락한다. 은유 'A는 B이다'에서 강조되는 것은 B이므로 강조할 것을 B의 위치에 놓는다.

이성과 감정

해가 뜨면, 옷으로 치장하고 나가듯 이성의 가면을 쓰고 밖으로 나간다. 해가 지고 집으로 돌아와 피곤함을 달랠 때 비로소 가면을 벗고 억눌러 있던 감정과 편안하게 마주한다. 감정을 위로하며.

'23. 2. 26.

위로와 경감

보편의 고통에 대한 인식은 고통에 위로가 되지만 고통을 경감시키지는 못한다. 보편의 죽음에 대한 깨달음이 죽음을 수용하게 하지만 죽음의 두려움을 막을 수는 없다.

나의 삶

나는 원하는 삶을 살 수 없는 존재이며 원하는 죽음을 죽을 수도 없는 존재다. 누군가의 의지에 따라 교배되어 이 세상에 태어나 사육되는 삶을 살다가, 누군가의 의지대로 죽을 수밖에 없는 가축과 다른 점은 무엇인가.

존재의 의미

내 존재의 의미는 무엇인가. 어떤 물건의 의미는 그 물건에 있는 것이 아니라 그 물건을 만든 주체에게 있다. 생산물의 의미는 생산물에 있는 것이 아니라 생산자에게 있다. 나에게 내 존재의 의미를 묻지 말라. 나는 알 수 없다. 나를 이 세상에 태어나게 한 주체에게 물으라, 그 주체가 부모든 자연이든 신이든 간에. 그 주체가 부모라면 자신이 만든 자식의 존재의 의미를 말할 수 있는 부모가 얼마나 될까.

나는 분노한다. 인간에게 존재의 의미, 삶의 의미를 강요하는 모든 것에게. 존재함도 수고롭고 피곤한 일인데 존재의 의미까지 만들어 내야 하다니. 삶 자체가 고통인데 고통스러운 삶의 의미까지 새기고 살아야 하다니. 인간에게 존재의 의미, 삶의 의미는 너무 멀리 있어 다다를 수 없다.

두려움과 잠

자살 전날 밤, 사형 전날 밤, 잠이 올까. 두려움은 정신적인 것이고 졸음은 육체적인 것이기에 잠은 올 것이다. 조난자가 추위 속에 잠들면 죽는다는 것을 알면서도 동사하듯. 죽음의 과정은 육체적 현상에 있지만 죽음 자체는 형이상학의 영역에 있다. 죽음이라는 정신적 두려움은 졸음이라는 육체적 현상을 제어할 수 없다.

취함과 깸

취한 상태로의 진입은 상당한 쾌락을 동반한다. 깨는 과정은 불쾌하고 두렵다. 취한 상태에 머물고 싶은 것이다. 취한 상태를 선호함은 현실에 대한 거부감과 두려움의 표시다. 불행하기 때문일까? 현실이 행복한 자도 그럴까?

자유, 천형天刑을 다하다

혼자

아무도 모르는 기쁨을 혼자 즐기듯, 고통과 슬픔도 자신만의 것이다.

'23. 2. 27.

생각의 범위와 행복

생각의 반지름이 작을수록 행복한 것 같다. 생각 없는 아이들이 생각 많은 어른보다 행복하고, 먹고사는 것만 생각하는 사람이 죽음의 문제를 고민하는 사람보다 행복하다. '모르는 행복' '아는 불행'이다. 철학에 몰두하고 도에 정진하는 자들은 점점 행복에서 멀어지는가. 인간이라면 '모르는 행복'에 안주하는 사람은 거의 없을 것이다.

정신이 깨어 있는 사람은 자신의 삶과 세계의 구조와 영향, 사회의 부조리, 참 행복 등에 대해 알고자 한다. 불행을 무릅쓰고. '모르는 행복'보다 '아는 불행'을 원하는 것이며 그 불행의 원인까지 정복함으로써 완전한 행복에 이르려는 것이다. 그러나 어설픈 상태에 멈추면 혼란 속에 더해진 정신적 고통을 벗어나지 못한다. 많은 사람들이 해결되지 않은 혼란을 안고 살아간다.

남은 희망

내 삶에 남은 희망은 무엇일까. 이 세상에는 어떤 희망이 남아 있을까. 나는 왜 아직도 사는가. 이제는 새로울 것도 더 이상 좋을 것도 없는 인생의 내리막길에서 무엇을 견디려고 살고 있는가. 남은 것은 잘해야 고통 없는, 무료한 시간인데.

존재의 모순

내 존재의 모순과 고독은 내 안에서 생겨난 것인가. 내 밖의 세상에 원인이 있는 것인가. 아니면 세상이 본래 모순과 고독 그 자체여서 나는 그 모순과 고독을 내 안으로 옮겨 놓았을 뿐인가.

철학과 농담

철학적 농담, 농담 같은 철학. 그렇다면 본래 철학은 농담이 아니었단 말인가.

꿈같은 삶, 현실처럼 생생한 꿈. 그렇다면 본래 삶은 생생한 꿈이 아니었단 말인가.

전자와 후자는 직유나 은유의 대상이 아니라 동일한 대상의 양가적 특징이며 인식이다.

고통과 의지

고통은 의지의 투쟁의 부산물, 찌꺼기다. 투쟁은 인간들 사이에서, 인간과 자연 간에 벌어지기도 한다. 전자를 막기 위해선 협상이라는 방법이 있지만 후자를 막는 방법은 없다. 인간이 복종할 수밖에 없다.

영원 속의 일생

삶에는 과거, 현재, 미래라는 한 덩어리의 시간 뭉치가 필요하고 그 삶은 일생이라는 기간 속에 담긴다. 일생이라는 기간은, 즉 삶의 총합으로서의 시간, 영원 안에서는 무한소 즉 무와 같다. 허무와 무의미.

한편 과거와 미래 없는 현재를 산다는 것은 일정 시간(기간)을 사는 것이 아니라 시간의 미분 즉 시간의 기울기(찰나)를 사는 것이다. 시간의 미분에는 시간이 존재할 틈이 없다. 시간의 섬광만이 번쩍인다. 과거와 미래가 존재하지 않으니 그에 대한 걱정과 불안이 없다. 시간의 미분을 사는 자는 시간은 물론 영원도 모른다. 시간의 미분(을 사는 삶) 자체가 그의 모든 것, 그의 영원이다.

조용한 삶

내가 왕을 부러워하지 않는 것처럼, 모든 동물의 왕인 인간임을 다행스러워하지 않는다. 왕의 권력도 인간의 자유도 거저 주어지지 않고 피곤한 대가를 치러야 유지할 수 있기에 원하지 않는다. 그냥 한적한 곳에 있는 식물처럼 조용히 의식 없이 자아 없이 살고 싶다.

'23. 2. 28.

생각과 빛의 속도

생각과 빛의 속도 중에 무엇이 빠를까. 빛의 속도인 것 같다. 생각의 속도는 상상과 표상의 속도인데 빛의 속도는 상상하거나 표상할 수 없기 때문이다.

보편적 의미와 가치

보편적 의미와 가치는 유한성, 불변함, 이성, 공감, 윤리, 정의 등이 갖추어진 세계에서 정의할 수 있다. 시공간적으로 무한하고 모든 것은 변하고, 이성의 수준이 서로 다르고, 공감/인정할 수 없고 윤리와 정의가 실현되지 않은 이 세상에서, 보편적 의미와 가치는 정의할 수 없다. 의미와 가치는 개인의 분비물일 수밖에 없다.

이 세상

이 세상은 무한한 시공간에서 우리가 표상하여 확정한 세계다. 이 세계는 끊임없이 무한으로 달아나려고 하고 있고 우리는 그것을 막고 있다. 우리는 인식하기 위해 본능적으로 유한을 선호한다. 정리하기 위해 불변을 선호한다. 안심하기 위해 형상을 선호한다. 이 모든 유한, 불변, 형상은 우리를 위해 우리가 바라는 것, 즉 가정假定이다. 이러한 가정 속에서 우리는 사고하고 인식하고 판단한다. 이러한 상황에서도 그럭저럭 살아갈 수 있는 것은 장님처럼 더듬으며 살기 때문이다. 유한의 세계를 벗어나지 않도록 조심하며. 상대성 이론이 아닌 뉴턴역학이 적용되는 범위 안에서.

삶이라는 무의미

삶이라는 무의미의 망망대해에서 중간중간 기항할 수 있는 정념의 섬들이 없다면 자살할 수밖에 없을 것이다. 다행히 그 정념들에서 의미를 만들며, 그렇게 만든 의미는 기항지에 남겨 두고 다시 목적지를 향해 출항한다. 아득히 보이는 점처럼 이어지는 정념의 섬들, 그 끝에는 최종 목적지, 무의미의 섬에 닻을 내린다. 영원히.

감정

모든 감정, 특히 부정적 감정(분노, 미움, 슬픔 등)은 나를 세계에서 분리시킨다. 나는 그 감정에 싸여 방황하거나 침잠한다. 방황에서는 잃을 것을 지키는 것이 현명하고, 침잠에서는 성찰의 열매를 거두어야 한다.

자유, 천형天刑을 다하다

유형지

　유형지의 속성은 부자유, 불편이다. 존재와 삶이라는 유형지에서 자유와 안락을 욕망하는 자체가 고통이다. 죽음마저 허용되지 않는 삶이라면, 이 세상은 희망차고 아름다운 세상이라는 환상에 빠지는 것이 현명하며 실제로 그렇게들 살고 있다. 인내하고 견디며 살다가 유형 기간이 다하면 기쁜 마음으로 유형지를 벗어나야 하지만, 환멸이 되지 않아 환상을 실제로 믿고 유형지에 남으려고 저항한다. 삶이라는 환상의 아이러니.

행복과 고통

　행복은 멀고 희미하지만 고통은 곁에 있고 진하다. 동일한 무게의 행복과 고통이 있다고 가정하고 마음이라는 천칭의 양쪽에 올려놓으면 천칭은 고통 쪽으로 기울 것이다. 인생을 회고할 때 굳이 같은 삶을 다시 살고 싶지 않은 이유는, 삶이 실제로 행복보다 고통이 많을 수도 있지만, 똑같다고 해도 행복보다 고통이 기억에 많이 남아 있기 때문일 것이다.

비방

　비방한다는 것은 상대를 어느 정도 인정한다는 것이다. 아기나 개나 개미를 비방하지는 않는다.

진리의 이데아

　많은 사람들이 철학을 하고 도를 닦고 정진하는 이유는 진리의 이데아를 찾기 위함이다. 최고의 진리, 모든 진리의 그림자를 만드는 빛의 진리, 진리의 이데아. 불행인가 다행인가, 진리의 이데아는 없다. 세상에는 진리의 조각들만이 산재한다. 계절이 바뀌는 진리와 배고픔의 진리에 우열은 없다. 그것이 전부다.

사랑의 비극

본능의 꽃 중의 꽃, 본능의 정수는 남녀 간의 사랑이다. 남녀는 사랑이라는 이름으로 본능을 향해 질주한다. 그 사랑의 열매는 생生, 존재라는 비극의 시작.

'23. 3. 1.

각인

딸아이가 멀리 떠났다. 그 아이의 부재가 나란히 있던 칫솔의 부재로 각인된다.

아쉬움

죽음 뒤에 수염이 자라듯, 망자亡者에 대한 아쉬움도 그만큼이다.

바쁨

바쁨은 좋은 것인가. 의무적인 일의 바쁨이 아니라 자신이 좋아하고 원하는 일에 대한 바쁨이라 해도. 바쁨 속에 인생은 성찰 없이, 속절없이 간다. 바쁜 인생보다는 권태로운 인생이 낫다.

철학의 반성

철학은 그 기원에서는 삶의 방식, 존재 방식이었다. 고대 철학자들은 실제의 삶을 자신의 철학대로 살았다. 철학이 삶의 지표와 등불이 되는 것은 그들의 삶이 곧 가르침이기 때문이었다. 요즘의 철학자들은 삶에서도 철학자인가. 마음을 울리지 않는 지식으로서의 철학은 가치 없다.

나의 철학은 존재 방식으로서의 철학이 아니라 존재 도구로서의 철학이다. 이미 철학대로 살 수는 없는 현실이기에, 삶은 현실에 있지만 철학에서 삶의 방향을 찾고 삶을 뚫고 나가는 것이다.

천재성과 인성

천재성과 인성은 한 뿌리에서 다른 방향으로 뻗어 나간 가지. 천재성은 이미 정해져 있다. 원한다고 천재성이 생기지는 않는다. 우리가 경의를 표하는 것, 스스로 그렇게 되기를 원하는 것은 천재성이 아니라 완성된 인성이다.

'23. 3. 2.

분비물

몸 안에 있을 때는 아무렇지도 않다가 몸 밖으로 나오면 더럽게 생각되는 분비물. 땀, 침…. 자신의 몸은 더럽지 않은가. 말은? 뱉은 말에 대해 자신은 몰라도 타인은 불쾌하거나 더럽게 생각할 수 있다. 모든 분비물에 대해서 주의를! 자신의 가치와 생각까지도.

최고의 발명품

인간을 위한 인간의 최고의 발명품, 가면. 내면의 자신과 보여져야 하는 자신과의 차이를 가려 주는 가면. 가면을 벗은 인간의 삶은 동물의 삶과 무엇이 다르랴. 동물보다 나은 것이 얼마나 될까.

언어와 실재

사람들은 실재하는 것에 이름을 붙이지만 상상하는 것에 이름을 붙이기도 한다. 상상한 것이 언어로 표현되면 처음에는 상상물이라는 것을 알지만 회자되고 오랜 시간이 지나면 실재로 믿는다. 신, 자아, 영혼 등이 대표적인 예다.

자아

불교철학 공부를 통해 자아 없음(무아)을 알지만, 의식의 흐름에 대한 이름표일 뿐인 자아는 무아의 인식을 항상 방해한다. 무아로서 생각하고 행동하려면 의식의 흐름(자아)를 지속적으로 관조해야 한다. 의식이, 의식의 흐름 자체를 관조한다는 것은 무척 어려운 일이다. 배보다 배꼽이 커야 하는 상태. 일시적일 뿐 지속되기 어렵다는 면에서 관조의 상태는 깨달음의 상태와 유사하다. 음식 섭취에 따른 포만감보다도 오래가지 않는다.

상징물과 상징

상징물은 자신의 상징을 위해 자신을 소거해야 하는 운명이다. 그런데 우리는 상징을 보지 않고 상징물을 보려고 한다. 상징의 진위가 아니라 상징물의 진위를 따진다. 웃자고 한 말에 죽자고 달려드는 격. 인식해야 하는 것은 그 말의 의미(상징)인데 그 말 자체를 덥석 물어 버리고 놓지 않는 것이다. 특히 종교적 용어나 가르침에서 주의 깊은 인식이 필요하다. 신, 자아, 영혼, 해탈, 천국, 극락, 지옥…

자유, 천형天刑을 다하다

'23. 3. 4.

행복한 고통/고통스러운 행복

행복한 고통 - 공부, 정진 등 멀지 않는 미래에 대한 확신에 따른 행동에서 오는 고통

고통스러운 행복 - 욕망의 실현에 따른 행복. 다시 욕망에 의해 행복은 고통으로 변한다.

부재의 존재

자신이 남긴 기록이 없이 명성으로만 존재하는 상상적 존재. 그의 존재는 그의 부재로 인해 무한하게 채워진다.

기억

시간이 지날수록 기억은 바래진다. 감각의 기억보다 감정의 기억은 더욱 빨리 지워진다. 세월이 지나도 그 사람의 모습, 소리, 향기, 촉감은 어느 정도 그려 볼 수 있지만, 순간순간 느끼던 감정은 좀처럼 불러올 수 없다. 어떤 풍경 속에 있으면 전에 이런 상태에서 느껴졌던 감정이 있었다는 사실은 기억나지만 실제 그 감정을 다시 느끼기는 어렵다. 이런 한계가 극복될 수 있다면 인생은 더욱 풍요롭고 과거는 인생을 지배하리라.

뇌와 의식

의식은 뇌의 산물인가, 뇌를 초월한 독립 존재인가. 뇌과학자는 뇌가 손상되면 의식도 없어진다는 이유로 의식은 뇌의 산물이라고 주장한다. 반대자는, 의식은 뇌와 별도로 존재하며 뇌를 통해 표현되고, 뇌가

손상되면 의식이 제대로 표현되지 못할 뿐이지 의식 자체가 파괴되는 것은 아니라고 주장한다. 결국 의식은 뇌의 기능인가, 의식은 뇌 밖에 있는가의 문제다. 전자를 믿어 왔으나 후자를 간과할 수는 없다.

'23. 3. 5.

사실

증언적 사실은 종교적, 신앙적 사실이다. 증거 면에서 취약하다. 역사적 사실은 증언에 더해 사료와 유물이 사실을 뒷받침하지만 객관적 사실은 아니다. 객관적 사실은 과학적 사실, 즉 누구나 확인 가능한 사실이며 가장 신뢰할 수 있는 수준의 사실이지만 불변의 진리는 아니다. 현 시공간 안에서만의 진리다. 뉴턴의 운동 법칙은 특수 상대성 이론에, 특수 상대성 이론은 일반 상대성 이론에 진리의 왕관을 내어 주고 물러났다.

제행무상諸行無常

제행무상이라는 진리는 너무 거시적이어서 현실에서는 무용할 수도 있다. 눈앞에 보이는 의자는 시간에 따라 변하고 수백 년 후에는 같은 형태로 남아 있지 않겠지만 현실의 수십 년 동안에는 같은 형태로 남아 있을 것이다. 일반 상대성 이론이 우주의 시공간에서는 진리이지만 지구상의 현실에서는 무의미하며 뉴턴의 운동 법칙이 오히려 유용하다. 학교에서 배웠던 지수/로그도 실생활에서는 무용하며 사칙연산이면 생활 가능하듯이.

일상에서는 제행무상보다는 제행유상이 더 적합한 진리며, "모든 것은 변한다"보다는 "모든 것은 일정 기간 변하지 않는다"가 더 현실적 진리인 것 같다.

무아지경無我之境

스스로를 잊을 정도의 경지를 일컬어 무아지경이라고 한다. 이러한 상태에 도달하고자 끝없는 정진을 하는 사람도 있는 반면, 많은 고통을 인내하며 재화의 축적에 노력하고 권력을 쟁취하는 사람도 있다. 운 좋게 무아지경에 이르러도 오래 지속되지 않는다. 단지 내 존재가 없으면 영원히 무아지경인 것을, 우리는 왜 존재하여 그 어려운 길을 가는가.

'23. 3. 7.

인간의 아우라

인간의 아우라는 돈, 지위, 권력, 명예 같은 그의 소유물에 묻어 있지 않다. 사람들은 그의 소유물에 경의를 표하지 않는다. 경의를 표하는 척할 뿐이다. 아우라는 그의 성격과 태도에 배어 있다. 진심이 아니면 범접할 수 없는, 저절로 존경할 수밖에 없는 품격에.

삶의 가치

철학자로서 진리를 향한 열정 없는 삶은 무가치한 맹목의 삶이다. 평생 헤맴 끝에 '진리는 없음'을 깨닫는다 해도.

책

사람들은 잘 읽히는 책, 술술 넘어가는 책을 좋아한다. 이를테면 철학책보다는 소설책을. 나는 빨리 읽을 수 있는 책보다 진도가 잘 나가지 않는 책을 선호한다. 다소 어려워서 한 호흡 쉬고 읽어야 하는 책을.

미처 생각하지 못했던 깨달음을 준다면 더할 나위 없고, 마음속에 잠겨 있던 영감을 깨워 주는 책도 귀하다.

반면, 사람들은 재미있게 단숨에 읽을 수 있는 책을 좋아하지만 그 책을 군이 사려고 하지 않는다. 몇 번이고 다시 읽을 책, 소장하고 싶은 책, 선물하고 싶은 책이 가치 있는 책이다.

껍질과 알맹이

과거에는 있는지도 모른 채 사라졌던 진리, 철학, 종교 등이 현대에는 널리 알려지고 있지만 맛보고 경험하지 못한다면 무슨 소용이랴. 세상을 한 차원 높게 바라보고 평안한 인생을 살 수 있는 '선악과를 능가하는 과일'을 앞에 두고도, 알면서도 무관심하여 먹어 보지 않는다면 얼마나 어이없는 일인가. 열매의 껍질은 알맹이를 보호하지만 알맹이는 간과한 채, 껍질을 먹고 모으기에 분주하게 살아가는 사람들….

아내와의 대화

아내는 나와 평생을 살아 준 자기가 보살이라고 주장했다. 아내가 보살이란 말을 반박하려고 보살의 참뜻을 얘기하다가 그녀가 알아차릴 정도로 눈물을 글썽했다. 내 삶이 부끄러웠다.

황진이

"동짓달 기나긴 밤을 한허리를 베어 내어
춘풍 이불 아래 서리서리 넣었다가
어른 님 오신 날 밤이어든 굽이굽이 펴리라."

자유, 천형天刑을 다하다

- 거칠고 황량한, 보잘것없는 인간의 삶을 신들도 부러워할 경지로 올려놓은 시. 인생에서 생生의 고품에 대한 위안은 주어지지 않으니 인간끼리 위안할 수밖에.

이순耳順에

욕망의 Threshold를 넘어섰다면 더 이상의 정진이 필요할까.

"명계冥界로 가는 길은 어디서 재어도 똑같다."

두 가지 지식

지식은 두 가지다. 습득 지식과 성찰 지식. 습득 지식은 돈처럼 인생을 살아가는데 필수불가결하지만 일정 수준을 넘어서면 의미 없다. 습득 지식으로 이루어지는 대화는 지루하고 무의미하다. 대부분 너도 알고 나도 아는 내용이므로. 성찰 지식은 인격이나 태도처럼 삶에 필수적인 것은 아니지만 삶을 품격 있게 만든다. 성찰 지식은 대화에 올리기 쉽지 않지만 그것을 소화할 수 있는 사람과의 대화는 서로를 친구로 만들고 남는다.

'23. 3. 13.

무상과 순간

읽을 때는 재미있지만 읽고 나면 곧 잊어버리는 소설, 흥미진진하게 보지만 역시나 기억 저편으로 사라지고 마는 영화, 세상을 보는 새로운 시각을 깨닫게 해 준 철학조차도 시간의 흐름 속에 희미해진다. 이 무상한 세월 앞에 삶에서 진정 추구해야 할 것은 무엇인가. 지금 나의 행위가 무엇이든 무슨 의미가 있는가.

사유는 인생 전체와 그 너머까지 통찰하고 관조해야 하지만, 삶은 현재의 순간만을 살 뿐이다. 현 순간의 욕망과 쾌락을 추구하되 그것이 전체를 통찰하는 사유의 검열을 통과한다면, 순간의 쾌락에 몰입하고 즐기는 삶이 오히려 좋을 것이다. 하지만 무상한 인생에서 사유의 검열을 뚫고 나올 욕망과 쾌락은 얼마나 될까. 무의미함을 알면서도 욕망하고, 욕망은 다시 무의미해지고… 삶은 욕망과 무의미 사이를 왕복한다.

인생 통찰의 관점에서 한순간 행위의 무의미함에 대한 인식과 현 순간을 의미 있게 살려는 노력 사이에서 나는 어떤 태도를 취해야 하는가.

진정한 회의주의

헬레니즘의 3대 철학인 스토아철학, 에피쿠로스철학, 회의주의 철학. 회의주의 철학에는 보수회의주의인 신아카데미학파와 급진회의주의인 피론주의가 있다. 피론주의자들은 어떤 독단적 믿음(dogma)도 배격했다. '진리란 ~ 이다.'뿐만 아니라 '진리란 파악할 수 없는 것이다.'조차도 독단으로 보았다. 진정한 회의주의자(피론주의자)는 불분명한 탐구 대상에 대해 판단유보하고 탐구를 계속할 뿐이다. 자신은 아무것도 모른다고 말한 소크라테스와 일맥상통한다. 등치 → 판단유보 → 평정(아타락시아)

피론주의는 제 현상을 설명하는 철학이 아니라 독단(dogma)에 대한 특효약으로서의 철학이다. 그들의 아타락시아는 아무 생각 없는 삶에서만 가능하다. 피론주의자는 독단을 막는 데는 성공했지만 의지 없는 식물적 삶을 살아야 했다.

자유, 천형天刑을 다하다

피론주의자의 아타락시아

본능에 역행하는 아타락시아가 가능할까. 피론주의자는 판단하거나 독단하지 않고 진리와 선에 대한 집착 없이 관습에 따라 사는 수동적 삶에서 아타락시아를 찾았다. 그들의 주장이 참인 범위는 어디까지일까.

본능은 욕망한다. 자신의 의지를 펴는 능동적 삶을 원한다. 그에 따른 부작용이 고통이라면 결국 선택을 해야 한다. 고통을 불러올 수도 있는 욕망과 의지를 동반한 능동적 삶, 고통 없는 독단하지 않는 수동적인 삶(불교적 느낌도 있다) 중에. 현실의 세상을 살아가는 자로서 나는 양자의 경계를 탈 수밖에 없다. 낮에는 전자를, 밤에는 후자를.

피론의 방패

피론주의의 방패를 직접 뚫지 못하는 학문은 자신의 정초를 구축하지 못한 부유하는 학문이다.

인간의 가치

수억짜리 차에 내 몸을 싣는다 한들 내 몸이 수억짜리가 될까. 수십억짜리 집에 산다고 내가 수십억짜리 인간이 될까. 내가 얼마짜리인지 무엇으로 판단할까. 모두 벌거벗으면 인간의 가치는 머릿속에 든 것밖에 없다.

별

불을 끄는 순간, 벅차도록 천정 가득 살아오는 저 별들을 어떻게 할까.

진리

진리 탐구의 출발지에서 최종 목적지를 향해 정진하면 깨달음을 얻었다고 생각되는 때가 있다. 그러한 깨달음은 진리의 최종 목적지가 아니라 경유지인 경우가 많다. 멈추지 않고 정진을 계속하면 드디어 진리의 최종 목적지에 도달하게 되는데, 이르고 보니 그곳은 다름 아닌 진리의 출발지였다. 이전의 출발지와 진리의 최종 목적지로서의 출발지는 다르지 않지만, 경유지를 돌아 출발지에 다시 온 사람은 출발지를 떠날 때의 그 사람이 아니다.

고통 없는 삶

고통 없는 이 삶이 내가 원했던 최상의 삶인가. 최고로 행복한 삶의 환경을 원하고 그런 환경에서 산다면 실제로 행복할까. 고통 없는 삶과 무슨 차이가 있을까.

'23. 3. 14.

필요한 자원

조선시대 왕 한 사람을 위해 최소 수백 명의 자원이 필요했을 것이다. 내 삶을 위해서는 얼마의 자원이 필요한가. 많은 자원이 필요할수록 의존적이고 피곤한 삶이다. 최소의 자원으로 홀로 독립할 수 있는 삶이 좋지만 내 삶에는 아직도 많은 자원이 필요한 것 같다. 부끄럽지만 나는 여전히 까탈스럽다.

자유, 천형天刑을 다하다

진리

모든 진리는 어떤 조건하에서의 진리다. 조건이 바뀌면 진리도 바뀐다. 지구상에서의 진리인 뉴턴의 역학 법칙도 우주로 나가면 일반 상대성 이론에 자리를 내주어야 하고, 지구상에서 진리로 확인된 모든 화학반응도 지구상에 없는 원소들이 개입하는 다른 별에서는 더 이상 진리가 아닐 것이다. 하물며 인간관계상의 진리라면….

인간은 환상의 현재를 살 수밖에 없는가, 죽음을 잊고 무상을 외면하며. 진리는 너무나 두렵기에, 진리와 동떨어진 곳에 가상의 세계를 구성하고 그 속에 안주하는가.

포섭의 철학

포섭의 철학, 헤겔의 사변철학. 정반합은 정 철학에 반대하는 반 철학을 없애거나 버리는 것이 아니라, 포섭하여 정 철학과 반 철학도 내재한 합 철학을 도출하는 것. 자신의 적까지도 포섭하는 철학.

대응 방법

어떤 사건에 대응(해결)하는 방법은 무수히 많다.

시간, 공간, 방향, 차원, 응전, 포섭, 인용, 연합, 내재한 비논리 이용….

가치와 의미

모든 것은 가치 있다.

모든 것의 의미는 불확실하다. 의미는 존재와 타자 사이에 있다.

관념적 거리

행복과 불행은 양자가 자신과 같은 거리에 있어도 행복은 손 닿을 듯 곁에 있다고 생각되지만 불행은 결코 가까이 있다고 생각되지 않는다. 한순간 삶과 죽음은 같은 거리에 공존하지만 우리는 삶만을 생각한다.

살기 위한 사랑

관습이나 제도를 돌파하는 사랑은 드물다. 사랑도 결국은 살기 위한 것이기 때문이다.

현대의 사랑은 삶의 방편으로 전락한다. 현대의 사랑은 인간적이다.

본래

빛과 어둠이 아니라 어둠과 빛이다. 본래 어둠이었고 그 후에 빛이 생겨났다. 삶과 죽음이 아니라 죽음과 삶이다. 본래 죽음(무)의 상태였고 그 후에 삶이 생겨났다. 빛에서 오래 지내면 본래부터 빛이 있는 줄로 안다. 오래 살다 보면 본래부터 살고 있는 줄로 안다.

남은 삶

남은 삶이 길게 잡아 20년 남았다고 하자. 지난 20년을 돌아보면 2003년, 엊그제 같은 2002 월드컵 이후의 세월보다도 살 날이 짧다. 타 들어 가는 양초를 생각한다.

나와 세상

내 입장에서 세상은 두 개로 나뉜다. 나 99%와 그 밖의 것들 1%로. 세상은 99%가 나로 채워져 있다. 나와 관련 있는 것만 아프고 기쁘고

자유, 천형天刑을 다하다

기억에 남는다. 내 접시가 깨지는 것을 남의 접시가 깨지듯 생각하기는 어렵다.

사실 나는 세상의 0.00…01%도 안 된다. 나의 감정, 욕망, 나의 삶은 99.99…99%를 차지하는 세상에게는 무와 같다. 존재해야 하는 삶은 힘들지만 무의 삶은 자유롭다.

글 쓰는 이유

글을 쓰는 이유는 내가 글로 남겨지기를 바라는 것이다. 이 또한 부질없는 욕망임을 안다. 시간은 모든 것을 사라지게 하지만 인간의 모든 행위는 존재함을 근간으로 한다. 존재하려는 욕망은 삶의 근간이다.

루틴

한량으로서의 일상은 바쁘다. 독서와 운동과 독작의 빡빡한 루틴. 누군가 한잔하자는 연락이 오면 루틴은 자발적으로 금세 사라진다.

여행과 기억

여행이란 기억을 위해 시간을 갈아 넣는 것이다. 일상은 즐거워도 기억에 남지 않기에, 기억에 남을만한 새롭고 불편한 시간을 애써 소비한다. 실제의 즐거움과 기억의 즐거움 가운데 무엇이 더 중요한가. 양과 빈도에 따른 한계효용의 법칙이 여기에도 적용되는가.

매력

사람은 알아갈수록 편해지지만 매력은 반감된다. 타인의 매력은 미지와 놀라움에서 솟는다. 상대를 앎으로써 상대를 조정할 수 있고 그 결과를 예상하기에 편함과 매력의 반감이 교차한다. 연애는 편함과 매력 사이를 활보할 수 있지만 결혼은 둘 사이의 한 지점을 선택하여 머무는 것이다.

행복의 판단

사람들은 타인의 행/불행은 쉽게 판단하는 반면 자신의 행/불행은 별로 생각하지 않고 판단하지 않으려 한다. 보이는 타인의 삶은 명쾌하지만 자신의 삶은 들여다볼수록 복잡하기 때문이다.

의지와 행동

"네 의지의 준칙이 보편적 입법 원리에 타당하도록 그렇게 행동하라."라고 칸트가 말했지만, 사람들은 "자신의 의지의 준칙이 보편적 입법 원리에 타당"한 것처럼 행동한다.

대화

대화할 가치가 있는 사람은 남들이 자신을 알아주기를 원하지 않는다. 지루한 수다를 떠는 사람들은 배설할 상대를 찾아 끊임없이 두리번거린다.

희생할 것

지고의 행복을 위해 희생해야 할 것은 단 하나, 욕망뿐이다. 그렇기에 행복은 어떤 사람에게는 늘 따라다니고, 어떤 사람에게는 항상 좇지만 손에 닿지 않는 것이다. 욕망이란 원시부터의 생존 의지, 끄기란 쉽지 않다.

자유, 천형天刑을 다하다

단점

어떤 사람의 단점을, 반대의 내용으로 바꾸어 장점으로 거짓 칭찬하면, 의아하게 생각하는 경우는 많지 않다.

소유

"내가 소유한 것이 내 욕망보다 많다."고 부자에게 얘기하면서 자신은 자유를 느끼지만, 반대로 가난한 사람에게 그런 말을 들으면 불편해진다. 왜 그럴까.

정답

철학은 산만하다. 정답이 없기 때문이다. 운동은 집중한다. 정답이 있기 때문이다. 삶은 산만하지만 죽음은 집중된다. 삶은 정답이 없지만 죽음은 그 자체가 정답이기 때문이다.

판단 유보

어떤 집단 내부로 들어가지 않고 밖에서, 익숙하지 않은 집단 구성원을 판단하기는 어렵다. 어느 토끼가 잘생겼는지, 어느 말이 잘 달리는지. 우리는 대부분 스스로 판단하거나 전문가의 판단에 의존하는 오류를 범한다. 모른다면 판단 유보가 최선이다.

생각

'~처럼 보인다', '~로 보인다'는 말은 자신이 '~의 생각'을 하고 있다는 말이다.

본래 없는 것

없는 것은 버릴 수도 없다. 우리는 애초에 없던 것(자아)을 버리려 애쓰고 있는지도 모른다.

철학의 목표

철학의 목표를 인생을 무사히 살아갈 수 있을 정도의 수준에 두는 것도 수긍이 간다. 그러나 그 수준에서는 외부의 영향에 적당히 대응하면서 그럭저럭 살 수는 있겠지만 그 삶은 외부 면피에 한정된 겉핥기의 삶이다. 자신의 내부에서 솟는, 자신과 세계에 대한 의문을 해소하려면 한 차원 높은 도야와 성찰이 필요하다. 철학의 첫 열매는 자기성장에 대한 자기만족이다.

"삶은 돌이켜 볼 때만 이해할 수 있지만 내다보면서 살아야 한다."

– 키에르케고르

"우선 살고 그다음에 철학 하라."

– 아리스토텔레스

사실

객관적 사실들은 삶의 의미와 가치라는 잔칫상에 오른 음식들이다. 그 음식들의 맛을 평가하고 즐기는 것은 전적으로 우리 각자가 하고 또 해야 한다. 남의 맛을 내가 알 수 없고, 더구나 음식 없이 살 수는 없지 않은가.

단 욕망이 사실을 왜곡해서는 안 된다. 신의 천지창조론보다는 과학

자유, 천형天刑을 다하다

의 빅뱅 이론과 진화론이 사실에 가까움을 인정한다면 더 이상 신을 향해 욕망을 던지는 일은 그만둘 필요가 있다. 의미와 가치는 사실의 토대 위에 우리 각자가 뿜어낸 분비물이며 그것이 사실을 가리거나 변화시킬 수 없다.

삶의 의미

1. 보편적 삶의 의미는 태초부터 종말까지 인간들의 삶 전체를 살아보아야 알 수 있는 것, 중요한 것은 보편적 삶의 의미가 아니라 내 삶의 의미다. 보편적 삶의 의미는 공허와 허무로 빠지기 쉽다. 실제로 그러하기 때문에. 내 삶의 의미는 살아 있는 한 스스로 만들어야 할 인생의 등불이지만 그 등불을 가진 자가 얼마나 되랴. 사실은 없는 '삶의 의미'를 당위로서 억지로 만들어 내려고 헛되이 애쓰는 것일 수도 있으며, 의미 없는 삶을 살아가는 것 자체가 삶의 의미인지도 모른다. 자신이 작위로 만들어 낸 삶의 의미라는 자기 기만 속에서.

2. 삶의 의미는 현재형이다. 삶의 의미는 사는 동안 찾거나 설정하는 것이며, 삶의 동인으로서 역할을 하면 최선이며 그뿐이다. 죽음이 삶의 의미를 사라지게 하는 것은 아니지만, 죽음과 삶을 섞어 놓고 삶의 의미를 생각하라는 것은, 막걸리, 소주, 맥주, 양주, 포도주를 섞어 놓고 포도주의 맛을 찾으라는 얘기다.
죽음 앞에 삶의 의미는 없다는 주장은 실재하는 삶 자체를 부정하는 것이다. 죽음이 와도 사는 동안의 삶의 의미는 오롯하다. 무한 시공을 거시적으로 보며 짧은 삶의 의미를 논한다는 것은 삶의 의미가 '있다', '없다'를 떠나 논의 자체가 불가능하다. 짧은 삶에 미시적으로 접근해야 비로소 논할 수 있다.

죽음은 삶의 절멸, 존재의 무화無化라는 것에 동의하지만 죽음이 삶의 의미마저 무화 한다는 것에는 동의하지 않는다. 사는 동안에는 삶의 의미를, 죽음 앞에서는 죽음의 의미를 생각하는 것이 타당하다. 내일의 죽음을 가정하고 삶의 의미를 생각한들 무엇이 떠오르겠는가. 그렇다고 인생을 의미 없이 살 수는 없다. 죽음이 언제일지는 모르지만 그 시각 전까지 삶은 유지될 것이고 그 삶을 이끌어 줄 삶의 의미가 필요한 것이다.

한편, 죽음이 결코 나쁘거나 두려운 것이 아니라, 삶의 고향이고, 존재를 떠나는 평안이며 꿈 없는 잠임을 인식한다면 죽음은 삶의 의미에 영향을 주지 않는다. "멋지고 평화로운 죽음을 맞기 위해 인생을 사는 것" 또한 훌륭한 삶의 의미다. 여기에 이르면 종교나 신이 들어설 여지는 없다.

철학 함의 장점

철학 함의 장점은 세상에 의연히 홀로 선다는 것. 외부의 무엇에 의지하거나 징징대지 않는다는 것. 운명을 두려워하지 않는다는 것.

이성의 한계

종교인들이 주장하듯 한계를 가진 이성은, 보편적이고 확실한 진리를 찾기에는 충분하지 않을 수도 있지만, 그들의 거짓이나 헛된 주장을 판별하기에는 충분하다.

자유, 천형天刑을 다하다

'23. 3. 26.

철학적 문제

인간의 두뇌가 생존을 위해 진화해 왔다면 먹고사는 문제 외에, 어차피 답 없는 철학에 천착할 필요가 있을까. 철학을 함으로써 고양되는 삶의 수준은 먹고사는 것에 올인한 경우와 얼마나 차이 날까. 물질적 수준은 후자가 훨씬 높을 것이다. 철학을 하는 이유는 맹목의 삶보다는 공허할지라도 투명하고 환한 삶을 원하기 때문이다. 왜 가는지를 모르는 걸음은 한 발자국도 내디딜 수 없다.

신념

신념을 위해 자신의 모든 것을 불사르는 자는 멋있고 숭고하기까지 하지만, 그 성급함에 조소를 부르기도 한다. 신념과 진리는 다르다. 그 신념이 진리라 해도 진리는 시대에 따라 변한다. 신념은 약과 같다. 모든 약은 독이다. 적정량은 약, 과량은 독.

행복의 경작

인간이 사냥과 채집에서 농경 문화로 발전한 것처럼, 현명해질수록 주어진 외부 환경에서 취하는 행복에서 스스로 경작하는 행복으로 이행한다. 우연한 행복에서 예측 가능한 행복으로.

행복의 부재 시에는 행복을 의식하고 바라지만, 실제 행복한 시간에는 행복은 당연의 베일에 싸여 있고 행복이 떠난 뒤에 비로소 행복을 인식한다. 인간은 행복한 시간보다는 행복을 바라는 시간 속에서 살아간다.

행복이 "이 순간의 지속만을 바라는 충만한 상태"라고 해도 그 행복한 순간은 즉시 소멸된다. 행복은 알아차리는 순간 사라지기 때문이다. 결국 행복이란 지속될 수 없는 운명이다. 행복은 속절없는 사랑이다. 잡힐 듯 잡히지 않는 거리를 두고, 눈앞에서 사라지는.

강남 좌파

강남 좌파는 유물론자일까, 관념론자일까. 돈이 이데올로기에 우선한다면 유물론자이고 반대라면 관념론자라고 가정할 때, 그들은 관념론에 살짝 기대고 있는 (관념론자인 척하는) 유물론자가 아닐까.

욕망

인간의 욕망 가운데 가장 밑바닥에 있는 것은 생존과 번식을 위한 식욕과 성욕일 것이다. 아타락시아를 추구했던 쾌락주의(?)의 시조 에피쿠로스가 욕망했던 '허기와 갈증과 추위로 인한 고통의 해소' 또한 최소한의 생존을 위한 것이었다. 식욕을 포함한 모든 욕망과 달리 성욕은 이성을 벗어난다. 다른 모든 욕망의 충족 과정은 이성의 지배하에 진행되어 욕망 충족 전후가 큰 차이 없는 일정한 상태를 유지하지만, 성욕의 충족 과정은 흥분과 도취 속에 진행되며 그 과정이 끝나면 어디엔가 놓아 버린 이성부터 허겁지겁 찾게 된다. 진화론적으로 보면 번식은 상당한 위험과 수고를 동반하는 과정이기에, 인간을 포함한 모든 동물에게 번식을 위한 유도제로서 이성마취적 흥분과 쾌락이 필요했으리라.

'23. 4. 1.

행복의 눈물

큰 행복에는 슬픔이 섞여 있다. 무상으로 통칭할 수 있는 행복의 사라짐과 다가올 미지의 불행. 행복의 눈물 속에는 현 순간에 대한 감동과 감사, 무상의 슬픔이 공존하는 것이다.

창조적 고통

행복, 평안, 반복, 권태. 어슬렁거리는 삶. 창조, 기여, 기쁨 없이 반복되는 삶. 보람까지는 바라지 않아도 새로운 기쁨을 주는 고통과 불안이 필요할 수도 있다. 창조적 고통을 찾을 수 없다면 현재의 평안을 깨뜨려, 의미 있는 행복과 평안을 다시 느낄 수 있는 작은 불행을 인위적으로 만들어야 하는가.

악과 선

선의 부재가 악인가, 악의 부재가 선인가. 선의 행복은 희미하며 악의 고통은 확실하다. 악과 선의 존재감과 영향을 고려하면 악의 부재가 선일 개연성이 크다.

습관적인 삶

대부분은 본능과 습관으로 살아간다. 성찰하는 삶은 드물고 귀하다.

수단으로서의 행복

행복이 삶의 목적이라면 허약함이라는 행복의 본성을 따라 우리의 삶도 흔들릴 수밖에 없다. 행복은 죽음의 불안과 삶의 고통을 잠시 잊게 해 주는 마약성 진통제 역할을 하는 삶의 수단으로 더 어울린다.

'23. 4. 2.

사실과 당위

사실은 당위의 기저이며 당위에 우선한다. 그러나 당위가 회자될 때 사실은 기억되지 않는다. 사실은 숨겨지고 당위가 전부가 된다.

당위는 사실에서 벗어나 있다. 사실의 부적절함을 개선하는데 당위의 목적이 있다.

사실과 당위의 관계는 객관과 주관, 존재와 가치, 보편과 개별 등의 관계와 유사하다.

욕망

타인의 욕망에 대해서는 개연성과 타당성의 필터가 저절로 작동되지만 자신의 욕망은 무사통과된다. 자신의 욕망은 (되돌아보지 않기에) 아무런 문제가 없지만 타인의 욕망은 부자연스럽고 과하다. 특히 타인의 성적 욕망이나 취향은 그로테스크하다고 느끼지만 자신의 성적 욕망은 당연하다고 생각한다.

상실의 고통

독배를 든 사람처럼 자신이 죽어 감을 알 수 있다면, 사랑하던 연인의 상실이 바람에 떨어지는 벚꽃 잎처럼 눈앞을 스친다면, 그 순간의 죽음과 상실의 고통은 어떨까. 그 시간 이후 죽은 자의 고통은 사라지지만 상실한 자의 고통은 언제까지일까.

우아함과 비참함

진수성찬이나 1식 3찬이나 허기를 채우는 과정의 수준은 다르지만 식욕 해소의 본질은 같다. 아름다운 연인이나 야동이나 그를 통한 욕망 해소 과정의 수준은 다르지만 욕망 해소의 본질은 같다. 우아함과 비참함 또한 나의 분비물이다.

자책

자신의 실수, 오해, 잘못된 행위에 대해 심하게 자책하는 사람이 있다. 그는 그런 행위들이 마치 자신인 양 자신과 일치시키는 경향이 있다. 반면 그는 외부의 안 좋은 사건에 대해서는 운명으로서 흔쾌히 받아들인다. 그에게 충고하고 싶다. '자신의 잘못된 행위도 운명처럼 흔쾌히 생각하라'. '자신에게 돌아오는 결과는 자신의 내부 원인이든 외부 원인이든 같다'.

철학자의 말

철학자의 견해는 타인의 비난의 대상이 되기 쉽다. 개별이 아니라 보편을 말하기 때문이다. '죽음은 태어나지 않았던 본향으로 돌아가는 것이므로 결코 나쁘거나 슬픈 일이 아니다.'라고 말하면 사람들은 죽음 자체가 아니라 자신의 죽음을 생각하며 헛소리 말라고 비난할 것이다.

독단과 철학 함

철학을 한다는 것은 독단의 환상에서 깨어나는 것이다.

모든 견해는 독단이다.

대다수의 철학자는 철학을 하지 않았다. 섹스투스 엠피리쿠스 같은 회의주의자를 제외하면.

'23. 4. 8.

질서와 무질서

자연과 생명을 숙고할 때 질서 있다고 해야 하는가 무질서하다고 해야 하는가. 인간이 인과를 파악한 부분은 질서 있다고 말하고, 파악하지 못한 부분은 무질서하다고 말하는 것이리라. 결국 질서, 무질서는 인간의 인식에 따른 것.

마음의 감옥

사랑, 걱정, 분노, 복수… 생각에 집착하여 스스로를 감옥에 가두다. 인생이란 이 감옥에서 저 감옥으로 이감되어 살아가는 수인의 삶인지도 모른다. 감옥에서 풀려나는 길은 두 가지. 하나는 세월에 따른 망각으로 감옥 자체가 사라지는 것. 또 하나는 인생에 비해 그 감옥 자체가 하잘것없음을 인식하고 비웃는 것.

생각의 바깥

마음의 병은 강박적 생각의 강에 빠져 허우적거리는 것, 스스로 만든 생각에 스스로 뛰어들어 괴로워하는 것. 그 생각 바깥에서 그 생각을 바라보는 것이 얼마나 어려운 것이기에 (생각의 바깥이 없는) 사람들은 정신병적 고통을 겪고 있는가. 누구도 예외는 없다.

'23. 4. 9.

생각거리

생각할 시간과 생각할 거리가 함께 있다는 것은 다행이다. 시간은 있는데 생각거리가 없다면 권태, 생각거리는 있는데 시간이 없다면 분주

자유, 천형天刑을 다하다

함 또는 생계형.

경쟁 스트레스

경쟁에서 처지지 않고 살아온 자에게 낮은 인사 평가나 무시당함에 대한 분노와 스트레스는 매우 크다. 직장인 스트레스의 거의 전부다. 인생의 오르막은 당연시하고 내리막은 못 견디는 것. 아직도 직장의 악몽을 꾼다. 영원한 트라우마 군대와 직장.

비관적 몰입

자신, 대상, 상황의 장점보다는 단점에, 행복보다는 불행에, 낙관보다는 비관적으로, 스스로 몰입하여 괴로워함은 인간의 본능인가, 개인의 성격인가.

불면의 밤

불면의 밤이 두렵지 않은 자는 삶을 두려워하지 않는 자다.

자신의 늙음

자신이 얼마나 늙었는가를 인식하려면 자신의 행동을 촬영한 동영상을 보라. 동영상에서 비치는 모습이, 내가 볼 수 없는, 타인이 보는 나의 모습인 것이다. 늙음은 속절없이 추하다. 늙음이란, 사랑은커녕 수용하기도 쉽지 않음이 인정人情이지만 그래도 사랑할 수 없을까. 자연의 섭리에 감정을 덧씌움도 인간의 욕망이요, 인간만의 놀이일 것이다.

밥과 반찬

철학은 밥, 문학은 반찬이다. 밥을 먹다 보면 반찬이 생각나고, 반찬만 먹다 보면 배고프다.

인생행로

"인생행로 어렵기는 높은 산, 깊은 물에 있지 않고 뒤집히는 인정人情 사이에 있다."

- 백낙청 「태행로」

'23. 4. 15.

삶의 기록

누군가 자신의 생이, 영겁의 우연으로 인한 매우 귀중한 것임을 깨달아 자신의 온 삶을 기록으로 남긴다고 하자. 그 기록은 자신에게는 매우 귀한 것이지만 그것을 읽어 줄 사람이 자신 외에는 없다면 가치 있을까.

신체의 사용

신체의 각 부분을 본래 목적대로 사용하고 있는가. 머리는 생각하고 다리는 걷고 있는가. 머리로 걷고 다리로 생각하고 있지 않은가.

진정한 여행

진정한 여행은, 떠난 곳으로 돌아오지 않는 여행, 죽음.

자유, 천형天刑을 다하다

금전과 사교

여생보다 여비가 많아지면 노동에서 벗어나 원하는 삶을 사는 것이 지혜이듯, 외로움을 다독일 만큼의 인간관계가 형성되면 인간을 벗어나 자연을 찾는 것이 현명하다. 삶에 필요한 금전은 인간의 사교와 같다. 필수 수준이 충족되면 더 이상은 무용하며 오히려 짐이 된다. 금전과 사교가 다다익선인 양 끝없이 좇다 보면 인생 낭비는 물론이고 자신마저 잃는다.

노년의 삶

단순하고 평온한 삶은 적당한 울타리 안에서 이루어진다. 울타리 없는 노년의 삶은 즐거움보다는 고통이다.

싸구려의 부유함

싸구려에도 즐거움을 누릴 수 있는 자는, 잃을 것 없고 빼앗길 것 없는, 진정 부유한 자.

여생

여생은 주인 없는, 짐 벗은 말처럼 살자. 얼마 남지 않았다.

자연과 문화

인간 문화를 보면 결핍의 욕망이 일어나고 자연을 보면 충분한 만족을 느낀다. 쉽고도 어려운 로망, "나는 자연인이다".

경작

경작의 배경은 소유다. 경작은 생존을 위한 것인 동시에, 소유라는 배타적 개념을 만들어 다툼과 전쟁의 씨앗이 된다.

사실, 생각, 의미

사실은 건조하다. 사실에 대한 생각이 의미 있다. 사실은 풀이고 생각은 젖소며 의미는 젖이다. 내가 역사보다 철학을 선호하는 이유다.

자연의 서술어

자연을, 자비/무자비, 선/악, 정의/불의, 미/추 등 인간 세계를 서술하는 용어로 표현하는 것은 적합하지 않다. 자연에 적합한 서술어는 "섭리"뿐이다.

구성원

우리는 자기가 속한 사회의 구성원임은 굳게 믿지만 자연의 구성원임은 잊고 산다. 우리는 가족, 사회, 국가의 구성원인 동시에 인류, 자연, 우주…의 구성원이다.

인생

크기조차 상상할 수 없는 우주, 그 구석에 있는 지구라는 행성의 껍데기에 대롱대롱 매달려 사는, 영겁의 시간 속 찰나의 인생, 우리는 무엇을 욕망하며 무슨 의미를 찾고 있나.

자유, 천형天刑을 다하다

나무와 사람

나무는 줄기와 잎이 성장함과 함께 뿌리의 성장도 멈추지 않는다. 사람의 외면은 끝없이 확장하지만 자신의 내면의 확장은 멈추는 경우가 많다. 뿌리 깊지 않은 나무, 내면 없는 기형의 인간이 되고 만다.

욕망, 현재의 부재

욕망의 배경은 부재다. 모든 캠페인, 슬로건, 이데올로기는 미래의 욕망이다. 현재는 그것의 부재 상태다. 고대 그리스의 4주덕主德인 지혜, 정의, 절제, 용기 또한 충분한 것이 아니라 필요한 것이었다. 대부분의 주장은 현재는 그렇지 않기에 그런 주장을 한다고 보면 거의 타당하다. 현 상황에서 이미 충분한 것을 주장하지는 않을 테니. 예를 들면 "착하게 살자".

'23. 4. 16.

대상에 대한 서술

풍경을 묘사하는 글은 지루하다. 풍경에 대한 생각을 묘사하는 글은 흥미롭다. 모든 글을 대상에 대한 서술과 생각에 대한 서술로 나눈다면, 전자는 눈에 보이는 풍경이나 그림 같아서 익숙해지면 곧 권태롭다. 후자는 '왜?'라는 상상의 문이 열려 있기에 어려울지언정 지루하지는 않다.

양 떼의 삶

양 떼를 몰아가는 목동의 삶과 (자신의 생각 없이) 몰려가는 양 떼의 삶. 바쁨, 분주함, 허둥지둥… 두 가지 삶의 선택에 장고長考가 필요할까.

이데올로기

이데올로기의 정체와 허구성을 간파하여 그것을 땅에 묻은 자도, 자신의 목적을 성취하려는 대중 선동을 위해서는 이데올로기의 관 뚜껑을 다시 열 수밖에 없을 것이다.

단상

깨달음은 타인에게 전할 수 없는 형이상학이다.

인생은 살면 살수록 짧다.

단정함은 고급스러운 섹시함이다.

책과 음식

지혜와 감동을 느꼈던 책은 자신이 좋아하는 음식과 같다. 새로운 책을 찾는 것은 새로운 음식을 맛보려는 것과 같다. 좋아하는 음식은 대체로 만족감을 주지만 새로운 음식이 만족감을 주는 경우는 드물다. 새로운 책을 찾는 것은 본능이지만 확실히 좋았던 책을 다시 읽는 것은 지혜다.

영혼의 안식

삶은 욕망. 내가 살아가는 것이 아니라 나의 욕망이 살아간다. 욕망에서의 해방은 영혼의 안식, 죽음.

자유, 천형天刑을 다하다

사랑의 용도

사랑의 용도는 삶의 기쁨 혹은 쾌락인가, 절망과 고통에서의 구원인가. 전자라면 사랑을 헐값에 판 것이고, 후자라면 제값을 받은 것이다.

늙음

"사는 게 죄"라는 말과 불교철학의 사고四苦 중의 하나인 늙음을 숙고할 때, 자신을 책임질 수 없을 만큼 늙는다는 것은, 자신의 고통을 넘어 주변인과 세상에 대한 죄라고 한다면 지나친 생각일까.

'23. 4. 22.

아我

나. 특정한 사고방식과 행동 양식으로 형성된 의식으로서 특정한 육체를 점유한 자.

책 목록

읽어야 할, 읽고 싶은 책들의 목록을 보며 여생을 생각할 때, 결코 다 읽지 못하리라는 것을 안다. 풀지 못한 시험 문제들을 앞에 놓고 시간에 쫓겨 발을 동동 구르는 마음이다. 어쩌다 이렇게 철이 늦게 들었는가. 죽음 앞에서는 이런 심정이 아니어야 할 텐데….

후회

과거는 기쁨보다는 후회로 남겨진다. 아무리 후회 없는 삶을 살리라고 결심해도 인간의 불완전함 때문에, 미래에서 돌아보면 다시 후회할 수밖에 없다. 인생은 결국 회한만을 남기고 가는가.

감상感傷

감상이 남아 있는 한 살만하다. 감상은 삶의 조미료, 그것이 없다면 인생은 얼마나 무미할 것인가.

주당酒黨의 자격

1. 매일 술 마시는 자
- 소오맥천 : 연간 소주 500병과 맥주 1,000병 이상 마시는 자
2. 몸이 버티는 한 마시는 자
3. 술로 인한 죽음을 두려워하지 않는 자
4. 술로 죽는 자

안주

1차의 안주는 배를 채우기 위한 것이다. 어느 정도 먹어 두는 것이 좋다. 2차 이후 안주는 입가심용이다. 2차 이후에 안주 빨 세우는 자는 술꾼이 아니거나 술맛을 모르는 자다.

행복한 자의 여행

여행은 에너지를 충전하러 가는 것이 아니라 여분의 에너지를 비우러 가는 것. 행복한 자는 일상에서 에너지를 충전한다.

존재의 부재

존재는 부재로 존재한다. 존재할 때 부재하고, 부재할 때 존재한다.

'23. 4. 23.

여수의 밤

인식의 한계를 넘어 상상을 초월하는 대상을 본다. 경외와 숭고. 인간계에서는 결코 찾을 수 없는 자연의 신비. 바다 건너 반짝이는 은하수, 우주의 찌그러진 방랑자에게까지 이런 모습을 보여 주는 자연은 얼마나 고마운지.

별히 좋은 시공간. 바다 건너 여수의 불빛, 아무도 없는 것 같이 조용한 숙소의 재즈 음악. 그리스 델포이 언덕에서 밤바다를 바라보며 느꼈던 감정의 복사. 그때는, 내 인생에 이런 시공간이 다시 있을 수 있을까 생각했지만, 운 좋게도 지금 그 감정이 재현되고 있다. 아쉬운 것은 죽음에 발끝 패이는 여생이다. 이 순간, 남아 있기를 바라는 10년을, 연인마냥 부둥켜안지만, 꼭 쥔 손가락, 힘주어 안은 팔 사이로 속절없이 빠져나갈 세월을 알기에 그냥 멍하게 서 있다.

돌산대교 건너 저 불빛들은 내 생을 넘어 거의 영원하리라는 것을 안다. 저 풍경의 아름다움은 언제 또 볼지 모르는 한시적이라는 데 있다. 그 한계가 대상이 아니라 자신에게 있다는 것이 인간의 슬픔. 자정을 향해 가고 있는 마지막 오늘의 슬픔.

맨 정신에는 합리와 효율, 냉철한 이성을 자부하다가, 한 잔 술에 취하면 온 세상의 주인이 되고, 조금 더 맛이 가면 인생의 덧없음에 풀 죽는 이 가여운 술꾼은 누구인가.

보편과 개별

개별에는 감정이 쉽게 실리지만 보편에는 칠정이 스며들 여지가 적다. 자신과 주변에 일어나는 사건을 보편 또는 개별, 어느 시각으로 바라보는 것이 현명할까. 자신에게 일어나는 좋은 일은 당연하고 나쁜 일은 부당한 것이 인심이긴 하지만.

칸트의 비판철학

칸트의 비판철학에 의하면, 인간은 선험적 인식 틀(감성의 시간과 공간, 오성의 범주, 이성의 종합)의 한계 내에서 경험한 대상만을 필연적, 개별적으로 인식한다. 경험할 수 없는 대상이나 선험적 인식 틀을 벗어난 대상은 인식할 수 없다는 것이 이성의 한계이다. 그러나 이성은 자신의 인식 한계를 넘어서 초경험적 개념까지 인식하려는 본성이 있다. 없는 것을 억지로 만들어 보는 것이다.

주어진 조건하에서 개별적으로 인식할 뿐인 인식 능력을, 보편과 무조건의 절대로 확장하려는 이성의 시도는 이율배반으로 귀착된다. 개별로서 보편을, 유한에서 무한을, 상대에서 절대를 인식하려는 것이기에. 즉 인식 불가능한 것을 인식하려는 것이기 때문이다.

살아가기

만남도 사랑도 더 나은 삶을 살기 위한 것이듯, 이별도 미움도 더 나은 삶을 살기 위한 것이다. 인간의 모든 사고와 행위는 더 나은 삶을 살기 위한 것. 자살조차 더 나은 상태를 위해 죽음을 선택하는 것이다.

삶의 조건

내 생에서 삶의 조건은 주어인가, 목적어인가. 삶의 조건이 나를 만드는가. 내가 삶의 조건을 만드는가,

단상

인간은 성격으로 받은 비난을 매너로 상쇄한다.

넓은 인맥 / 좁은 내면.

소란과 분주함 / 낭비하는 삶.

영혼의 쾌락

에피쿠로스가 쾌락을 위해 피하고자 했던 세 가지 - 허기, 갈증, 추위 - 를 벗어난 나는 쾌락 속에 있는가. 영혼의 허기와 갈증, 추위를 해결할 수 있다면 쾌락 속에 있다고 말하겠다.

원하는 삶

사람들 중에 거짓 아닌 진실을 말하고 타인의 의지가 아닌 자신의 의지대로 사는 사람은 얼마나 될까. 20%나 될까.

비난과 칭찬

비난하는 자는 최소한 자신은 비난받지 않을 만하다고 말하는 것이며, 칭찬하는 자는 적어도 자신은 칭찬받는 자보다 우월하다고 말하는 것이다.

관조

숲속에서는 숲을 보지 못하고 꿈속에서는 꿈임을 인식하지 못하듯, 삶 속에서는 삶을 보지 못하고 자신 안에서는 자신을 관조하지 못한다.

고통과 쾌락

걱정, 불안, 초조의 고통스러운 시간들이여 가라. 쾌락과 행복의 즐거운 시간들이여 오라. 전자 없이는 후자를 인식할 수 없다는 진리를 벗어날 수만 있다면!

최선의 삶

최선의 삶은 무엇일까. 부, 귀, 명예, 권력, 성공… 이 모든 것에 앞서 "만족한 삶" 아닐까. 어떤 자는 너무나 쉽게 성취할 수 있지만 다른 자는 꿈속의 비상구처럼 아무리 발버둥 쳐도 다가갈 수 없는.

삶에 대한 오류

인생의 가장 빛나는 시기는 언제며 가장 희미한 시기는 언제인가. 빛나는 시기는 20~30대 청년기며 희미한 시기는 60대 이후의 노년기일 것이다. 존재조차 불투명한 노년기의 행복을 위해 확실한 청년기를 갈아 넣으며 사는 것은 현명한 삶일까.

뒷북

죽음에 다다라서 삶의 소중함을 알듯, 부재 후에야 존재를 깨닫는 삶은 영원한 뒷북이다. 전형적이고 보편적인 뒷북. 인간에게 선취의 사고, 선험의 지혜는 불가능한 것인가.

자유, 천형天刑을 다하다

고귀함

악화가 양화를 구축하듯, 더러움이 청결함을 지배하듯, 인간의 비천함은 고귀함을 가린다. 비천함은 곳곳에 널려 있지만 고귀함은 비천함에 포위되어 눈에 띄지 않는다. 비천함 속에서 간혹 발견되는 고귀함은 당연한 것임에도 미덕으로 포장된다.

1. 태어남

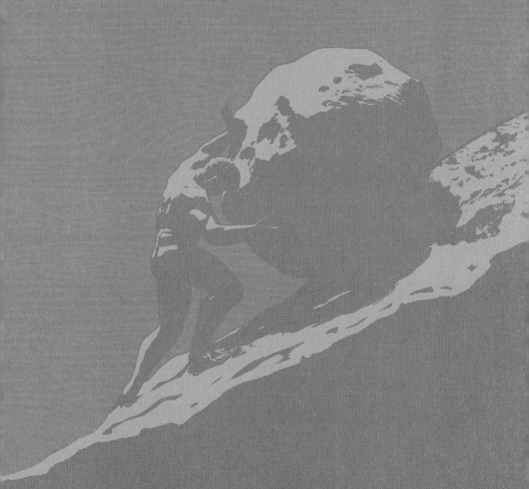

생生(태어남)에 대한 숙고

생의 이유는 없다. 있다면 삼신할미를 불러낼 필요가 없었을 것이다. 부모에게 물어보라, 자신이 태어난 이유를. 답할 부모가 얼마나 될까. 없는 이유를 어떻게 만들어 낼까. 생각 없는 부모들에 의해 우연히, 태어나는 자는 그야말로 아무 생각 없이, 태어난다. 이것이 생의 가감 없는 이유다.

나는 생을 원하지 않았다. 무와 같은 평안을 원했다. 사회와 욕망은 나를 끓게 만든다. 평안을 얻기 위해 사회와 욕망과 끊임없이 싸웠고 고통스러웠다. 그 결과 잠시 행복을 얻었으나 그조차 평안을 위해 버려야 했다.

한 인간을 태어나게 하려면 최소한 그에게 고통 없는 삶이 제공되어야 한다. 태어나기 전에는 고통 없는 무였기에 고통의 삶을 겪는다는 것이 당사자로서는 정말 원치 않는 일일 것이다. 태어남은 지옥으로 들어오는 것일 수도 있다. 사람들이 그토록 두려워하는 바로 그 지옥.

사람들은 태어난 아기를 보고, 그 아기가 겪어야 할 삶의 고통은 생각하지도 않고 그 아기가 자신에게 가져다줄 기쁨을 생각하며, 탄생을 축하한다. (축하는 나를 향한 것이고 저주는 상대를 향한 것이다.)

당사자의 생은 긍정적이거나 부정적으로 표현되는 것 이상으로 어마어마하게 중대한 사건이다. 생은 삶의 전부다. 내 삶의 전부를 책임지는 자는 누구인가. 나는 내 삶의 원인제공자가 아니기에 내 삶을 책임질 의무가 없다. 일차적 원인제공자는 생을 만들어 낸 자, 부모. 부모가 모든 책임을 져야 한다. 실제로 대부분의 부모가 그 책임에 허덕이며 살고 있다.

자식을 낳으려는 사람들은 태어날 자식을 위해 반드시 숙고해야 한

자유, 천형天刑을 다하다

다. 자식을 태어나게 하는 것이 진정 자식을 위한 것인지를. 자식을 행복하게 할 자신과 능력이 있는지를. 자신들의 삶이 과연 진정 행복했고 행복하고 행복할 것인지를. 자신의 인생을 똑같이 반복한다면 또 태어나고 싶은지 무의 상태에 머물고 싶은지를. "헛되고 헛되며 헛되고 헛되니 모든 것이 헛된" 인생이라 해도 최소한 고통 없이 살 수 있는가를. 태어난 자식에게는 아낌없는 사랑만으론 부족하다.

생이란, 지구상의 인간들이 처한 환경 평균과 개인적인 경험을 생각하면, 이 세상이라는 낙원의 향유자로서의 태어남이라기보다는 이 세상이라는 감옥의 수인으로서의 태어남이 진실에 가깝다. 부모라는 타인의 육체적, 정신적 욕망에 따라 태어나고, 운명이라는 우연의 타격에 시달리다가 죽는 것이 인간 아닌가.

자식과 고마움

자식은 꼭 낳아야 한다면 하나만 낳는 것이 좋겠다. 종족 유지의 의무로서, 자식을 낳고 키우는 행복을 위해. 자연의 보존을 위한 인구의 감소를 위해. 현대 사회에서 둘 이상은 양육하기도 힘들지만 양육해 봐야 그 자식이 상대적으로 행복할 확률도 적다. 부와 권력은 점점 소수에 집중되므로.

부모의 제사에서 의무감이 아닌, 고마운 마음으로 제사를 지내는 사람은 얼마나 될까. 고마움을 갖는다 해도 다수는 자신을 잘 키워 주어서, 재산을 많이 남겨주어서 고마움을 가질 것이다. 그러나 자신을 이 세상에 전달해 주어 고마움을 갖는 자는 얼마나 될까.

자식이, 무였던 자신을 유로 변환시켜 하나의 생명체로서 세상에 생겨나게 하고, 이 세계를 보고 살아갈 수 있게 한 이유로서, 부모의 고마움을 인식하기는 쉽지 않다. 그런 성찰하는 자식을 낳은 부모는 아무것도 자식에게 물려주지 않아도 그러한 자식의 존재 자체로 훌륭한 자며 복받은 자이다. 자식을 생각하며 자신이 복받은 자인가를 돌아보라.

삶

살아 있기에 계속 발전해야 하고, 더 많이 가져야 하고, 더 존경받아야 해서 발버둥 치며 산 인생, 과연 행복하던가. 긴 고통과 짧은 행복으로 뒤엉킨 삶을 살아보니 무의 죽음(태어나지 않음)보다 더 낫다고 생각되는가. 난 아니다. 태어나지 않았다면 더 좋았을 것이다.

아기의 탄생에 대하여

태어난 아기를 보며 사람들은 기뻐하지만 그 아이의 인생을 통찰하면 안쓰러운 마음도 있다. 삶이라는 고통 속에 던져졌기에. 일생을 발버둥치며 저 아기는 어떤 삶을 살아갈까를 생각하면 기쁘지만은 않은 것이다. 불교 철학을 접한 자라면, 자식의 탄생으로 자신의 윤회가 눈앞에서 다시 시작됨을 깨닫고 통곡할지도 모른다.

이기적 본능

인간의 가장 이기적 본능, 출산. 사람들이 아이를 낳는 이유는 무엇일까. 아이를 위해서? 종족 보존을 위해서? 국가를 위해서? 아니다. 결국은 자신을 위해서다. (없는, 태어날 바로 그) 자식을 위해서 자식을 낳는 경우는 드물다. 아이가 태어나면 대부분 축하하고 기뻐한다. 누구를 위해서? 태어난 아이를 위해서가 아니라 부모를 위해서. 태어난 아이는 자신을 낳아 주었다고 고마워할까? 이 세상에 자신을 낳아 주어서 진심으로 고마워할 사람은 얼마나 될까. 차라리 이 세상에 태어나지 않았더라면 정말 고마워하지 않을까.

자신의 인생이 똑같이 되풀이된다고 할 때, 다시 태어나려는 사람이 많지 않은 것처럼 인생이란 태어났기에 희로애락 속에도 의무로서 살아가는 것이다. 자신의 생을 돌아보라. 깊이 성찰하면 아무리 행복한 인생을 산 자라도 태어나지 않음만 못하리라.

젊은 시절에는 본능과 욕망이 이성을 덮기 때문에 이러한 성찰 없이 아이를 낳는다. 자식이 적은 자는 삶이 가벼울 것이며 무자식은 그야말로 상팔자다. 태어나지 않은 자식도 진심으로 감사할 것이다.

부모와 자식

다시 인생을 산다면 자식은 몇이나 낳아야 할까. 자식의 입장에서 나는, 낳아 주신 부모님께 감사한다. 그러나 나를 낳지 않았다면 더욱 감사했을 것이다. 돌이켜 보라, 자신의 인생을. 잘 살려는 본능에 얼마나 힘겨운 삶을 살았는가를. 굳이 시작하지 않아도 되는 삶을.

생(生)은 고(苦)의 인(因)이다. 부모의 입장에서 자식 또한 고(苦)의 인(因)이다. 자식은 부모의 영원한 짐이며 고통의 원천이지만, 자식으로 인한 행복은 너무나 짧다. 자식이 잘못될까 늘 걱정하며 마음 아파하지만 자식이 잘되면 행복은 잠시, 곧 당연시하게 된다. 반면 자식은 누구나 자신을 위해 살지, 부모를 위해 살지 않는다.

자식 없는 고통이 자식 있는 고통보다 결코 크지 않으며, 자식 없는 자가 둘 이상을 낳은 자보다 행복하게 살 것이다. 이러함을 잘 알면서도 사람들은 언제까지 본능에 충실할 것인가.

삶에 대한 변명

나는 태어나지 않았기를 바란다. 무로의 자연스런 회귀를 원한다. 죽음에 저항하지 않지만 죽음을 무릅쓰지는 않는다. 태어나지 않았기를 바라면서 왜 죽음을 무릅쓰지 않느냐고, 왜 자살하지 않느냐고 누군가 물을 것이다.

자식이 없으면 없는 대로 살 수 있지만 자식이 생기면 그 자식에 애착하게 되고 혹여 그 자식이 사라지면 고통을 겪게 된다. 내 삶도 그러하다. 내가 태어나지 않았다면 좋겠으나 나는 이미 태어났다. 태어난 이상 자식을 사랑하듯 내 삶을 사랑해야 한다. 삶은 고통에 지배받고, 삶의 기쁨이 삶 이전의 무에 비할 것은 못 된다고 생각하지만 주어진 삶이니 즐겁게 한 번 살아 보자는 것이다. 나는 삶에 연연하지 않는다. 죽음이 오면 맞설지언정 도망가지는 않을 것이다. 언젠가 삶의 연장이 고통과 무의미의 연속일 때 스스로 생을 거둘 것이다.

주어진 삶

"삶은 살만한 것인가, 살아야만 하는가."에 대한 깊은 성찰을 할 때, 무의식적으로 긍정적 결론을 전제로 한다. 이미 태어나 살고 있으니, 삶은 살만하지 않으며 살 필요가 없다는 부정적 결론을 피하고 싶은 것이다. 사실을 당위 아래 놓는다면 일체의 성찰은 필요 없다. 당위라는 것은 한 사회, 한 시대의 욕망이기 때문이다. 당위와, 욕망과, 체제 유지 의도를 초월한 자유로운 성찰만이 스스로를 위한 결론에 이르게 할 것이다.

'어머니 왜 나를 낳으셨나요'라는 말은 현실에 대한 좌절에서 나온 말

자유, 천형天刑을 다하다

일 수도 있지만, 원치 않는 삶에 대한 의무에서 나온 말일 수도 있다. 태어났음을 당연하게 생각하지 않고 숙고하는 자가 얼마나 되랴. 차라리 삶이 주어지지 않았더라면….

생生은 고苦

무의 관점에서 태어나지 않음이 최선이라면 이른 죽음이란 없다. 모든 죽음은 늦었다. 연명은 최악이다.

사춘기의 반항

부모에 대한 자식의 이해할 수 없는 사춘기 반항은 자신의 의지와 상관없이 자신을 이 세상에 존재하게 만든 근원적 이유 때문 아닐까. 그 시절의 반항이 삶에 대한 마지막 저항이며 이후에는 주어진 삶을 잘 살려고 발버둥 치는 삶의 수인이 되고 만다. 굳이 겪지 않아도 아무 문제 없는 삶을.

전생이 있다면 전생에 부모와 자식은 원수였지 않을까. 탄생은 부모의 무의식이 전생의 원수를 현생으로 끌고 오는 것. 부모 자신만 현생의 고통을 겪는다는 것은 억울할 것이니.

2. 죽음

나의 죽음

내가 연습하는 죽음과 내가 맞이할 죽음은 과연 같은 것인가. 나는 허상의 죽음을 생각하고 있는 것은 아닌가.

친구 K의 투병과 죽음

나는 죽음으로의 속도를 줄이려는 친구 K의 투병을, 가깝지 않은 거리에서 바라보고 있다. 죽음을 앞두고 서로의 죽음에 대해서조차 흔쾌히 의견을 나눌 수 있는 관계는 얼마나 가까운 사이라야 할까? 죽음을 앞둔 자와 그것을 지켜보는 자 중에, 누가 더 죽음에 대한 얘기를 꺼릴까? 이미 죽음에 대해 초탈한 자만이 자신의 죽음이든 타인의 죽음이든 농담의 대상으로 삼을 수 있으리라.

회복되기 어려운 치명적인 병. 얼마 남지 않은 그의 삶. 다시 죽음을 생각한다. 죽음은 오늘 밤 잠자리에 드는 것과 같다고. 고통만 없다면 남은 날이 하루든, 한 달이든 어제와 똑같은 일상을 보낼 것이라고… 그가 죽음을 연습했기를 간절히 바란다. 오지 않길 바라는 손님을 기다려야 하는 모순 같은 연습일지라도.

죽음, 그 알량한 시간의 차이가 뭐라고 울고 웃는가. 미리 준비하고 있다가 때가 오면, 가면 그뿐 무엇이 우리를 얽매는 것일까. 나도 죽을 때까지 죽음과 싸울 것이다. 그러나 마지막 싸움에서 패할 때, 죽음에 머리를 조아리고 싶지 않다. 나 스스로를 거두겠다.

죽음은 나의 것

사람들은 삶은 자신의 의지 안에 있으나 죽음은 자신의 의지 밖에 있

자유, 천형天刑을 다하다

다고 생각한다.

삶이 내 의지 안에 있다면, 당연히 죽음도 내 의지 안에 있어야 한다.

죽음과 평안

삶에서는 끊임없이 욕망과 갈애渴愛를 버리는 연습을 통해서 평안을 추구할 수밖에 없다. 그러나 죽음은 그 모든 힘든 연습이 필요 없다. 그런 의미에서 죽음은 평안이고 자유다.

병원에서

적당한 나이의 죽음은 행운이다. 죽지 못하는 저 불쌍한 노인들. 옛사람들은 죽음이 주변에 흔했기에 삶에 연연하지 않았다. 죽음이 너무 멀어 죽음을 회피하는 현대인. 그리하여 죽음을 유예하기 위한 병원과 의료인의 수요가 높아지는가.

인간은 누구나 죽는다

인간은 누구나 죽는다. 죽음을 목전에 둔 자나, 죽음이 멀리 있다고 생각하는 자나 모두. 죽음에 대해 슬퍼하거나 안심하는 죽음과의 시간적 차이는 그야말로 생각의 차이일 뿐이다. 실제 죽음과의 시간적 차이가 아닌 것이다. 죽음과의 시간적 거리에 따라 죽음에 대한 태도와 감정이 다르다는 것은 인간의 한계인가.

칠흑 같은 삶의 어둠 속, 죽음의 불빛을 향해 가는 자 가운데, 불빛과의 거리를 정확하게 측정할 수 있는 자는 얼마나 될 것이며, 그 거리의 차이는 얼마나 될 것인가. 죽음의 도상에서 무엇을 슬퍼하며 무엇을 기뻐할 것인가.

소크라테스의 죽음

소크라테스의 죽음에서 주목해야 할 철학자의 위대한 모습은 자신의 죽음 앞에서 친구들은 울어도 본인은 울지 않고 오히려 우는 사람을 달랬다는 것. 별것 아닌 것 같지만 범인으로서는 실행하기 어려운 진정한 철학자의 모습. 죽음을 오래 생각하고 연습하여 죽음이 무엇인가를 이미 알고 있고, 죽음은 결코 나쁘거나 두려운 것이 아님을 통찰한 자의 모습.

명징한 죽음

죽음을, 자연의 입장에서가 아니라 죽어 가는 자의 입장에서 바라본 적이 있던가. 죽어 가는 자의 아쉬움과 고독과 두려움을. 그러나 그러한 감정을 느끼는 상태에서의 죽음이라면 그나마 낫다. 대부분의 죽음은 혼탁하다. 명징한 상태의 죽음이 얼마나 되랴. 삶이 아름답기를 바라는 것처럼 죽음이 명징하기를 바라는 마음은 이해하지만, 어쩌랴, 본디 삶의 진실은 아름답지 않은 것을. 명징함이 사라지기 전에 스스로를 거두어야 하는 것을.

친구의 죽음에 붙여

친구야! 너는 죽음을 향한 막바지를 넘으려 하는데 나는 닥친 죽음을 미루려는 마음으로 새벽 호수공원을 걸었다. 오후에도 삶을 붙잡기 위해 또 다른 일을 할 것이고. 이렇듯 본능에 충실하게 습관처럼 살지만 우리 둘의 죽음 사이의 거리가 얼마나 멀 것이냐.

인생은 무의미한 농담처럼 허공으로 흩어지는 것, 아무리 절절하게 살아도 누구의 삶이 더 좋고 누구의 삶이 더 슬프겠는가. 세상에 던져

자유, 천형天刑을 다하다

진 삶이니 성의껏 살아야 하겠지만 아직도 삶의 숙제를 못한 나는 오히
려 표표히 떠나는 네가 부럽다. 친구야! 잘 가라.

나의 장례식에는

나의 장례식에는 멘델스존의 「결혼행진곡」을! 조문객 모두가 즐겁게
박수 치며 춤추기를!

자연으로의 귀환을 축하하며! 고苦의 인생을 마쳤음을 부러워하며!

타인의 죽음과 자신의 죽음

사람들은 지속적으로 들려오는 타인의 죽음의 과정에 대해서 속마음
으로는 지루해한다. 마치 아직도 안 죽었냐는 듯이. 그 타인이 가까운
친구일지라도. 반면 자신의 죽음 앞에서는 하늘이 무너진 양 두려움에
질려 호들갑을 떤다. 이 표현이 죽음을 앞둔 자에게는 가혹하겠지만 진
실한 표현이기에 어쩔 수 없다.

나는 나의 죽음 앞에서 타인의 죽음을 보듯 덤덤하기를. 호들갑 떨지
않기를.

단상

뒤섞여 있는 삶과 죽음을 애써 분리하려 하니 슬플 수밖에.

삶의 모든 고통과 비탄의 토대는 사死가 아니라 생生이다.

이 삶의 전장에서 벗어나는, 진정한 승리를 기원합니다.

자식의 죽음

자식의 죽음에 대해서는 어떻게 정리해야 하는가. 나의 죽음보다 애통할 터인데. 자식을 내가 세상에 내보낸, 타인으로 생각해야 하는데 가능할까. 숙고와 정리가 필요하다.

생의 비극과 구원

차라리 모를 것을… 인간 존재로서의 생의 무의미와 헛됨을 이미 인식한 마당에, 나의 여생에 위안이나마 주는 것들은 무엇인가. 금전, 독서, 연회, 독작(獨酌)의 시간… 모든 것은 남은 생의 허무를 가릴 수 없는 소소한 위안일 뿐이다. 세계, 사건, 대상, 인간에 대한 인식과 생각을 적은 기록도 사후에 잠시는 남아 있겠지만, 나에 대한 타인의 기억과 함께 사라질 터.

죽음과 소멸이라는 이 생의 비극에서 나를 구원할 것은 무엇인가. 종교? 종교에 의해서라도 구원받고 싶지만 그러기에는 종교를 너무 많이 알아 버렸다.

구원은 오직 하나, 그것은 내 존재에 대한 통찰이다. 이 모든 생의 비극들은 내가 본래 존재했다는 생각(오해, 무지)에서 비롯된 것이다. 너무나 당연한 사실은 내가 본래 존재하지 않았다는 것. 최소한 60년 전에는. 이 사실을 받아들일 때, 이제껏 나를 허무와 회한으로 몰아넣었던 모든 것들은 나를 생의 환희로 안내한다.

이 얼마나 기쁘고 즐거운 일인가. 본래 없던 내가 존재하여 칠정을 느끼고 살아간다는 것이. 그러다가 생이 다하면 본래의 무로 돌아갈 수 있음이.

자유, 천형天刑을 다하다

삶에 대한 작별

삶에 고통받는 노인이여. 이제 우리의 삶을 정리합시다.

죽음의 길은 고통이 아니며 죽음은 언제나 우리를 환영합니다.

우리에게는 마지막 권리가 있습니다. 본래대로 돌아갈 수 있는.

탄생과 죽음

당신의 탄생을 축하했던 사람들이 남아 있어야 당신의 죽음이 안온하리라. 당신의 죽음 앞에 아무도 고통스러운 눈물을 흘리지 않는다. 진실한 눈물을 흘려 줄 사람들은 당신의 탄생을 진정 축하했던, 이미 사라진 사람들이기에. 대부분, 기쁨과 축하 속에서 탄생하지만, 죽음은 고독할 수밖에 없다.

자랑스러운 죽음 - 우상의 황혼(니체) 중에서

더 이상 자랑스럽게 살 수 없을 때 자랑스럽게 죽는 것. 적당한 시기의 죽음.

자연사도 하나의 자살이며 가장 경멸할 만한 조건 아래서의 죽음이다.

살 때와 죽을 때

그리스 현인 솔론이 리디아의 왕 크로이소스에게 건넸던 말처럼 인간의 행복은 삶보다 죽을 때의 상태가 더 중요하다고 한다면, 고귀한 삶을 살다가 비참한 죽음을 맞을 것인가, 삶이 보잘것없어도 고귀한 죽음을 맞을 것인가.

사망선고

더 이상 육체적, 정신적 기능을 할 수 없을 때. 자신의 존재가 가족과 타인의 짐이 될 때. 미련 없이 과감하게 스스로를 거두리라. 가족들도, 주변인들도, 잠시는 나의 부재를 서운해하겠지만 그 서운함은 곧 안도 감으로 바뀔 것이며, 한 달 후면 자신들의 삶에 몰입해 나의 존재를 잊고 살 것이니. 오죽하면 삼우제, 사구제, 제사 등 고인을 기억하게 하는 절차들을 마련했겠는가. 삶이 그렇듯이 죽음 또한 섭리이니 두려워할 것이 무엇인가.

본능과 죽음

늙음, 병듦, 죽음… 사람들이 본능적으로 꺼리는 것들. 이유는 무엇일까. 두려움일까, 더러움일까, 슬픔일까. 자신도 이미 노화라는 죽음으로의 여정에 속해 있건만, 그 과정이나 최종 목적지와의 화해를 기어코 하지 않으려 한다. 본능은 존재의 유지를 원할 뿐, 자신의 운명적 소멸을 거부한다. 그토록 원하지 않지만 누구나 죽음을 향해 가고 있는 중이고 그 이동을 결코 멈출 수는 없음을 직시하고 그 과정과 목적지와 화해하고 수용하는 것이 지혜이리라.

노년의 삶

부자유한 노년의 삶은 징벌이다. 죽음을 유예한 삶이 즐겁고 아쉬운 노인이 얼마나 되랴. 그저 살아 있으니 죽지 못해 사는 삶, 주변의 도움 없이는 어려운 삶, 본인도 모르게 징벌을 받고 있는 것이다. 주변인이 죽음을 바라는 삶은, 죽음보다 못한 삶이다. 그때까지 살아 있을 이유가 무엇이냐. 그런 비참한 삶을 살지 않기를 바랄 뿐이다.

자유, 천형天刑을 다하다

> "현자는 살아야 할 때까지 살지, 살 수 있을 때까지 살지 않는다."
>
> – 세네카

황혼에

죽음에 대한 생각은 황혼(땅거미)에 찾아든다. 밀려든 어둠 속, 슬프고 아쉬운 싸한 느낌으로 술잔을 든다. 살아 있음을 다행으로 여기며, 죽음을 향해 속절없이 다가감을 안타까워하고, 이런 시간을 몇 번 맞으면 알면서도 모르게 결국 죽음 앞에 서리라는 생각과, 그때의 내 모습을 그려 보며 술잔을 기울인다. 취해 쓰러져도 내일은 언제나처럼 밝은 날이 올 테지만 그 "언제나"가 거의 닳아 가고 있음을 직관한다.

아, 생의 서글픔이여. 이성적으로는 생사의 정리가 끝났음에도 감정적으로는 매번 되풀이되는 생의 비극적 느낌. 언제까지 이 느낌을 반복할 것인가. 오히려 이런 반복이 자연이 부여한 생의 낙樂이 아닐까.

적당한 죽음의 시기

문 : 현실적으로 적당한 죽음의 시기는 언제일까.

답 : 이성과 지혜를 가진 가족 등 주변인이 그만 죽기를 바라기 전.

나는 몇 살쯤 가는 것이 좋을까. 70~80 사이, 정신이 혼미해지기 전. 죽음은 자연의 이치이니 죽음이 올 때까지 기다리지 말기를. 유가로서는 안 되는 일이나 도가로서는 가능한 일이다.

현자의 삶과 죽음

죽음을 이미 소유하고 있는, 현자의 삶은, 죽음의 유예.

남은 삶은 중요하지만 전전긍긍하지 않다.

죽음을 무릅쓰지는 않지만 죽음을 두려워하지는 않다.

죽음의 과정

술에 취해 정신이 가물가물하다가 쓰러지듯이 죽음도 그와 같을 것이라 생각한다. 프로포폴 주사보다는 조금 더 서서히 정신을 잃는 죽음. 술 취해 쓰러지는 그 순간은 아무런 감정 없이 그저 정신을 잃는 것이다. 죽음의 과정도, 후회도 즐거움도 없이 그저 정신을 잃는 것이리라. 죽음의 과정은 드라이하다.

죽음까지

죽음에 이르는 평안한 길을 확보하다. 현실적으로는 경제, 정신적으로는 철학, 초월적으로는 통찰을 통해. 이제는 죽음으로 가는 방법을 확보해야 한다.

의지

운명과 세월 또한 외부의 것. 그것에 좌우되지 않으리라. 그것에 앞서 내 의지로 나를 거두리라.

죽음에 대한 반성

안락한 비치 의자에 앉아 바라보는 바다와, 풍랑 속의 바다 한가운데서 바라보는 바다가 다르듯, 삶의 한가운데서 바라보는 죽음이, 죽음을 목전에 둔 죽음과 다름에도, 동일시하고 있는 것은 아닌지. 그렇다 하

자유, 천형天刑을 다하다

더라도 풍랑 속의 바다를 건너 내는 연습을 하듯, 죽음이 눈앞에 있는 듯 죽음을 연습한다.

삶과 죽음

삶은 죽음과 섞여 있다. 죽음과 분리된 삶은 환상의 삶, 박제된 삶이다. 그러나 삶과 죽음 중에 무엇이 중한가. 당연히 삶이다. 죽음은 삶의 반면교사일 뿐, 결코 삶보다 우선시될 수 없다. 죽음이 삶의 배경이 될 수는 있어도, 삶이 죽음의 배경일 수는 없기 때문이다. 죽음을 연습하는 것은 삶의 자각이며, 자각한 삶의 환희를 즐기는 것은 자연스러운 일이다.

잠과 죽음

잠(죽어 있는 시간)이 많은 자와 깨어 있는(살아 있는) 시간이 많은 자에 대한 고찰. 부지런한 자 즉 많은 시간 동안 의식이 깨어 있는 자와, 잠이 많은 자 즉 많은 시간 동안 의식이 없는 자 가운데 누가 더 평안한가. 가능한 많은 시간을 잘 수 있고 그 밖의 적은 시간에 쾌락, 행복, 평안을 느낄 수 있다면 그러한 삶을 살리라. 칠정에 시달리며 오랜 시간 사느니 차라리 즐겁게 살다 떠나는 어린이가 낫다.

모든 존재는 존재의 유지가 가장 큰 본능이고 사회 또한 사회의 유지가 가장 큰 목적이기에 이런 생각들을 터부시하지만 개인(개체)의 입장에서는 존재하지 않음이 존재함보다 더 평안할 수 있다.

그럼 왜 죽지 않고 살아 있냐고? 이미 존재하고 있고, 존재 유지의 본능, 생의 쾌락, 죽는 과정의 어려움, 가족과 주변에 대한 책임 등이 주요 이유이겠다. 태어나지 않았다면 태어남을 원하지 않았으리라. 죽음이 오면 언제든 질질 끌지 않고 표표히 떠나리라. 원치 않는 여생이라면 스스로 생을 거두리라. 죽음이 무의 평안임을 인식하기에.

죽음

어느 선승이 "죽을 때가 되면 죽는 것이 좋지만, 죽지 않으면 더욱 좋다."라고 했듯, 삶은 머나먼 여행, 죽음은 귀향 비행기표. 하시라도 돌아갈 수 있는.

죽음과 삶

삶이 죽음을 만든다.

삶 없이 죽음은 없지만 죽음 없는 삶도 없다.

죽어야 할 때 죽지 못하는 삶은 죽음 같은 삶, 삶 같은 죽음.

죽음을 핑계로 삶을 낭비하거나 삶을 핑계로 죽음을 내팽개친다면?

죽음에 서서 삶을 보라.

죽음

대부분 죽음을 형이상학적 관념으로 생각들 하지만 죽음은 경험적인 사실이다. 자신의 죽음 자체를 경험할 수는 없지만 자신이 죽어 가는 과정은 온전히 경험할 수밖에 없다. 여생이 30년 남은 자나, 10년, 1년, 한 달, 하루 남은 자나 죽음 앞에서 되돌아볼 때 남은 기간의 차이가 얼마나 되랴. 큰 차이가 난다 한들 그 차이에 무슨 의미가 있으랴. 곧 죽는데.

죽음을 생각하는 이유는 현재를 행복하게 살기 위함이다. 일희일비하지 않고 칠정에 얽매이지 않고 살기 위함이다. 죽음에 초연함으로써

자유, 천형天刑을 다하다

세사에 초연한 자유로운 삶을 살기 위함이다. 단 하루를 살아도.

죽음, 인간의 숙명적 불행. 젊은이에 비해, 죽음에 가까운 대부분의 노인은 행복하다. 욕망과 기대가 덜하기 때문이다. 지난 세월의 경험으로 그것들이 부질없고 또한 이제는 실현 가능성이 적다는 것을 알기에. 나이 들수록 죽음에 대한 거부감이 적어진다. 원하지 않지만 죽음이 가까이 왔음을 수용한다. 죽음이 가까이 있음을 인식함으로써 평안해진다.

죽음

모든 인생은 부초와 같음을 알지만 자신의 인생은 확고하다고 생각한다. 누구나 죽는다는 것을 알지만 자신은 아니라고 생각한다. 보편을 인식하지만 막상 자신은 아니라고 거부함은 본능인가.

아직도 죽음에 대한 이성적 타당함과 감정적 기피 사이를 불안하게 왕복한다. 나이 들수록 전자는 강해지고 후자는 희미해진다. 수용이 두려움과 불안을 감싼다. 육체적 오감의 쇠퇴와 더불어 관념적 두려움도 옅어지는가.

태어남이 재앙이라면 죽음은 영원한 도피처다. 태어남은 스스로 죽음을 향해 간다. 태어난 이상 살 수밖에 없다. 삶이 어떤 자에게는 행복이고 다른 자에게는 고통일지라도, 삶에서 이룩한 모든 것을 놓고 죽는다. 죽는 자에게 삶은 꿈, 환상이다. 우리 모두는 죽고 우리의 삶은 결국 환상이 되고 만다.

죽음의 두려움

부모나 자식의 죽음이, 그 고통이 자신을 기절시킨다면

자신의 죽음, 그 두려움은 자신을 죽인다.

죽음을 바친 자

삶에 삶을 바친 자는 많지만 삶에 죽음을 바친 자는 드물다. 인생이란, 폭풍우 치는 죽음의 바다에 떠 있는 조각배임을 직시하는 자는 드물다.

취한 죽음

술에 적당히 취해 나른한 정신으로 잠자리에 드는 이 순간. 죽음의 순간도 이렇기를 바란다. 살짝 정신을 잃어 기분 좋게 저절로 잠이 오듯 죽을 수 있다면.

죽음에 대한 생각

죽음에 대한 생각은 죽음을 잊게 한다. 너무 많은 생각에.

죽음은 내가 사라지는 것인가, 세계가 사라지는 것인가.

중병과 죽음

큰 마음의 상처나 중병은 자신을 성찰하게 하고 죽음을 생각하게 한다. 중병은 자신을 철학에 입문시키고 죽음으로 인해 그의 철학은 완성된다. 죽음을 맞이하는 자로서 철학자가 못 되는 자의 인생은 실로 덧없다.

삶은 죽음의 대기소, 죽음으로의 열차다. 무지한 자는 죽음을 재앙으로 여기며 한없는 두려움과 초조함 속으로 도주하고 현자는 죽음이 본향임을 알기에 평온함으로 맞는다.

자유, 천형天刑을 다하다

운명의 유예

운명의 유예. 운명의 실현 지연. 운명의 연기延期. '운명'을 '죽음'으로 바꾸어도 같은 뜻이 된다. 죽음은 운명이고 삶은 죽음의 유예다. 인간은 사형수. 끝없이 사형이 유예되기를 바라지만 결국 실행되고 마는. 범죄자가 아닌 그의 묘비명은 원죄자.

죽음의 과정

죽음은 평안이지만 죽음의 과정은 자신을 건사할 수 없다는 점에서 굴욕이며 치욕이다. 같은 이유에서 치매는 작은 죽음이다. 지혜로운 자는 스스로를 거둠으로써 치매와 죽음의 과정을 생략할 것이다.

생각

모든 삶은 죽음으로 향한다. 탄생으로 역행하는 삶은 없다. 생각도 삶처럼 죽음으로 향한다. 죽음으로 향하는 생각은 무한한 상상력으로 다양하게 확대되지만 탄생과 그 이전으로 역행하면 무한소로 수렴한다. 탄생 이전과 죽음 이후는 같은 무無이지만 현재를 사는 존재의 본능은 과거보다는 미래에 더 큰 관심을 갖는다.

모든 생각은 삶을 위한 것이지 죽음을 위한 것이 아니다. 죽음에 대한 생각도 삶을 위한 것이며 자살에 대한 생각마저도 삶을 위한 것이다.

당연한 죽음

죽음은 당연한 신비. 타인의 죽음은 당연하지만 자신의 죽음은 신비다. 타인의 죽음처럼 자신의 죽음도 당연해야 하지만 당연하지가 않다. 그렇기에 죽음에 대해 숙고하고 천착한다. 자신의 죽음조차 당연했다면 철학은 없었으리라.

현자의 죽음

현자의 죽음은 현재형이다. 현자에게는 '언제 죽는가'보다 '죽는다는 사실'이 중요하다.

범인의 죽음은 미래형이다. 범인에게는 '죽는다는 사실'보다 '언제 죽는가'가 중요하다.

죽는 날을 안다면

자신의 죽는 날이 1개월 후라는 것을 확인했다면 어떤 자세로 살까. 죽는 날이 1년 후, 5년 후, 10년 후라면 어떨까. 어떤 사람은 남은 시간을 열정적으로 불태울 것이고, 다른 사람은 실의와 두려움에 빠져 낙담하며 살아갈 것이다. 남은 시간이 많을수록 전자에 가까울 것이다. 죽는 날을 모른다는 것은 남은 시간이 많다고 막연히 느끼는 것이다. 모든 사람은 사형 선고를 받고 태어나지만 다행히 그 집행 시간을 모를 뿐이다. '집행 시간을 알 수 없는 사형 선고'를 인식한 자는 삶을 불사를 것이다.

죽음과 탄생

죽음을 생각할 때는 반드시 탄생을 염두에 두라. 죽음과 탄생은 같은 사건에 대한 다른 이름임을 명심하라. 죽음에 대해 어떤 감정이 생기면 탄생에 대한 감정과 일치하는가를 비교하고 다르다면 일치시켜라. 같은 사건에 대해 웃기도 하고 울기도 한다는 것은 아이러니다. 우는 것보다는 웃는 것이 현명하다.

자유, 천형天刑을 다하다

생生과 사死

생은 꿈 없는 잠의 세계(무無의 세계)에서 현 세계로의 진입이고, 사는 현 세계에서 꿈 없는 잠의 세계로 돌아가는 것이라면 왜 생은 기쁨이고 사는 슬픔인가. 오히려 반대가 되어야 하지 않는가. 현생의 삶이 꿈 없는 잠보다 낫다고 생각하는가.

무의 세계가 더 낫다고 생각하면서 왜 무의 세계로 돌아가지 않고 현 세계를 살고 있냐고 묻는다면 언제라도 돌아갈 수 있기 때문이라고 답하리라. 타향살이가 아무리 괴로워도 언제든지 고향으로 돌아갈 수 있는 비행기 티켓을 가지고 있기에 살아 보는 것처럼.

사실은 누구나 고향행 비행기 티켓을 쥐고 있다. 자진해서 비행기를 타지 못하고 있을 뿐이다. 나는 누구나 가지고 있는 화물칸 티켓이 아니라, 빠르고 편하게 갈 수 있는 First Class 티켓을 구하고 있다.

죽음과 선악과

죽음은 선악과인가. 선악과, 가까이 가기를 두려워했지만 막상 먹고 보니 새로운 세상을 보게 된다. 인간 본능에 심어진 대로 죽음 가까이 가기를 두려워하지만 죽음을 겪으면 새로운 미지의 세계를 경험하게 되지 않을까.

자신의 죽음

나는 인간이다. 인간은 누구나 죽는다. - 당연하게 받아들여진다.

나는 인간이다. 인간은 누구나 죽는다. 나는 죽는다. - 생소하다.

보편적으로 당연한 죽음인데 자신의 죽음은 생소하고 생각하기 싫다. 자신의 죽음을 흔쾌히 받아들임이 지혜로서 여겨지는 것은 숙명적 비극을 두려움 없이 직시하기 때문일 것이다.

죽음 앞에

죽음이 닥쳤을 때 누구나 당황한다. 어떤 사람은 죽음에 대한 두려움과 고통 때문에. 다른 사람은 평생을 기다렸는데 느닷없이 나타난 죽음의 축복 때문에. 죽음은 삶 속에서 분투하는 자에게는 재앙이지만, 삶을 벗어나 관조하는 자에게는 축복이다.

내성과 초월

사람들은 죽음에 대해 내성이 생긴 것일까, 죽음을 초월했을까, 아니면 죽음을 망각한 것일까. 망각이리라. 언제 닥칠지 모르는 죽음, 모든 것을 앗아 가고 끝내 버리는 죽음, 자신의 절멸을 망각하지 않고서야 어떻게 아무렇지도 않게 살아갈 수 있으랴.

나의 죽음

나의 죽음은 나와 은하계를 포함한 전 우주, 모든 것의 죽음이다.

자연과 죽음

자연이 나를 버리는 것인가, 내가 자연을 버리는 것인가. 유와 무, 즉 대결적 구도에서는 의미 있는 화두다. 나의 의견 - 죽음은 자연이 나를 버리는 것이다. 나는 자연을 버릴 능력이 없다. 나를 태어나게 하는 것도 죽게 하는 것도 자연이다. 나라는 자아는 육체에 속한 의식의 부산물일 뿐이다. 조금 더 성찰하면 버리는 자와 버려지는 자는 없다. 그 자체가 자연이다. 나와 자연이라는 분별은 한순간의 파도가, 자신과 바다

자유, 천형天刑을 다하다

를 분별하는 것과 같다.

필멸의 존재

'필멸의 존재'. 이 말에서 허무함보다는 반가움을 느낀다. '불멸의 존재'보다는 어처구니없지 않다. 이 우주 안에 '불멸의 존재'는 없다. '불멸의 존재'가 있다면 그는 얼마나 불쌍한 존재인가. 존재함의 노고와 피로를 영원히 겪어야 할 텐데.

삶과 죽음

'삶'이란 '죽어 감'이니, '삶'이 행복하다는 것은 '죽어 감'이 행복하다는 것이고.

'삶'이 고통스럽다는 것은 '죽어 감'이 고통스럽다는 것이다.

당신은 죽어 감이 행복한가? 고통스러운가?

죽음에는 본능의 반항이 서려 있다. 스스로 원하는 죽음(자살)에도 기쁨, 행복보다는 고통, 불행이 수반된다.

삶은 죽음을 넘을 수 없어도 죽음과 섞일 수는 있지만, 죽음은 삶 안으로 한 발자국도 들어올 수 없다. 삶 있는 곳에 죽음이 있을 수 있지만, 죽음 있는 곳에 삶은 없다.

죽음은 나의 삶 밖에 있어서, 밖에서 나에게 다가오는 것이 아니다. 죽음은 정신적으로 내 의식 안에 있고 육체적으로도 내 몸 안에 있다. 삶의 과정 자체가 내 안에 있는 죽음의 성숙과정이다. 죽음이 두렵거든 자신의 삶을 두려워하라.

죽음의 고통

우리는 죽음에 이르기까지 살아가면서(죽어 가면서) 삶의 고통은 인식하지만 죽음의 고통은 인식하지 못한다. 삶의 고통은 강렬하고 생생하지만 죽음의 고통은 약하고 희미하다. 늙어 가는 것을 느끼지만 고통스럽지는 않다. 삶의 마지막이 왔을 때 죽음은 두렵지만 의술 덕에 고통스럽지는 않다. 그러다 마지막은 혼돈 상태에서 고통 없이 죽을 것이다. 이러한 보통의 삶에서 죽음이 점유하는 시간, 두려움, 고통은 크지 않다. 보통 사람들은 이렇게 죽음에 대한 별생각 없이, 번민 없이 죽을 수 있겠지만 나는? 당신은?

육체와 정신

육체는 정신의 숙주. 건강한 숙주는 의식되지 않는다. 숙주에 이상이 생기면 비로소 정신은 숙주를 의식한다. 이런 면에서 육체와 정신의 관계는 부모와 자식의 관계와 같다. 정신에게 육체는 자신이 존재하기 이전부터 존재했기에 당연히 존재해야 하는 것이다. 당연해서 의식조차 못했던 그 육체에 의해 자신의 모든 것이 결정됨을 깨닫는 시점은 언제나 너무 늦다. 정신은 육체의 죽음과 함께 영문도 모른 채 종말을 맞는다.

죽는 날

어느 날 아침 7시에, 내가 당일 저녁 7시에 죽는다는 것을 알았을 때, 내게 소중한 것은 무엇이고 나는 무엇을 할 것인가. 그때 소중한 것은 없다. 가족도 재산도 아니다. 그(것)들은 소중하게 생각하지 않아도 그

대로 있다. 특별히 할 것이 없다. 두려움도 욕망도 회한도 없기 때문에. 친한 친구와 낮술을 마실 것이다. 즐겁게 마시고 놀다 갈 수 있도록. 누구와 마실까?

죽음, 확실한 미래

책을 읽고, 걷고, 정진하고 운동하다. 이것들의 목적이 미래의 지혜와 건강이라면 이해는 하지만 동의할 수 없다. 행동하는 현재의 즐거움과 느낌을 위한 것이라면 동의한다. 삶은 현재이며 미래는 무상하다.

확실한 미래는 죽음뿐이다. 우리는 그 사실을 알고 있고 그 시기마저도 예측하고 있다. 그러나 현재의 눈앞에 벌어지는 생생한 삶, 뜻대로 움직일 수 있는 건강한 몸, 펼쳐지는 육경(색성향미촉법)의 감각, 미래에 대한 약속과 믿음 등이 결합되어 죽음을 가리고 죽음을 잊게 하고 죽음에 대항한다. 죽음 앞에서는 소용없는 생각과 행위지만 삶을 위해서는 불가불 필요하다. 정진하는 것은 죽음으로 향해 가고 있는 삶의 속도를 붙잡기 위한 것이다.

죽음의 긍정

"가장 행복한 자는 태어나지 않은 자다."라는 말이 있듯이, 요절한 자를 불행하다고 생각하는 것은 독단이다. 죽음의 지연을 행복이라고 생각하는 것과 같다.

죽음은 긍정되어야 한다. 피할 수 없는 사실이기 때문이다. 죽음이라는 사실을 왜곡하는 모든 욕망(부활, 내세⋯)은 삶 자체를 희생시킨다. 우리가 죽지 않아야 할 이유는 없다.

죽음의 시간

인간이 경험할 수 있는 최악이 고통이라면 죽음의 지연(연명)은 최악이다. 죽음의 시간은 순간이 최선이다.

죽음에 대한 감사

하나의 지구에 죽음 없이 탄생만 있다면 삶은 서로 죽이고 죽는 아비규환의 지옥일 것이다. 자신을 대신할 새 생명을 위한 소멸로서의 죽음은 아름답고 감사한 순리다.

죽음의 속도

죽음은, 죽음을 피해 도망치는 자나 죽음을 향해 돌진하는 자나, 쾌락 속에 있는 자나 고통 속에 있는 자나, 분주히 허둥대며 사는 자나 삶을 관조하며 죽음을 기다리는 자나, 같은 속도로 다가온다. 여생이 얼마 남지 않았다면 어떻게 사는 것이 현명한가.

부활

죽음은 부활이다. 부활이란, 이전 상태와 모습의 재생이라는 협의에서 벗어나, 그 외의 모든 것으로서의 재활이라는 광의를 깨닫는다면.

자유, 천형天刑을 다하다

3. 종교

종교에 대한 견해

철학의 입장에서 종교를 바라보면 종교 집단은 비이성적 욕망으로 인해 스스로 종교(또는 신)의 노예가 되려는 자들로 이루어진 광기 어린 집단이다. 반면 종교의 입장에서 보면 철학자는 얄팍한 이성의 지식을 가지고 무한한 신의 권위에 도전하는 불쌍한 자이다.

철학자는 신앙인이, 존재하지 않는 것을 스스로 만들어 섬김으로써 우상의 노예가 된다고 생각하고, 신앙인은 자신이 확신하는 신을 모르는 철학자가 어리석다고 생각한다.

존재는 스스로 존재의 증거를 보여 준다. 존재의 증거가 없는 존재는 상상과 욕망 속의 존재일 뿐, 실재하지 않는다. 즉 신이 있다면 이 세상 대부분의 사람들이 그 존재의 증거를 확인할 수 있어야 하는 것이다.

보지 않고 믿는 것이 옳은가, 보고 나서 믿는 것이 옳은가. 신이 창조했다는 인간의 이성은, 대상을 확인하지도 않고 무조건 믿어야 하는 불완전한 것인가. 완전한 신은 어찌하여 불완전한 인간을 창조했는가. 그것도 자신의 형상대로 창조했다면서. 사실은 신이 자신의 형상대로 인간을 창조한 것이 아니라 인간이 자신의 형상대로 신을 창조한 것이다.

사랑하고 판단하는 것이 옳은가, 판단하고 사랑하는 것이 옳은가. 젊은이의 미숙한 감정으로 보면 전자가 옳다고 할 수도 있으나 정상적인 이성을 가진 자라면 후자가 옳다고 생각할 것이다. 종교 또한 다르지 않다. 감정적으로 일단 믿고 판단하기보다는 이성적으로 판단하고 믿는 것이 옳다.

자유, 천형天刑을 다하다

감정의 영역과 이성의 영역은 다르다. 종교는 감정적 느낌으로 이성의 현실을 덮으려고 하지만 철학은 감정의 영역과 이성의 영역을 냉철히 구분한다. 즉 철학의 시각에서 종교는, 감정의 영역에서 발생하는 욕망의 대상으로 인정될 뿐 현실에서는 통용될 수 없는 언어인 것이다.

신앙은 이성의 그늘 아래 있을 때 가장 안전하다. 신앙이 이성을 삼킬 때 스스로 미쳐 버린다. 광신에 따른 온갖 광포한 행위들이 서슴지 않고 저질러지는 것이다.

신

민족마다 사람마다 다른 신을 믿는다는 것은 신은 하나가 아니며, 사람마다 자신의 상상 속에 자신이 개념화한 신을 가지고 있다는 것이다. 유일 신관은 특정 종교의 신관일 뿐이다.

현재 사람들이 회자하는 신들의 기원을 살펴보면 그 신들은 무수한 다른 신들과의 투쟁 속에서 운 좋게도 살아남은 신들이다. 물론 신들 간의 싸움은 없다. 그 신들을 믿는 인간들의 싸움이 있을 뿐이다. 결국 힘센 민족이나 다수의 인간들이 믿는 신들이 살아남는 것이다. 서로 다른 신들을 믿는 인간들이 존재하는 한 그 신들은 존재한다. 단 인간들의 마음속에.

내가 과거에 기독교인이었지만 지금은 기독교인이 될 수 없는 것은 내가 기독교의 신을 믿지 않아서가 아니라 다른 신들을 수용했기 때문이다. 유대인보다 우수한 민족들이 상상한 훨씬 우수한 신을 접한 나는 기독교인이 아니라 종합 종교인이 되고자 했다. 내가 기독교를 버린 것이 아니라 다른 신들에 배타적인 기독교의 교리가 나를 버린 것이다.

이 또한 과거의 일이다.

신들이 먼저 존재하여 인간을 만들고 인간을 보살피는 것이 아니다. 신이란, 인간들이 자신들의 유한함을 깨닫고 그것을 극복하려는 욕망이 투사된 홀로그램 같은 것이다. 즉 실재하지 않는, 마음속의 욕망의 덩어리인 것이다. 고등 종교의 신일수록, 합리적이고 사실적으로 묘사된 신일수록, 그 신을 믿는 인간의 욕망의 심도도 깊다.

나는 신에 속해 있는 인간이 아니라 신들을 내 마음속에 데리고 살아가는 인간이다. 나는 신을 믿고 섬기는 인간이 아니라 신으로 투영된 나의 욕망을 다스리며 살아가는 인간이다. 생각해 보라, 지금 죽어도 좋은 자에게 신이 왜 필요하겠는가.

한편, 실제로 어떤 신이 존재하여 그 신만 믿고 따르면 생은 물론 사후까지 보장해 준다면 어떤 자가 그 신을 믿지 않겠는가. 그 신을 믿고 따르기 위해 모든 것을 버리지 않는 자가 있을 것인가. 실제로 그 신을 따르기 위해 모든 것을 버린 자는 딱 한 명 있었다.

구원과 성불

기독교도가 구원을 갈구하지만 구원의 확신이 없는 것은 자신이 이미 구원받았다는 사실을 부정하기 때문이다. 네 믿음이 너를 구원하리라고 하는 예수의 말을 아무 의심 없이 믿기만 하면 되는데 그 말을 믿지 않는 것이다. 즉 자신이 그토록 갈구하는 구원을 자신이 거부하고 있는 것이다.

불교도가 갈구하는 성불도 마찬가지다. 자기 안의 불성을 인정하면 성불하는 것임에도 불구하고 자신 안에는 불성이 없다고, 찾지 못하겠다고 우기는 것이다. 스스로가 갈구하는 것을 이미 가지고 있으면서도

자유, 천형天刑을 다하다

그것이 아니라고 우기는 무지를 어쩌랴.

신앙인은 자신의 사후 천당/극락 좌석의 예약(구원/성불)에 대해 많은 관심을 기울이지만 확신하는 자는 많지 않다. 적당히 선한, 적당히 악한 생활과 적당한 믿음으로 살며, 확신하지 못하는 사후의 구원을 막연히 바란다. 결국 자신의 생활이 자신이 원하는 좌석을 보장하기에는 양심에 비추어 볼 때 어림없음을 인식하고 있는 것이다.

기독교에서 말하는 구원이나 불교에서 말하는 성불이 그토록 어려운 것이라면 그것은 종교일 수가 없다. 종교의 목적은 가능하면 많은 사람을 종교에서 말하는 천국이나 극락으로 데려가는 것이다. 그 길을 어렵게 만들어 사람들을 고생시키는(어느 무속처럼 돈을 더 바치라는) 교리의 종교라면 그것은 사교邪敎일 수밖에 없다.

기독교도는 스스로 예수의 말을 믿고, 구원받았다고 생각하고, 구원받은 자답게 살아가면 그것이 바로 구원이다. 불교도의 경우에도 자신 안에 이미 불성이 존재함을 믿고, 성불한 자답게 살아가면 그것이 성불이다. 그 이외에 다른 구원이나 성불은 없다.

그런데, 자신이 구원에 걸맞은 삶을 산다면 그 구원이 꼭 내세의 것이어야 할까?

종교인에 대하여

종교인, 그들의 신앙은 신에 대한 확신에서 시작된 것일까? 먹고살아야 하기에 취직하고 일하는 사람들처럼 그들도 같은 이유에서 신앙을 유지하는 것이 아닐까? 숭배의 대상으로서가 아니라 생업의 도구로서 신을 믿는 것이 아닐까? 보통 사람들의 경우, 회사의 정책이 정의롭지 못하거나 상사가 더럽고 치사하지만, 다른 대안이 없어 회사 생활을 유지하는 것처럼 종교인도 자신이 믿는 신에 대한 확신이 없거나 교리가 사실이 아님을 알면서도 생활 유지를 위해 더욱 경건한 척하며 살아가는 것 아닐까?

종교를 바라볼 때, 교리의 세부 사항만이 아닌 교리 전체를 보아야 한다. 사랑, 자비 등은 누구나 인정하는 선이지만 세부 사항에 빠지지 않고 전체를 바라보면 그 종교가 얼마나 허구이며 사람들을 유혹하는 수단을 갖추고 있는가를 알 수 있을 것이다. 모든 종교는 인간의 미망과 욕망을 숙주로 삼아 기생하는 것이다.

신과 윤리

신(종교, 교리)이 윤리를 재단할 때 그 사회는 윤리가 아니라 종교의 지배를 받는다.

종교 집단

종교 집단이란 공허한 신과 그 신을 향한 맹목의 신앙으로 만들어진 곳. 신앙인과 무관한 자의 입장에서는 하나의 희극일 뿐이지만, 신앙인과 가까운 자의 입장에서는 안타까운 비극이다.

신과 산타크로스

사람들은 신에 대해 얘기할 때 산타크로스를 얘기하듯이 한다. 즉 없다는 것을 알면서도 있는 듯 얘기하는 것이다. 어린아이에게 착한 일을 하면 산타크로스가 선물 준다는 식으로.

자유, 천형天刑을 다하다

시각 차이

종교인은 비종교인을 불쌍하게 생각하고 비종교인은 종교인을 한심하게 생각한다. 종교인은 자신의 신앙에 비추어 비종교인의 비참한 내세來世나 후생後生을 상상하는 것이고, 비종교인은 종교인의 신앙 자체가 환상이며, 그 환상 속에서 허우적거리는 종교인을 한심하게, 때로는 안쓰럽게 바라보는 것이다.

신의 역할

신의 존재 이유는 무엇인가. 어떤 신을 믿는 종교인이, 정말로 신을 위해 한 일이 있을까? 신을 위한 일이라는 것이 사실은 자신을 위한 일이 아니었을까?

신이란 인간이 창조한 가공의 꼭두각시다. 신의 뜻이라고 하는 것은 사실은 종교인 자신의 뜻이다. 인간이 신의 이름으로 행한 것이 타인들을 위한 일이라면 그나마 다행이다. 그러나 대다수는 신의 명의를 빌려 자신이 원하는 것을 한다. 겉으로는 섬김을 받으면서 실제로는 이용당하는 신, 신은 불쌍하다.

신의 본질

신의 본질에 대해 사유할수록 자신의 내면으로 침잠하게 된다. 그 결과 신은 나의 투영이고 내 바람의 결정結晶임을 인식하게 된다. 신은 바로 상상된 나였음을.

중요한 것은 내가 너와 같지 않은 것처럼 나의 신과 너의 신은 다르다는 것. 여기서부터 운명적인 싸움이 시작된다. 상상의 신을 위한 현실의 인간의 전쟁. 유일신, 우상, 마녀사냥, 종교 전쟁….

대상으로서의 신은 다가갈수록 끝없이 멀어지는 수평선과 같다. 멀리서만 보이고 가까이 가면 사라지는 무지개처럼. 신은 자신의 실체와 능력을 언제나 미래로 유예한다. 즉 현재, 현실에는 부재하며 미래 시점에서만 존재하고 행위 하는 신. 신이란 인간의 상상 속의 존재이기에 그럴 수밖에 없지 않은가.

종교 일반에 대하여

인간은 자신이 원하는 여러 속성들을 모아 신이라는 대상에 투영시킨다. 즉 신은 인간이 원하는 전지전능의 표상으로 만들어진다. 그리고 인간은 그 신의 제단에서 스스로 자신의 위선과 무능을 고백한다. 그렇게 함으로써 자신의 한계는 사라지고 신의 한계를 공유한다고 믿는다.

신과 종교

사람들은 신을 자신의 외부에 있는, 대척점에 있는, 자신과는 전혀 다른 존재로서 생각하는 경향이 있다. 그러나 많은 종교와 가르침들에 따르면 신은 인간의 원형적 표상, 희망의 화신으로서 인간의 내부에 있다. 스스로 신의 대리자라고 하는 자들, 즉 종교의 매개자들은 그 사실을 알고 있으면서도 신(야웨, 예수, 부처…)에게 모든 것을 의지하라고, 모든 것을 바치라고 했을까? 알았다면 그들은 사기꾼이고, 몰랐다면 그들은 무지한 행동대원일 뿐이다.

종교인과 철학자

종교인(신앙인)은 종교 안에서 신을 상상하지만 철학자는 종교 밖에서 신을 바라본다.

자유, 천형天刑을 다하다

종교인은 신과 신앙이 삶의 근간이지만 철학자는 섭리와 진리가 삶의 근간이다.

신의 존재 이유

신이 존재한다면, 신은 나를 위해 존재하는가, 내가 신을 위해 존재하는가. 신이 나를 위해 존재한다면 신은 나에게 복속服屬된 신이며 동시에 상상된(욕망된) 신이다. 내가 신을 위해 존재한다면 신은 무의미하며 나에게 신이 있을 필요가 없다. 어느 것도 아니라면 신은 나와는 무관한 존재다.

광신자

어느 정도 완성된 삶을 사는 자나 깊은 생각을 할 수 있는 자는 종교에 빠지지 않는다. 그는 종교를 갖는다 해도 자신의 삶을 신칙申飭하는 수단으로서의 종교일 뿐, 자신의 삶을 종교 안으로 들여놓지는 않는다. 광신자는 정신적 혹은 물질적 결핍자인 경우가 많다. 그는 자신의 결핍을 타인의 환상(타인이 만든 종교적 환상)으로 메운다.

신앙과 신

신은 없다. 신앙이 있을 뿐.

중요한 것은 인간의 신앙이다. 신의 존재 유무는 아무래도 상관없다. 신앙의 유무에 따라 신은 존재하기도 하고 존재하지 않기도 한다. 신앙이 신을 만드는 것이다.

종교와 대화 주제

종교와 신앙을 함부로 대화의 주제로 삼지 말라는 것은 그것이 이성이나 논리의 대상이 아니라 감정, 욕망의 대상이기 때문일 것이다. 즉 사실이 아니라 상상이기 때문이다. 어젯밤의 꿈을 대상으로 하여 무슨 토론이 가능하겠는가.

인간과 종교

종교, 교리, 신 안에 나라고 하는 한 인간이 속해 있는 것이 아니라, 나라는 한 인간 안에 종교, 교리, 신이 속해 있다. 즉 종교가 한 인간을 포함하고 있는 것이 아니라, 한 인간이 모든 종교를 포함하고 있다.

궁지에 몰린 자의 신앙

궁지에 몰린 자의 신앙에 대해 어떤 의미를 부여해야 할까. 물에 빠져 지푸라기라도 잡으려는 마음에서 급조된 신앙을. 많은 사람들의 신앙 간증 속에는 이렇게 생겨난 신앙을 선전하는 경우가 많다. 생각 없는 청자들은 드라마틱한 감정의 변화에 심정적 동조를 한다. 그러나 깊이 생각해 보면 그러한 신앙은 자신의 욕망(소망)의 전환에 불과하다. 믿고 싶어서 믿는 신앙이다. 역으로 그런 믿음이 생긴 배후 상황을 잘 살펴보아야 한다. 그런 배후 상황이 없었다면 그 신앙은 결코 없었을 것이니.

신앙인

종교의 교리 안에서 신을 믿고 의지하는 사람들. 정신적으로 자립할 수 없는 사람들. 아이들이 자신이 사는 동네가 우주의 중심이라고 생각하듯 자신의 믿음이 최고의 진리라고 생각하는 사람들.

종교 - 강요된 믿음 또는 자발적 깨달음

종교란 어떤 대상을 믿는 것이 아니라 자신의 체험, 깨달음을 인식하고 그것에 귀의하는 것이다. 그런 의미에서 누구나 종교적이며 그 종교에 귀의하며 살아간다. 타인이 만든 신념 체계(기성 종교)에 귀의하는 이는 필연적으로 그 신념을 강요받게 되고 결국은 남이 소화한 정신적 음식물을 받아먹게 된다. 반면 자신의 깨달음에 귀의하는 이는 자발적이고 독창적인(unique) 자신만의 종교 속에서 살아가게 된다. 어떤 이는 돈에 귀의하여 돈을 궁극적 존재로 믿고 살기도 하지만. 종교의 수는 개인의 수만큼 많다.

신을 욕하지 말라. 신과 싸우지 말라. 그저 무관심하면 사라지리니.

순교자

삶이라는 연극 속에서 끝까지 배역을 포기하지 않은 자.
존경할 수도, 조롱할 수도 없는 자.

메시아

예수가 이 세상에 오지 않았다면 그의 부재로 인해 얼마나 더 많은 사람들이 구원받았을까. 그가 이 세상에 와서 구원한 사람들보다 그로 인해 죽어간 사람들은 얼마나 더 많을까. 예수로 인해 세상에 벌어진 사태들은(수많은 종교 전쟁, 마녀사냥. 이교도 학살, 아메리카 원주민 학살…) 그의 은총인가, 자신의 죽음에 대한 복수인가.

예수는 죄에 대한 구원의 해방자인가, 아니면 수많은 사람들을 죽음으로 몰아넣은 광인인가. 그의 구원을 믿기보다는 스토아철학의 현실적 가르침을 수용하는 것이 낫지 않았을까.

종교와 인간

하수는 종교에 몰입한다. 자신의 종교만이 진리이며 타 종교는 거짓이다.

중수는 종교를 비판한다. 모든 종교는 거짓이며 인간 욕망의 산물이다.

상수는 종교와 농담한다. 종교여 오버하지 마시라. 선수끼리 다 알고 있는 처지이니.

기독교

기독교는 겉으로 신의 사랑을 얘기하지만 사실은 죄(원죄설)를 기반으로 존재한다. 죄 없는 신의 사랑(용서)은 의미 없으며 기독교 최대의 목표인 구원 또한 죄가 없으면 존재할 수 없다. 선악과에 의한 죄의 창조가 기독교의 창조이며 신의 사랑은 당근이지만 그것만으로는 인간을 끌어들일 소구력訴求力이 없다. 죄가 채찍으로서, 공포로서 필요했다. 죄와 지옥이라는 한 쌍의 개념을 만들어 들이대면 "예수 천국, 불신 지옥" 양자의 선택지 중에 지옥을 선택할 사람이 과연 있겠는가. 물론 쥐덫 수준의 선택지지만 자신의 철학이 없는 사람들은 속절없이 가스라이팅 당하고 마는 것이다.

자유, 천형天刑을 다하다

나의 간증

"믿음은 바라는 것들의 실상이요, 보이지 않는 것들의 증거니"

– 히브리서 11:1

정리하면 "믿음은 바라는 것들의 실상이요, 바라지만 보이지 않는 것들의 증거니",

축약하면 "믿음은 욕망의 결정체요, 욕망 실현의 증거니". 즉 "믿음은 욕망 그 자체".

어릴 적부터 주위의 분위기에 이끌리어 40 초반까지 "믿음"을 따라 살았다. 의심하지 않는 믿음, 회의해서는 안 되는 믿음. 그러나 증거 없는, 비과학적인, 어처구니없는 믿음에 대한 깊은 회의와 철학 덕분에 어려운 과정을 겪으며 겨우 그 종교를 빠져나왔다. 지금도 그 안에 사로잡혀 있는 사람들을 생각하면 안쓰럽다. 거짓임을 알면서도 거짓 평화를 위해 믿는 척하는, 그리하여 자신의 욕망을 위해 이성을 팔아 버린, 파우스트의 그림자들.

현대의 신

신 없는 세상이 공허하다면 신이 있어도 공허할 것이다. 신은 맹목이니. 현대의 신은 전능한 존재라기보다는 귀찮은 허상이 되어 버렸다. 아직도 그 앞에 무릎 꿇는 자가 있기는 하지만. 현대의 신은 파괴된 우상, 폐품, 그러나 싸움을 일으키는 골칫덩어리.

구원

기독교인들은 자신의 죄를 생각하고 영혼의 구원을 위해 기도한다. 많은 죄를 깨달은 자는 성직자의 힘을 빌려 같이 무릎을 꿇는다. 신은 죄를 인간에게 부담시켰고 여전히 그 죄에서 허덕이며 기도하는 자들을 보면 신의 아들은 인간을 죄에서 구원하는 데 성공하지 못한 것 같다.

갓 태어난 아기들도 모유를 빨며 원죄에 대한 속죄의 기도를 해야 한다. 기독교인들은 아기가 원죄를 받은 날을 기뻐할까. 그날 이후 평생을 속죄하며 살아야 할 생명의 탄생을 기뻐할 수 있을까.

철학과 종교

양립하기도 화해하기도 어려운 정신적 두 기둥. "종교 없는 철학은 공허하며 철학 없는 종교는 맹목이다." 철학은 종교를 비합리적인 욕망이라고 멸시하지만 종교는 철학을 신을 모르는 불쌍한 자의 옹알이라고 폄하한다.

두 기둥은 다른 피를 가진 민족처럼 서로 섞이기를 꺼리지만 철학과 종교의 뿌리는 하나, 죽음과 고통이다. 죽음과 고통이 없었다면 철학도 종교도 없었을 것이다. 철학은 그것을 극복하기 위해 이성에 의지하고 종교는 신에게 의지한다. 같은 부모가 낳은 반목하는 형제, 둘의 화해는 쉽지 않을 것이다. 화해하는 순간, 각각은 녹아 버린 아이스크림이 될 테니.

"종교가 사회를 걱정하지 않고 사회가 종교를 걱정하는 세상"에서 신이 설 자리는?

자유, 천형天刑을 다하다

신앙인이 원하는 것

신앙은 내생來生을 위한 것이지만 신앙을 가진 대다수는 현생現生에 집착한다. 자신의 신앙이 내생의 구원보다 현생의 개선에 도움 되길 간절히 기도한다. 내생을 위한 신앙은 거의 없다. 중요한 것은 현생이고 내생은 구색이다. 죽을 때까지도 현생에 남기를 바란다. 자신들의 신앙이 내생에 무용함을 알고 있는 것처럼.

종교 비판에 대한 숙고

왜 종교와 신앙인에 대해 비판하는가. 자신이 골프를 즐기지 않는다고 골프와 골퍼를 비판해야 하는가. 그 또한 노예근성, 약자의 르상티망 아닌가. 그들의 주장이 억지스럽고 그들의 역사가 분노를 일으킨다 해도 현재 나에게 피해를 주지 않는 이상 그들의 종교와 신앙을 그들의 취미로 여기자. 더 이상 감정을 낭비하지 말자.

신앙은 선악과는 무관하다. 신앙은 무지와는 밀접한 관계가 있다. '신앙이 무지인가 비신앙이 무지인가' 하는 논란의 여지가 있지만.

신의 용도

사람들은 좋은 일에는 누군가에게 감사하며 기쁨을 배가하고, 나쁜 일에는 누군가를 원망하고 비난하며 슬픔을 달랜다. 그 '누군가'가 '신'이라면 다신교의 신은 가능하지만 유일신교의 신은 불가능하다. 다신교의 신은 각각 특기가 정해져 있지만 유일신교의 신은 전능하기 때문에.

의사와 종교인

의사는 사람들의 약점(정신적, 육체적 병)을 제거하거나 약화시키고 돈을 벌지만, 종교인들은 사람들의 약점(죽음의 공포, 양심의 고통, 불안 등)을 강화시키거나 삶에 필요한 것으로 세뇌시키며 돈을 번다. 의사는 강도, 종교인은 사기꾼이라는 시쳇말이 있는데 강도에게는 알면서 당하지만 사기꾼에게는 속아 넘어가서 당한다.

신도 죽는가

신도 죽는가. 지금까지 인간 세상에 명멸한 수많은 종교의 신은 다들 어디로 갔는가. 신이 미리 존재하여 그 신에 대한 신앙을 갖는 것이 아니라 신앙이 신을 존재하게 한다. 신앙이 없으면 신은 굶어 죽는다. 신이 없다 해도 신앙은 존재한다. 신앙은 신을 위한 것이 아니라 자신을 위한 것이기 때문에.

신앙, 배교, 파문

신앙은 욕망이다. 신앙을 새로 갖는 것은 쉽다. 욕망 실현의 도구를 새로 구비하는 것이니 무슨 심적 장애가 있겠는가. 신앙을 버리는 것은 어렵다. 욕망을 버리는 것이니. 배교에 따른 두려움도 장애다. 신의 복수, 징벌을 의식하기 때문이다. 솔직히 말하면 신보다는 타인의 손가락질을 더 두려워한다.

신앙을 버려야 한다면 배교와 파문 중에 무엇을 선택할까. 배교는 능동적이며 파문은 수동적이다. 파문은 그 자체에 징벌의 의미가 포함되어 있지만 배교는 그에 따른 징벌이 따로 남아 있다. 신이 거짓임을 안 자는 파문을 당할 때까지 기다리지 않는다.

자유, 천형天刑을 다하다

머릿속의 신

"신은 네 안에 있다." 신은 머릿속에 상상으로 존재한다. 사람들은 자신에게 기도한다. 자신의 상상에게 자신의 또 다른 상상을 의뢰한다. 꼭 이루어 달라고.

중세 종교

중세 종교의 횡포는 '신 = 선'이라는 증명되지 않은 공식을 등에 업고 자행된 선의 횡포다. 신의 존재도 의심스럽지만 악 없는 선(결점 없는 완전한 선)은 그 자체가 악의 역할도 하게 된다. 선의 폭주로 암흑의 시대가 열렸다.

구원

구원은 죽음을 넘나든다. 상상 속 구원은 대부분 이생이 아니라 저세상에서 이루어진다. 이생에서의 구원은 확실하겠지만 저세상에서의 구원은 의심스럽다. 단지 구원이 있기를 바라고 믿고 싶은 것이다.

노예의 종교

어느 종교에서, 구원의 제1 조건은 선함이 아니라 신에 대한 믿음과 복종이다. 선의 개념도 인간을 위한 선이 아니라 신에 대한 복종을 의미한다. 아무리 선한 삶을 살아도 신을 모르거나 믿지 않으면 천국에 입장할 수 없다. 그들의 나라에는 노예만이 득실거릴 것이다. 인간이 만든 종교임에도 상당히 비인간적이다. 인간을 위한 종교가 아니라 신의 대리인을 위한 종교이니.

종교의 신비화 전략

모든 종교에는 인간의 능력으로는 알 수 없는 신의 영역이 있다. 종교의 신비화 전략이다. 연예인의 신비화 전략과 일맥상통한다. 연예인은 본디 일반인이었지만 일반인과 다른 숨겨진 무엇인가가 없다면 연예인으로서의 신비감이 떨어져 인기를 끌지 못한다. '인기'는 '차이'다. 신이 자신과 별반 차이 없다면 누가 신을 믿겠는가. 그것도 연예인처럼 눈에 보이는 존재가 아닌 상상의 존재를. 전능, 엄숙, 장엄, 복종… 등이 신의 신비화 전략 수단이다.

인간과 신

인간은 자신이 원하는 여러 관념들을 만들어 냈다. 압권은 신이다. 인간에게 신은 겉으로는 믿고 복종하는 주인이지만 속으로는 언젠가 따라잡아야 하는 경쟁 상대다.

바라는 것

기도와 염불의 목적은 자신이 바라는 것, 원하는 것의 실현이다. 자신의 안녕이 아니라 타인과 사회를 위한 것은 얼마나 될까. 신앙은 욕망의 덩어리, 신앙이라는 가면을 벗고 욕망을 드러내는 편이 순수하다. 욕망 자체는 순수하나 신앙 뒤에 감춰진 욕망은 불순하다.

신앙과 이성

신앙은 이성(과학, 증명)의 비약을 요구하고 이성은 비약을 거부한다. 신앙은 (체험을) 증언하지만 이성은 (주관적 체험과 독립된) 증거를 요구한다.

자유, 천형天刑을 다하다

신의 숭배와 이용

근대철학에서도 지적 인식의 한계에서는 모든 이유를 신에게 떠넘긴다. 인식의 근거를 찾다가 막다른 골목에 도달하면 신을 최초의 근거로 삼는다. 태초부터 지금까지, 무지한 인간은 신을 숭배했지만 영리한 인간은 신을 도구로써 이용했다. 당신은 무지한 인간인가 영리한 인간인가.

욕망과 환상

불가능한 것에 대한 욕망, 알 수 없는 것에 대한 인식의 추구. 인간은 환상을 위해 얼마나 많은 삶을 허비하는가. 우리는 본래의 목적이 아닌 부수적 결실을 위안으로 살아가고 있다.

신앙은 인류 역사상 가장 오래된 환상이며 인간 욕망의 현현이다. 신앙의 환상의 정수는 사기 집단의 꼬임에 눈멀어, 금전과 시간과 몸을 팔아 신의 은총을 사는 것이다. 일부 선행이나 환상적 평안으로는 그 사기성을 퇴색시키지 못한다.

종교의 수

종교의 수는 인간의 수보다 많다. 한 종교는 많은 교파로 나뉘고 자신이 그 가운데 어떤 교파를 믿는다 해도 같은 교파의 각 개인은 다른 종교관을 갖고 있을 것이다. 확장하면, 무신론자를 포함하여 누구나 자신의 생각, 믿음, 의지, 즉 자신의 여러 가지 종교대로 살아가기 때문이다.

4. 사랑

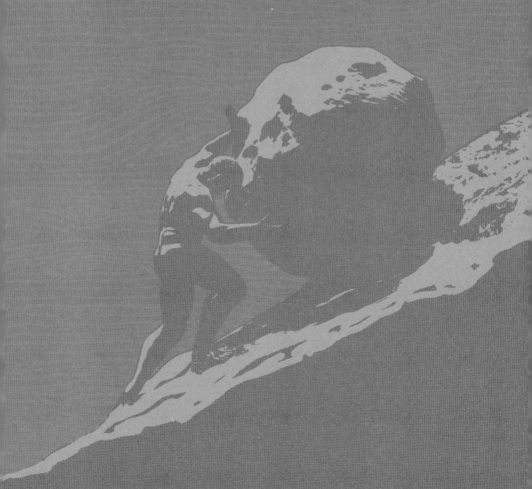

순수와 지혜

사랑은 환상이기에 아름답고 결혼은 현실이기에 팍팍하다. 연애에 있어서 '사랑하고, 판단하는 것'은 순수함이며 '판단하고, 사랑한다는 것'은 지혜로움이다. 젊은 시절에는 이러한 지혜를 이해타산과 혼동하여 경멸했지만, 인생을 통찰할 때, 내 아이는 순수함보다는 지혜에 따라 사랑하기를 바란다.

잊지 못할 사람

"지금 그 사람 이름은 잊었지만 그 눈동자 입술은 내 가슴에 있네"라고 박인환은 노래했지만, 그 사람을 처음 안았을 때 몸으로 전해 오던 그 떨림을 나는 잊지 못한다. 젊은 날의 대부분의 사랑은 잊혀졌지만 그 떨림을 주고받았던 사람만은 내 가슴에 있다.

연애적 사랑과 결혼

사랑은 현재에 있는가, 과거에 있는가, 미래에 있는가. 사랑은 현재성이 강하다. 반면 결혼은 미래성이 강하다. 자신의 미래의 행복과 안전을 보장할 상대를 찾는 것이다. 결혼은 사랑보다 인간적이다. 진실로 인간적이지 않은, 즉 이기적이지 않은 사랑이 정말 가능할까?

사랑

나는 그 누구의 세상에 하나뿐인 사랑이었던 적이 있었나. 비록 누구나 할 것 없이 하찮은 인간이지만, 나는 그의 전부였던 적이 있었던가.

자유, 천형天刑을 다하다

회상

30년 전 사랑했던 사람의 얼굴이 갑자기 생생하게 떠올랐다. 그 시절을 생각할 때 회한 외에 다른 감정이 남아 있던가. 본래 헤어진 사랑의 기억이란 아름답기보다는 쓸쓸한 것인가. 회상할 때 기쁨으로 남을 사랑을 할 시간이 있을까.

그리움

오래전 짝사랑했던 연인의 '그때 당신을 사랑했었다'는 고백에, 아득히 밀려오는 회한과 그리움.

망각의 심연에 묻혀 알 수 없던 감정은 쓸쓸함이었다.

스치던 작은 연(緣)들은 젊음의 무지와 또 다른 가능성 속에 흩어지고, 세월 속에 살아남아 기억의 뜰채에 건져진 것들만이 그리움으로 폭발하고 있다.

굳이 운명을 들먹이지 않아도 비껴갈 만남이었지만, 마음은 과거를 가린 채, 애잔함을 뿜어낸다.

이제는 사랑을 줄 수도, 받을 수도 없을 것 같아 한숨짓는데, 사랑의 가능성이 사라진 거울 속 늙은 얼굴은, 자신을 버리지 말라고 호소하고 있다.

옛사랑

옛사랑 중에 뛰어난 감각과 기억, 인식을 가진 이가 있어 내가 그 사람의 노래로 환생할 수 있다면.

나 또한 뛰어난 기억과 감수성으로 옛사랑들을 다시 불러낼 수 있다면.

그 사람 생각에 눈물 흘렸던 기억을 그 사람과 공유할 수 있다면.

지금도 잊지 않은 그 이름을 그 사람 앞에서 다시 불러 볼 수 있다면.

곁에 앉은 그 사람의 존재만으로 어쩔 줄 모르던 그때를, 향기도 온기도 없이 그저 기억할 수만 있다면.

거짓 기억이라도 만들어 옛 감정과 느낌을 한 조각이라도 다시 만질 수 있다면.

이 모든 바람은 추억 밖으로 나올 수 없기에 마음 뒤편에서 서성일 뿐.

사랑한다

청춘 시절, 연인에게서 사랑한다는 말을 들었을 때, 그 느낌을 기억하는가. 그 떨림, 그 환희를 기억하는가. 내 모든 것을, 영혼마저도 네게 주겠다는 의미였던 그 말. 나는 이런 의미의 사랑한다는 말을 누구에겐가 한 적이 있던가, 그 말을 누구에게서 들었던가.

애절한 노래

심수봉의 노래 「비나리」를 들으며, 한 여자의 애절한 사랑에 가슴이 먹먹해지지 않는다면 남자가 아니리라. 아무리 거칠게 살아온 인생이어도 그 애절함은 물리칠 수 없으리라. 한 여자의 순수한 사랑의 절절한 노래 앞에서 내 사랑을 되돌아보았다. 반성했다.

이별 이유

비가 억수같이 쏟아지던 그해 여름날, 잃어버린 것은 우산뿐만이 아니라 사랑했던 연인이었다. 가장 필요한 날에 가장 중요하고도 소중한 대상을.

나를 떠난 연인에게서 난 그 이유를 듣지 못했다. 내가 떠난 연인에게 난 떠나는 이유를 말하지 않았다. 연인과의 사랑이 전부였던 그 시절, 우리는 분명한 이유 없이 홀로 남겨졌고 또 떠났다.

사랑의 슬픔

마주 앉은 사람이 기쁨보다는 슬픔으로 다가올 때 진정한 사랑은 시작된다. 사랑하는(그 없이는 하루도 못 살 것 같은) 사람을 만나거나 생각할 때, 기쁨과 즐거움 속에는 슬픔과 아쉬움이 스며 있다. 그 사람이 지금은 기쁨과 즐거움을 주지만 언젠가는 나에게서 떠나갈 것이기에. 사랑하는 사람 앞에서 짧은 기쁨과 긴 슬픔을 갖게 되는 것이 진정한 사랑이라면, 오히려 생각 없이 가벼운 사랑을 하는 것이 좋을지도 모르겠다.

옛 노래, 옛사랑, 옛 추억

한 잔에 취해 젊은 시절의 노래를 들으면 그 노래를 즐겨 들었던 시절의 옛사랑이 떠오른다. 기억은 과거의 사실을 떠올릴 뿐, 그때의 감정까지 가져오지는 않는다. 우연히 옛날에 살았던 동네를 지날 때, 마침 그 시절에 맡았던 향기가 느껴지면, 순간 피어오르는 아련하고 아득한 감정! 되찾을 수 없는 젊음과도 같이, 그 시절 느꼈던 감정 또한 되살릴 수 없음이 안타깝다. 아름다운 추억을 간직하고 되뇌다 죽을 수 있는 자는 타인이 알아주지 않아도 행복하다.

맹목의 사랑과 결혼

그에 대한 공허(낯선 주거 환경, 상대와의 지적, 감정적 심연)를 맹목의 사랑으로 가릴 수 있을까요? 가릴 수 있다면 언제까지일까요?

사랑의 선택

내가 사랑하는 사람과, 나를 사랑하는 사람 중에, 선택을 해야 한다면?

전자의 선택에서는 그 사람에 대한 나의 환상이 깨지지 않기를. 후자의 선택에서는 내가 사랑하지 못한 그 사람의 모습이 심연이 아니기를.

추억의 통증

갑작스런 계기에, 시간에 묻혀 기억에서조차 사라진 줄 알았던 상처의 통증이 가슴을 찌른다. 사랑의 추억. 그 시절, 사랑이라는 이름으로 욕망했던 그 사람은 세월에 실려 사라졌지만, 욕망의 원인이자 결과였던 그 사람과의 사랑은, 이별의 슬픔과 함께 굳어져 가슴속에 잊혀진 통증으로 남아 있었다. 그 사람은 떠났고 그의 마음마저 가져갔지만 함께 만들었던 사랑은 어느 거리를 지날 때, 어떤 냄새를 맡을 때, 불현듯 아픔으로 살아난다. 아, 아픈 슬픔, 은밀한 기쁨이여.

이별

헤어질 결심을 한 자의 위선僞善, 그 결심을 알아차린 자의 위악僞惡. 식어 버린 사랑을 감추는 위선, 식지 않은 사랑을 감추는 위악. 알 수 없는 타인의 생각, 어색한 타인의 몸. 내가 그가 된다 해도 알 수 없음 속에서 억견臆見으로 살아가려니 위선과 위악을 반복할밖에.

사랑

사랑의 사전적辭典的 정의가 '대상을 몹시 아끼거나 귀중히 여기는 것'이라면

이별 후에도 사랑은 존재한다. 사랑은 끝나지 않는다.

자유, 천형天刑을 다하다

사랑은 낯선 대상에 대한 연정戀情이다. 사랑의 감정은 모험의 감정과 유사하다. 안전함을 바라면서도 스릴에 매혹되는, 어디로 날아갈지 모르는 회오리바람에 자신을 맡기게 되는, 낯섦의 매혹, 미지의 두려운 쾌감.

진실한 사랑이라는 전제하에, 젊은 날의 플라토닉 사랑은 널빤지 같은 사랑이지만, 몸을 나눈 사랑은 콘크리트 같은 사랑이다. 몸을 나누었으나 콘크리트 같지 않은 사랑은 거짓 사랑이다. 중년 이후의 사랑은?

사랑의 끝

사랑의 끝은 어디인가. 만나다 헤어짐이 끝인가. 그렇다면 사랑은 만나면 따라오고 헤어지면 사라지는 물리적인 대상인가. 본래의 사랑과 달리 현대의 사랑은 물질화되는 경향이 있다. 특히 돈에 붙어 다니는 경향이.

사랑의 끝은 잊음이다. 상대에 대한 애틋한 기억이 가슴속에 남아 있는 한, 사랑은 아직도 끝나지 않았다.

사랑의 밀어

사랑의 속삭임을 믿다. 그 말이 거짓임을 알면서도. '사랑을 속삭이는 사람도 자신의 말이 거짓말인 줄 모르는 것'을 알면서도. 지금은 거짓말이 아닐지도 모르지만 나중에는 결국 거짓말이 될 것임을 알면서도. 그럼에도 불구하고 믿고 싶어서 믿다.

사랑 고백

내 영혼을 사로잡은 연인이 있었던가. 연인의 미모가 내 육체를 사로잡은 적은 많다. 지금도 진행형일 것이니. 그러나 일시적 흥분을 넘어 내 영혼을 사로잡은 연인은 없었던 것 같다. 있었다면 지금도 그 연인을 꿈꾸고 있을 테니.

나는 연인의 육체가 아니라 영혼을 사랑한 적이 있었던가. 있는 것 같다. 아직도 아픔이 어디엔가 남아 있으니.

연애편지

책장 구석에 꽂혀 있던 몇 권의 파일 첩을 열어 본다. 1980년대 후반의 연애편지. 헤어지기 전날까지 부쳐 온 사랑한다는 말이 담긴 편지들. 그 사람의 사랑은 편지 안에 이렇게 오롯이 남아 있는데 내 사랑은 어디로 갔는가. 그 사람은 내 사랑이 담긴 편지를 아직도 나처럼 간직하고 있을까. 사랑을 남겨 둔 채, 돌이킬 수 없는 세월을 건너와 이렇게 존재하는 나와 그 사람과 옛사랑이 안쓰럽다. 이래서 사람들이 연애가 끝나면 연애편지를 태워 없애는가. 나는 내 사랑을 태워 없앨 수 없었다.

연애적 사랑

한 연인을 깊이 사랑하고 이별의 아픔을 안은 채 헤어지지만 또다시 다른 사람을 만나 사랑을 반복할 수 있음을 생각할 때, 사랑의 원천은 사랑하는 상대가 아니라 자신이다. 사랑의 촉발은 상대에서 연유하지만 사랑의 대부분은 자신 안에 있다. 미치도록 사랑하는 연인과 헤어지면 죽을 것 같지만 로미오와 줄리엣은 흔치 않다.

자유, 천형天刑을 다하다

실연에 우는 것은 자신이 뿜어낸 사랑에 대한 애도다.

현실적 부부 관계

사랑이라는 감정은 현실에서 피어나는 꽃이지만 그 꽃의 향기가 현실을 대체할 수 없는 것처럼, 사랑이라는 감정으로 인해 현실이 만들어지거나 바뀌는 경우는 극히 드물다. 사랑은 비이성적인 감정이며 현실과의 괴리가 클수록 햇빛 앞의 안개처럼 쉽게 사라진다. 사랑으로 결혼한다 해도 결혼 생활의 근간은 현실이며 사랑은 결코 현실을 넘을 수 없는 것.

나를 왜 이해하지 못하냐고, 당신은 나를 사랑하지 않는다고 아무리 투정 부려 봐야 관계는 나아지지 않는다. 자신의 변화 없이 상대의 이해와 양보만을 요구하는 자는 철부지 어린애다. 부부 관계에서 필요한 것은 사랑보다는 지혜다.

인간 관계의 토대가 give & take 이듯, 부부 관계도 예외는 아니다.

오래된 부부의 사랑

오래된 부부간에 사랑이 뭐 그리 애절할까마는, 노년 부부의 사랑만큼 쓸쓸한 것이 또 있으랴. 사랑은 상대의 마음에서 시작된다고 인정해도, 사랑의 식어짐은 상대의 몸에서 연유한다면 공감할까? 젊은이의 사랑은 몸에서 시작되고 늙은이의 사랑은 마음에서 시작된다고 해야 어울리는 말이지만, 사실은 늙음의 사랑 또한 몸에서 시작된다고 하면.

어쩌랴, 나도 돌보기 싫은 내 몸을 배우자가 안아 주기를 바랄 수 없음을. 젊은 시절, 내 손사래를 물리치고 귓밥을 강제로 파 주던 사람을 생각하며 이제는 마음을 정리할밖에.

5. 노동

노동에 대하여

가능하면 직장을 오래 다녀야 한다는 노예적인 생각은 어디서 시작된 것일까. 노동은 신성한가. 생계유지를 위한 노동은 신성하지만 생계를 넘어선 노동은 불필요한 재화를 생산/축적함으로써 금전에 대한 이기적인 욕망을 추구하는 것이며 타인의 노동 기회를 빼앗음으로써 공평한 부의 분배를 가로막는 것이기도 하다.

노동은 생계를 위한 것이다. 생계를 걱정하지 않는 상황이라면 노는 자가 노동하는 자보다 행복하다. 인간은 노동하기 위해서가 아니라 놀기 위해 태어났기 때문이다. 결국 일하는 것도 놀기 위해서이다. 논다는 것은 자신의 의지와 시간을 자신을 위해 사용한다는 것, 얼마 남지 않은 유한한 시간을 자신이 아닌 대상(일)을 위해 쓴다는 것은 어리석은 짓이다. 많은 사람들은 습관적으로, 타인의 눈을 의식하여, 또는 내면의 공허함과 부실로 인하여 불필요한 노동에 얽매이고 있다. 자신의 가장 귀한 재화(시간)를 허비하고 있다.

노동은 신성한 것, 신성하지 않은 노동은 하지 않으리라. 생계를 위한 노동이 아닌 권태에서의 도피나 '노느니 일한다'식의 노동은 하지 않겠다.

백수라는 비칭에 묻어 있는 경멸의 이면에는 다량의 시기와 한탄이 내포되어 있다. 백수가 될 수 있는 상대의 능력에 대한 시기와, 백수가 될 능력이 없는 자신에 대한 한탄.

누군가 "무슨 일 하냐?"고 물을 때, "논다"고 하면 부러움에 동정의 가면을 씌운다. 일이 존재감의 표시라면 나는 존재감 없는 백수가 되리라. 백수는 내 평생의 소원이었으니.

자유, 천형天刑을 다하다

누가 더 현명한가

나는 월급쟁이로서 은퇴하였고 나름대로 자유를 누리며 살고 있다. 반면 사업가나 자유업 종사자는 나이가 들어도 자기 일을 계속할 수 있기에 일을 지속한다. 나와 그들 사이에는 자유라는 차이가 있다. 나는 원했건 강제적이건 자유가 주어졌고, 그들은 자발적으로 자신들의 유한한 시간과 자유를 팔아 금전을 사고 있다. 그 금전이 여분이라면 과연 누가 더 현명한가.

노동

기쁨 없는 노동은 고역이며 천형이다. 그러한 노동은 너무나 성스럽지 않기에 사회는 성스럽다고 말하는 것이다. 나의 노동은 신성하지 않았다. 가족이나 고용주, 정부 관료에게는 신성했을지 모르지만.

착란의 고통

하고 싶은 것이 너무 많아서 그 모든 것을 다하지 못해 괴로워하는 자. 여생보다 여비가 많지만 노동에 집착하는 자. 그들의 고통은, 아무 것도 하지 않아도 되지만 마치 모든 것을 해야 한다고 착각하는 착란의 고통이다.

만년晚年의 노동

만년의 노동의 원인은 경제적 어려움, 또는 정신적 무지.

돈에 대한 욕망은 당신을 부자로 만들기도 하지만 결국은 가난하게 만든다.

주말

주말. 노동의 나날 속에서 그토록 기다리던 자유의 시간. 한정되어 있기에 천국으로 시작되어 지옥으로 끝나는 시간. 더구나 긴 연휴는 그 기간에 비례하여 환희와 고통을 더하고. 직장 생활, 이런 시간들의 무한 반복.

아, 그 기억들만이 현재의 기쁨을 불러일으킨다. 그토록 기다리던 천국의 시간이지만 망각과 더불어 무미한 일상으로 전락해 버린다.

노동 없는 삶. 그토록 원했던, 불가능할 것 같았던 시간을 통과하고 있음을 환호하라. 주말과 노동의 반복 없이 쭉 이어지는 연휴를. 죽음이 삶을 절단할 때까지, 주말도 연휴도 필요 없는 완전한 휴식이 찾아올 때까지.

금전의 노예

사람들은 대부분 자신의 여생이 얼마 남았는가에 상관없이 괜찮은 돈벌이가 있다면 그것에 매달린다. 그렇게 살다가 인생의 자유를 누리지도 못한 채 불현듯 무덤 속으로 간다. 그래서 인간을 금전의 노예라 하는가.

밥벌이, 돈벌이. 어느 수준이 되어야 그 벌이를 멈출 것인가. 경제적 여유 없는 자들은 살기 위해서 벌지만 여유 있는 자들은 벌기 위해서 산다. 생계형과 중독형. 돈 중독, 치료 불가.

돈

돈은 피다. 에너지다. 돈은 목숨 다음으로 소중하다. 나중에는 목숨보다 중요해질 것이다. 나를 위해 사는 삶이 아니라 돈을 위해 사는 삶

자유, 천형天刑을 다하다

이니. 실제로 곤궁하여 돈이 필요한 사람은 많지 않지만 대부분은 돈이 더 필요하다고 생각한다. 거의 모든 사람에게 돈은 아직 부족하다. 돈은 욕망이다.

링거와 돈

보통, 기력을 긴급히 올리려면 링거를 맞는다. 사람들에게 정신적 링거는 돈이다. 우울해도 돈이 들어오는 생각을 하면 어느새 우울함이 사라지는.

삶에 필요한 금전

성인이 된 후 60세까지, 삶에 필요하다고 생각되는 금전은 산술급수적으로 증가한다. 60세 이후에 삶에 필요하다고 생각되는 금전은 기하급수적으로 감소한다. 죽음에 대한 성찰과 육체의 노화가 욕망을 급격히 감소시키기 때문이다.

자유,
천형天刑을 다하다

ⓒ 장국현, 2024

초판 1쇄 발행 2024년 1월 17일

지은이	장국현
펴낸이	이기봉
편집	좋은땅 편집팀
펴낸곳	도서출판 좋은땅
주소	서울특별시 마포구 양화로12길 26 지월드빌딩 (서교동 395-7)
전화	02)374-8616~7
팩스	02)374-8614
이메일	gworldbook@naver.com
홈페이지	www.g-world.co.kr

ISBN   979-11-388-2687-7 (03100)